나를 사랑하게 되는 자존감 회복

글쓰기 훈련

나를 사랑하게 되는 자존감 회복

글쓰기 훈련

초 판 1쇄 2021년 05월 27일

기   획 김도사(김태광)
지은이 주이슬 강   훈 권희려 김경화 김영숙 김은서 김정탁 김진호 김현주 김효원
        박가람 박수은 박지영 송준천 엄지언 오미영 오진현 유영희 윤정애 윤호현
        이경식 이경희 이도규 이샛별 이성서 이종혁 이창순 이혜영 정두리 정미연
        정병묵 최경선 최용일 최지오 태재숙 한예진 해   인 황서진 황영민 황현우

펴낸이 류종렬
펴낸곳 미다스북스
총괄실장 명상완
책임편집 이다경
책임진행 박새연, 김가영, 신은서, 임종익

등록 2001년 3월 21일 제2001-000040호
주소 서울시 마포구 양화로 133 서교타워 711호
전화 02) 322-7802~3
팩스 02) 6007-1845
블로그 http://blog.naver.com/midasbooks
전자주소 midasbooks@hanmail.net
페이스북 https://www.facebook.com/midasbooks425

ISBN 978-89-6637-912-5 03190

값 15,000원

미다스북스는 다음세대에게 필요한 지혜와 교양을 생각합니다.

나를 사랑하게 되는 자존감 회복
글쓰기 훈련

김도사(김태광) 기획

주이슬 강 훈 권희려 김경화 김영숙 김은서 김정탁 김진호 김현주 김효원
박가람 박수은 박지영 송준천 엄지언 오미영 오진현 유영희 윤정애 윤호현
이경식 이경희 이도규 이샛별 이성서 이종혁 이창순 이혜영 정두리 정미연
정병묵 최경선 최용일 최지오 태재숙 한예진 해 인 황서진 황영민 황현우

미다스북스

글쓰기는 치료제이다!

우리 주변에는 낮아진 자존감으로 인해 힘들어하는 사람들이 있다. 직장생활, 육아, 사업 등 삶의 현장에서 이리 치이고 저리 치이며 풍파를 경험한 탓에 자존감이 낮아진 채 살아왔다. 자신의 삶이 특별하다는 것을 인지하지 못한 채로 지내온 것이다.

이 책에는 자신이 아무 것도 아닌 것 같다고 느꼈던 작가들의 이야기가 있다. 그들이 자신의 삶을 되찾고 새로운 관점으로 세상을 보게 된 데는 한 가지 공통점이 있다. 바로 '글쓰기'이다. 그들은 직장인, 사업가, 워킹맘, 주부, 학생 등 모두 우리 삶의 주변에서 너무나도 쉽게 볼 수 있는 사람들이다. 그런 그들이 글쓰기를 통해 자신만의 소중한 가치를 깨닫게 되었다.

평범한 줄만 알았던 삶에는 대단한 스토리가 담겨 있었다. 각자의 스토리를 글로 표현함으로써 새로운 삶이 시작됐다. 짓눌렸던 삶의 무게를 벗어내고 무너졌던 자존감이 회복되었다. 아무도 관심 없을 줄로만 알았던 자신의 이야기가 가장 먼저 스스로를 회복시키고 다른 사람도 회복시키는 이야기라는 것을 깨달은 것이다. 이렇게 글쓰기는 본래 가지고 있던 스스로의 가치를 발견하게 되는 훌륭한 도구가 된다. 나도 글쓰기를 통해 삶이 180도 달라졌다. 내면의 상처가 치유되면서 더 이상 과거를 돌아보지 않는 모습으로 변화되었다. 가족과 지인들의 인정과 존중을 받게 되었다. 나의 이야기를 읽은 독자들과 공감하고 소통하면서 스스로가 가치 있는 사람이라는 것을 깨달았다. 가슴이 다시 뛰기 시작했다.

글쓰기에는 단순히 글을 쓰는 행위를 넘어서는 의미가 있다. 힘들었던 일, 과거의 상처 등을 글로 쓸 때 놀라운 변화를 경험한다. 글을 쓰기 위해 생각을 하고 특정한 사건을 떠올린다. 그때 느꼈던 감정을 다시 느끼는 것이다. 그리고 펜 혹은 키보드를 통해 종이에 표현해낸다. 마음속에 있는 이야기를 밖으로 드러내는 과정이다. 그 순간부터 치유가 시작된다. 내면의 이야기를 밖으로 드러내면서 자신을 새로운 관점으로 바라보게 된다. 이 과정에서 자신의 가치를 깨달으며 자존감이 회복되는 경험을 한다.

이 책을 읽는 독자가 낮은 자존감에 힘들어하고 있다면 글쓰기는 훌륭한 치유의 도구가 될 것이다. 바닥을 쳤던 자존감이 회복되고 소중한 내면의 가치를 깨달을 수 있게 될 것이다. 나에게 자존감을 선물한 글쓰기를 새롭게 보게 될 것이다. 40명 작가들의 이야기를 통해 내면이 아름다움과 풍요를 찾게 되길 바란다.

황영민

CONTENTS

01

주이슬

약력 : 〈한국주식투자코칭협회〉 대표, 〈ABC엔터테인먼트〉 소속 작가, 재테크
멘토, 투자 동기부여 작가, 금융 강사

저서 : 『보물지도16』, 『주식투자 이렇게 쉬웠어?』, 『돈되는 주식투자 ETF가 답
이다』, 『결국 ETF가 답이다』, 『의욕 없던 삶이 다시 두근거리는 하루 10
분 글쓰기의 힘』(이상 공저)

66
글쓰기를 시작하고
나를 믿게 되었다
99

초등학교 때부터 장래희망을 적는 칸을 보면 곧바로 적을 수가 없었다. 내가 어떤 사람이 되고 싶은지는 대답하기 참 어려운 질문이라 생각했다. 착한 아이로, 열심히 살면 된다고 생각했다. 그래서 무엇이든 지금 할 수 있는 것들을 했다. 부모님은 내가 선생님이 되길 원하셨다. 그런데 나는 왜인지 거부감이 들었다. 누군가를 가르치며 보람을 얻는 일이고 아이들과 함께 하는 것은 좋았지만 그냥 부모님이 정해준 길을 가는 것 자체에 대한 반항심이었다.

그렇다고 항상 뚜렷한 꿈이 있는 것은 아니었다. 그래서 친구들 중에 꿈이 있는 친구들을 보면 대단해 보였다. 무엇인가가 되고자 하는 그 열망 자체가 부러웠다. 나의 학창 시절은 항상 내가 무엇을 하고 싶은지를 찾는 과정이었다. 내 안에는 항상 나에 대한 질문이 가득했다.

나는 내가 진정으로 누구인지를 알고 싶었다. 아무도 없는 곳에서 홀로 조용히 있을 때면 스스로에게 물었다.

"나는 누구인가?"

글을 쓰기 전까지 나는 항상 관계 속에서의 어떤 역할을 대답했다. 착한 딸, 착한 아내, 착한 며느리가 되어 가족들이 행복한 삶을 살면 그것이 최고의 삶이라고 생각했기 때문이다. 그런데 책을 쓰며 나는 스스로와의 대화를 시작했다. 진짜 누가 되고 싶은지 말이다. 만약 누군가가 나에게 지금 꿈이 무엇이냐고 물으면 이렇게 대답한다.

"나는 세계 최고의 투자자다. 나는 동기부여가이다. 나는 사람들을 일깨우는 멘토다. 나는 기쁨이 가득한 삶을 살며 나의 주변 또한 그렇게 만드는 존재이다."

확언으로 나의 꿈을 말한다. 이렇게 꿈을 말할 때면 나는 호랑이의 기운이 솟아나는 기분이다. 지치지 않고 달리는 강렬한 빨간 스포츠카도 떠오른다. 나에게 꿈은 내가 살아 있는 이유이다.

그동안 살면서 가장 힘들었던 순간들을 떠올려보면 예기치 못한 사고가 발생하거나, 몸이 아팠을 때였다. 글을 쓰고 나서 그 순간들이 나에게 성장할 수 있는 기회가 되었다는 것을 알았다. 내가 생각하는 것들이 파편처럼 흩어져 있을 때는 항상 모호한 생각들만 가득하다. 그렇지만 매일 글을 쓰며, 내 생각을 확고히 하기 시작하자 삶이 명확해졌다.

글을 통해 정리가 된 생각들 덕분에 명확한 판단을 할 수 있었다. 그리고 매일 결과가 눈에 보였다. 눈에 보이는 결과들을 보면서 자존감도 올라갔다. 나는 무엇이든 할 수 있는 존재다. 그리고 세상의 모든 것이 내가 생각한 것이 현실이 되는 것임을 알았다. 그래서 지금도 갑자기 일어나는 기분 나쁜 일들을 보면 제일 먼저 떠오르는 생각은 이것이다. '내 안에 무슨 의식이 생겨서 이런 일이 발생했을까?'

마음에 들지 않는 상황이나 사람을 만났을 때마다 나는 그 상황과 사람을 탓하기 바빴다. 그런데 알고 보니 모든 상황은 내가 만든 것이었다. 그러니 누군가를 탓할 이유가 사라졌다. 그래서 이제는 모든 일의 집중을 나에게로 돌렸다. 이렇게 글을 쓰고 나서 나는 책임질 사람이 오로지 나뿐이라는 사실을 알고 정말 행복했다. 결국 내가 이 세계의 중심이고 나를 통해 모든 일이 발생한다. 그러니 원하는 것을 이미 가졌다고 확신하는 순간 정말로 눈앞에서 모든 일들이 발생했다.

나는 매일 온라인 SNS를 통해 나의 글을 남긴다. 내가 생각하는 모든 것이 기록이 된다. 그리고 밤에 자기 전 한 번씩 나의 흔적들을 본다. 거기서 또다시 생각들이 꼬리를 물고 나온다. 그렇게 영혼의 느낌과 아이니어가 사라지지 않도록 결과물을 매일 만들어간다.

내가 만약 글을 쓰기 전으로 돌아간다면 나는 아직도 모호한 상태에서 방황하는 삶을 살았을 것이다. 계속 내가 누구인지를 찾기 위해 바쁘게 움직였을 것이다. 그런데 지금은 매일 내가 무엇을 해야 하는지를 알고 있다.

나는 지금 많은 사람들에게 도움이 되는 일을 하고 있다. 그동안 내가 가진 보물이 무엇인지를 몰랐지만 글을 쓰고 나서는 명확하게 알게 되었다. 남들보다 좀 더 일찍 주식 투자를 시작하고 경험하면서 깨달은 것들을 글을 통해 나누고 있다. 2021년 투자 열풍이 불고 있지만 세상의 모든 일은 순환한다. 지금 이 순간에도 내 생각을 나눌 수 있는 창구가 있어 감사하다.

지금 이 순간에도 행복한 순간들을 떠올리며 글을 쓰고 있다. 엄마는 항상 메모하는 습관이 있었다. 나는 엄마가 적어둔 일기를 보고 눈물을 흘린 적이 있다. 내가 대학교 4학년 때 미국에 1년 반 동안 가 있는 동안 엄마는 내 방에서 일기를 쓰셨던 듯하다. 우연히 발견한 엄마의 일기를 보고 눈물을 뚝뚝 흘렸다. 나는 엄마, 아빠, 동생의 사랑을 듬뿍 받고 있다. 그 관계 속에서 정말 충만한 감정을 느낀다. 평범한 일상 속에서도 이렇게 글이라는 것은 강렬함을 준다. 누군가의 글을 보며 공감하고 용기를 얻고 때로는 새로운 도전을 할 수 있는 씨앗이 될 수도 있다.

글을 쓴다는 것 자체가 축복인 것이다. 내가 알고 있는 많은 사람들이 글을 쓰고 나서부터 삶이 빠르게 변했다. 글쓰기를 하기 전에는 자신감이 부족하여 남들 앞에서 말을 잘 못 하던 분이 글을 쓰기 시작한 후부터는 명 강연가가 되었다. 그뿐인가. 유튜브를 시작해서 사람들에게 자신의 아팠던 경험들을 나누며 치유되는 장면들도 보았다. 스스로에게도 가장 큰 발전이고, 다른 사람들에게도 선한 영향력을 주는 삶이다.

나를 사랑하게 되는 자존감 회복 글쓰기 훈련

글쓰기의 힘은 정말 지금 생각하면 상상 이상이다. 어떤 말로 표현해야 할지 모르겠다. 카페에 가면 학생들이 전공책과 노트북으로 끊임없이 영어 공부, 전공 공부를 하는 모습을 본다. 그렇지만 정말 자기계발을 하고 싶다면 나는 글을 써야 한다고 말하고 싶다. 글쓰기를 하며 자신의 기록을 남기고 남들과 소통하고 나누는 일은 생각보다 빠른 발전을 가지고 온다. 혼자서 조용히 쓰고, 남들에게 보여주지 않는 것보다는 다른 사람들이 볼 수 있는 온라인 카페, 블로그, SNS를 통해 나눌 때 더 빠르게 성장할 수 있다.

지금도 나는 이 글을 쓰고 온라인 창구를 통해 나눌 것이다. 그렇게 많은 사람이 내 글을 보고 한 명이라도 글쓰기를 시작한다면 그 사실 자체만으로도 정말 큰 감동이기 때문이다. 글을 써본 적이 없어서 망설이는 사람들에게 해주고 싶은 말은 자신의 언어로 자신의 말을 하면 된다는 것을 알려주고 싶다. 꼭 저명한 작가들처럼 멋지게 글을 쓸 필요는 없다. 내가 글을 통해 표현하고 싶은 것들을 매일 표현하다 보면 정말 나도 모르는 사이 누군가에게 동기부여의 역할을 하고 있을 것이다.

나는 나를 믿는다. 내 자신이 최고라 생각하니 참 행복한 삶이다. 눈앞의 모든 것들이 아름다워 보인다. 내가 마주치는 사람들의 얼굴은 모두 밝은 표정이다. 꿈이 생기고 나서 세상을 바라보는 관점이 달라졌나. 내가 원하는 것들만을 마주한 현실에서 나는 천국처럼 살다가 가겠다. 나의 삶은 글쓰기 덕분에 모든 것이 달라졌다.

02

강훈

약력 : 총신대학교 신학대학원 목회석사(M.div), 백석대학원 가족상담학 석사,
　　　　현 원비전교회 담임목사

66
책을 쓰면서 특별한 나와
특별한 행복을 만났다
99

"교회 청빙 가려면 이제 책도 써야 돼!"

교회에서 첫 전임 사역을 할 때 같이 사역했던 부목사님의 말이다. 그 당시 부목사님은 담임목사가 되기 위해 준비 중이었다. 담임목사 청빙을 준비하며 보니 제출 서류에 저서란이 있었던 것이다. 이제 막 전임전도사로 사역하던 나는 별 감흥이 없었지만 부목사님은 큰 벽과 같이 느꼈던 것 같다.

왜 교회 담임목사를 청빙하면서 저서란이 필요했던 걸까? 교회 개척을 해서 담임목사가 된 지금 생각해보니 저서의 유무가 청빙할 목사의 능력을 가장 잘 알 수 있는 방법 중 하나여서 그러지 않았을까 싶다.

대부분의 사람은 책을 쓴다는 것 자체를 큰 능력으로 여기고 그에 상응하는 대우를 한다. 소위 말하는 전문가로 인정하는 것이다. 책을 쓰면 자신의 삶을 깊이 성찰하고 자신만의 경험을 전하게 된다. 또한 자신만의 철학과 지식을 드러내게 된다. 그래서 사람들은 책을 썼다는 것 자체만으로도 전문가로 대우할 것이다.

당시 부목사님은 간절히 바라던 담임목사 청빙을 준비했지만 책을 쓰는 것은 엄두를 내지 못했다. 그래서 그가 택한 것은 박사 과정이었다. 박사 과정을 하면 책을 쓴 것과 같은 인정을 받는다고 생각한 것이다. 박사 과정은 오랜 시간과 많은 돈이 들어간다. 그럼에도 불구하고 박사 과정을 선택한 것은 그렇게나 책 쓰는 것이 두려웠던 것이다.

나 또한 그렇다. 나의 버킷리스트 중 하나가 책을 출판하는 것이었다. 그러나 '아직 이렇다 할 성과가 없는데 책을 써도 될까?'라고 생각했다. 사회적으로 어떤 성과가 있어야 책을 쓰고 사람들도 그런 책을 읽어줄 거라 생각한 것이다. 책을 쓰는 것에 대한 막연한 두려움으로 '나도 언젠가는 책을 출판하고 싶다.'며 뒤로 미뤄뒀던 것이다.

그런데 놀랍게도 지금 나는 책을 쓰고 있다. 〈한국책쓰기1인창업코칭협회(이하 한책협)〉의 김태광 대표님을 만났기 때문이다. 김태광 대표님은 "성공해서 책을 쓰는 것이 아니라 책을 써야 성공한다."라고 한다. 그는 〈한책협〉에서 '책 쓰기 과정'을 운영하여 평범한 사람도 책을 쓸 수 있도록 탁월하게 가르치고 있다. 나도 이 과정을 통해서 책 쓰기를 배우고 있다. 책 쓰기를 통해서 내가 꿈꾸고 바라던 평생의 비전을 이루어가고 있다.

나는 20여 년 전 하나님을 인격적으로 만나고 소명을 받아 목회자의 길을 가게 됐다. 그 과정에서 영적 리더를 만나 오랫동안 제자훈련을 받았다. 그리고 내가 배운 것들을 청년들에게 가르쳐주었다. 이후 신학대학원을 졸업하고 전임 사역자가 되면서 교회에 집중하게 됐다. 부목사로 사역하다가 4년 전 교회를 사임하고 교회 개척을 했다. 제자훈련 사역에 집중하기 위해서다. 나만의 특별한 목회를 하고 싶었기 때문이다.

그러나 교회를 개척하면서 현실을 깨닫기 시작했다. 모든 것이 재정적인 부분과 맞닿아 있었다. 골목길의 허름한 건물 지하의 작은 공간에서 개척하자니 아무리 열심히 해도 전도가 잘 되지 않았다. 어쩌다 처음 교회에 온 분들은 교회의 재정을 묻곤 부담스러워 다시 교회에 오지 않았다. 나는 목사로서 영적인 준비는 되어 있지만 교회를 세우고 지탱해갈 수 있는 재정적인 부분은 준비되어 있지 않았던 것이다. 무엇보다 재정적인 어려움은 지속적으로 나와 가족에게 고통을 주었다.

지속적인 재정의 어려움은 나를 나락으로 떨어뜨렸다. 어려운 형편에 자신을 위해서는 한 푼도 쓰지 않는 어머니가 어떻게든 도와주려고 하셨다. 게다가 젊은 아내가 돈이 없어 허덕이는 모습을 보며 미안한 마음이 컸다. 점점 나는 무기력해져갔고 스스로 동굴에 들어갔다. 기도와 설교 준비 그리고 공부한다는 이유로 작은 방에서 홀로 하루 종일 지냈다. 친구들이나 친한 선후배가 전화해도 나가지 않았다. 괜찮은 척하는 것이 점점 버거워져만 갔다.

재정적인 돌파구를 찾기 위해 집 근처 도서관에 가서 매주 5권씩 부(富)에 관련된 책을 읽기 시작했다. 그러다 김이슬 코치님의 『주식 투자 이렇게 쉬웠어?』라는 책을 읽게 되었다. 저자는 주식에 대해서 배우고 싶으면 자신에게 연락하라고 했다. 도와주겠다면서.

그렇게 김이슬 코치님을 통해 김태광 대표님의 책을 알게 되어 『100억 부자 생각의 비밀』을 읽게 되었다. 이 책에도 도움을 받고 싶으면 전화하라는 글이 적혀 있었다. 저자가 독자에게 도움을 줄 테니 전화하라는 글은 본 적이 없었다. 내게는 충격적이기까지 했다. 책을 써야 이런 도움을 줄 수 있다는 것을 깨닫게 되었다. "성공해서 책을 쓰는 것이 아니라 책을 써야 성공한다."는 말을 실제로 경험한 것이다.

나의 삶의 목적은 다른 사람들이 성장하고 행복한 삶을 살 수 있도록 돕는 것이다. 그런 나의 삶의 목적을 이루기 위해서 책을 쓰고 있다. 교회를 개척해 도움을 주고 싶었지만 인지도가 없고 교회가 초라해 사람들이 오지 않았다. 그러나 책을 쓴다면 전문가로 인정받고 인지도가 높아져서 나를 찾는 사람들이 많아질 것이라 확신한다. 그러면 내가 바라는 삶의 목적을 이룰 수 있으리라 확신한다. '최고가 되기 위해서는 최고에게 배워야 한다.' 그래서 책 쓰기를 가장 탁월하게 가르치는 김태광 대표님에게 배우는 것이다.

지금까지 나는 석사를 두 번 했다. 석사 과정에는 리포트와 소논문 그리고 논문 등 글을 쓰는 과제들이 상당히 많다. 글을 쓰는 과제를 할 때마다 첫 문장을 쓰는 것이 어려웠고 어떻게 해야 글을 잘 쓸 수 있는지 고민이 많았다. 그래서 글을 잘 쓰는 방법에 대한 책들을 많이 읽어봤지만 이렇다 할 도움을 얻지 못했다.

그러다 김태광 대표님의 '책 쓰기 과정' 3주차에 매우 쉽게 첫 문장을 쓰는 법을 배웠다. 두 번의 석사 과정에서도 배우지 못한 방법이었다. 김태광 대표님의 확신대로 그에게 배우는 것이 가장 확실한 것임을 온몸으로 경험했다. 그래서 김태광 대표님의 '책 쓰기 과정'과 원고 첨삭 과정을 열심히 배우고 있다. 작가가 될 수 있는 가장 빠르고 확실한 길이라 확신한다.

아직 원고를 완성하지 않았지만 책을 쓰면서 내게 놀라운 변화들이 일어났다. 우선 책을 쓰면서 앞으로의 미래가 그려지기 시작했다. 어떻게 해야 할까 고민만 되던 깜깜한 미래가 책을 쓰면서 밝게 비춰졌다. 무기력했던 자존감이 회복됐고 다시 열정 넘치는 나로 돌아왔다. 아니 오히려 더 뜨거운 사람이 됐다.

두 번째로 글을 쓰면서 나의 삶을 돌아보게 되었다. 얼마 전『주식투자 이렇게 쉬웠어?』외 다수의 책을 집필한 김이슬 코치님의 특강을 들었다. 수강생 중에 27세의 젊은 작가가 있었다. 김이슬 코치님이 그에게 "왜 책을 씁니까?"라고 물었다. 그는 "삶을 정리하고 싶어서요. 중간 점검이요."라고 대답했다.

그렇다. 아직 젊지만 중간 점검도 필요한 것이다. 삶의 중간 점검을 하면 미래를 더 구체적으로 그릴 수 있고 계획할 수 있다. 밝은 미래가 펼쳐지는 것이다. 나도 책을 쓰면서 지나온 삶을 성찰하며 정리할 수 있었다. 돌아보니 힘든 일들도 있었지만 행복하고 감사한 일도 많았다. 무기력감에 빠져 낙심해 있던 내가 자존감이 높아지고 새로운 삶을 살 수 있는 힘을 얻게 된 것이다. 상담학에서는 과거의 성공 경험을 찾아보라고 한다. 그러면 앞으로도 성공할 수 있다는 나에 대한 믿음을 가질 수 있다는 것이다. 바로 그런 효과가 있는 것이다.

　세 번째로 두 번째의 정적 작용으로 나만의 재능을 발견하게 되었다. 하나님께서는 우리 모두에게 재능을 주셨다. 성경은 이를 달란트라고 한다. 누구든지 달란트를 활용하기만 하면 두 배의 결과를 낼 수 있다. 달란트는 두 배의 법칙이기 때문이다. 달란트를 두 배의 결과로 내지 못한 사람은 자기가 가진 달란트를 묻어둔 사람뿐이었다. 그는 결국 주인에게 그나마 갖고 있는 것까지 빼앗기고 쫓겨났다.

　내게도 강력한 달란트가 있다. 나는 지금까지 많은 청년들에게 비전을 심어주고 성숙하게 살 수 있도록 도와주었다. 진로 상담으로 청년들이 자신의 재능에 맞는 진로를 발견할 수 있도록 도와주었다. 분명한 결과가 있었다. 지금도 몇몇 청년들을 도와주고 있다. 다만 개척 교회 목사이고 아직 인지도가 없어서 더 많이 활용하지 못하고 있을 뿐이다. 또 가르치는 데 재능이 있다. 나의 설교를 듣거나 제자훈련을 받은 성도들은 쉽고 명확하다며 좋아한다.

　이렇게 책을 쓰면서 내가 가진 달란트를 재확인하고 무기력에서 벗어날 수 있었다. 상담에서 말하는 자기 효능감과 자기 유능감이 높아진 것이다. 지금은 책을 쓰고 난 후에 강연가와 부흥강사, 신앙 코칭과 진로 코칭 그리고 그리스도인을 위한 금융 교육의 권위자가 되어 사람들에게 도움을 줄 미래를 확신하며 설레는 하루하루를 보내고 있다.

나를 사랑하게 되는 자존감 회복 글쓰기 훈련

네 번째로 가족과의 관계가 더 좋아졌다. 책을 쓰면서 삶을 돌아보니 가족의 소중함을 한없이 깨닫게 됐기 때문이다. 나는 책을 쓰면서 아내와 더 많이 대화하게 됐다. 그동안 미안하고 고마웠던 것을 말했다. 또한 책을 쓰면서 깨달은 미래의 구체적인 계획에 대해 말했다. 그리고 집필 중인 책의 내용을 아내에게 보여주었더니 아내가 감동하며 존경스러워했다. 책을 쓰면서 아내와의 관계가 더 좋아졌을 뿐만 아니라 존경받고 있다.

그 외에도 책을 쓰면서 내가 얻은 것들은 짧은 글로는 다 설명할 수 없이 많다. 무엇보다 책을 쓰면서 하나님께서 나를 특별하게 창조하셨음을 깨닫게 된다. 그래서 특별한 행복을 누리고 있다. 책을 쓰면 특별한 나를 만나고 특별한 행복을 만나게 된다. 우리 모두는 특별하게 창조됐다. 하나님께서는 특별한 분이시고 우리를 특별하게 사랑하시기 때문이다.

그러니 이 글을 읽는 분들은 특별한 기회를 만들길 바란다. 책을 쓰는 것에 대한 막연한 두려움을 버리자. 나처럼 최고의 코치인 〈한책협〉의 김태광 대표님에게 배우면 쉽고 탁월하게 책을 쓸 수 있다. '최고가 되기 위해서는 최고에게 배워야 한다.'

평범한 사람도 책을 쓸 수 있다. 우리 모두는 자신만의 경험과 지식이 있기 때문이다. 그 경험과 지식은 누군가에게는 특별하다. 나처럼 책 쓰기를 통해 특별한 나를 만나고 특별한 행복을 만나기를 적극 추천한다.

03

_____

권희려

약력 : 〈권희려부모교육연구소〉 대표, 작가, 수의사, 사업가

저서 : 『결국 나를 위한 자녀교육법』, 『보물지도 21』(공저), 『의욕 없던 삶이 다
시 두근거리는 하루 10분 글쓰기의 힘』(공저)

글쓰기를 통해 깨달은
최고의 자녀 양육 비결

'엄마'가 된 후 한동안 나의 자존감은 바닥을 치게 되었다. 엄마가 되기 전과 후의 삶의 변화는 상상 그 이상이었다. 내 삶의 주도권이 '우리 아기'에게 모두 넘어간 듯했고, 자유를 모두 빼앗긴 것만 같았다. 결혼하기 전까지 '엄마'로서의 삶에 대해 별로 생각해본 적이 없이 살아온 나였다. 출산은 생각하기도 싫을 만큼 공포스럽고 두려운 일로 여겨졌고 삼 남매를 지극정성으로 키워주신 엄마를 보고 자란 덕분에 엄마처럼 살 수는 없다는 생각을 나도 모르게 하고 있던 까닭 때문이기도 한 것 같다.

한 가지 더는, 학교에 들어간 순간부터 받아왔던 지배적 이미지, '공부를 잘하고 돈을 잘 벌어야 제대로 사람 구실을 하며 사는 것'이라는 인식이 나도 모르게 마음 한편에 자동 내비게이션처럼 켜져 있었기 때문이다. 당장

27

눈에 보이는 생산성 있는 일을 하지 못하고 집에서 '아기 돌보는 일'이나 하고 있으려니 무언가 억울하고 답답한 마음이 들기 시작했다. 게다가 아기 키우는 일이 쉬운가 하면 그것도 아니었다. 아기라는 존재에 대해 잘 모르는 생초보 엄마이면서도 한 번씩 '남들에 뒤지지 않도록 잘 키우고 싶다'는 욕심까지 생기기도 했다.

첫째를 낳고 키우면서도 작은 위기들이 몇 번 찾아왔지만, 아이가 둘이 되고 나니 그때는 또 양반이었구나 하는 생각이 들었다. 하긴 '엄마'로 살기는커녕 늘상 나 하나 살기에도 벅찬 인생이었다. 아이 둘의 엄마가 된 어느 날, 사는 것이 아니라 삶을 버텨내고 있다는 표현이 맞는 지경에 이르게 된다. 출산으로 인해 유약해진 몸으로 하루 종일 네 살짜리 큰아들과 태어난 지 몇 달 되지 않은 갓난쟁이 둘째 아들을 보고 있으면 수시로 눈앞이 아득해지곤 했다. 게다가 신께서는 '아둘맘(아들둘엄마)'으로 살게 된 나를 아예 철인으로 만들어주시려는 듯 전에 없던 힘든 일들마저 연이어 일어났다. 나의 자존감은 슬슬 자취를 감추게 된다.

하지만 정신을 차려야 했다. 젖 먹던 힘을 다해서라도 중심을 잡고, 나를 지탱하는 힘을 자존감을 되찾아야만 했다. 전에 같으면 인내심이 바닥이 나 벌써 자포자기했을 것이라 생각했다. 하지만 '엄마'의 본능, 모성애는 아이들을 지켜야 하는 나 자신을 포기하면 안 된다며 타일렀다. 그야말로 나 역시 '젖 먹던 힘'까지 모두 끌어당겨 하루하루를 버텨냈다. 그렇게 버티다 정신이 들 때면 나의 운명 공동체가 된 아이들을 건강한 사람으로 잘 키우는 것이 급선무라는 생각이 퍼뜩 들기도 했다.

　이렇게 '아둘맘'이 되어 삶의 바다에서 허우적대던 나는 본능적으로 구명보트를 찾기 시작했다. 책을 찾아 읽기도 하고, 너무 힘들 때는 타로 상담을 받아보기도 했다. 일시적 회피 수단이 되고, 가슴에 이는 급한 불을 끄는 고마운 소통이 되어주기도 했지만 근본적인 해결 수단이 되기에는 역부족이었다. 이렇게 엄마로서 나로서 사는 삶에 방황을 하던 중, 어느 날 우연히 책 쓰기 코치 김도사님의 유튜브를 보게 되었다. 책 쓰기를 통한 성공으로 희망을 전하는 김도사님의 말씀을 듣고 있자니 대리만족이 일어나면서 스트레스가 확 풀리는 기분이 들었다. 책을 쓰겠다는 목표는 두지 않았지만 배울 점이 많은 분이라는 확신이 들어 〈한책협〉 '1일 특강' 수업에 참석하게 되었다. 그리고 몇 시간 후 나는 과감히 책 쓰기 수업에 수강 신청을 하고 '예비 작가'가 되어 센터를 나서고 있었다.

　인생의 어려운 시기에 김도사님을 만나 글을 쓰게 된 것은 정말 큰 행운이었다. 글을 쓴다는 것은 인생의 해답을 스스로 찾을 수 있는 가장 좋은 방법이었다. 그리고 그것은 자존감의 주춧돌이 되었다. 육아를, 육아로 인해 변화된 삶을 어려워하던 나는 책 한 권 분량의 글을 쓰고 완전히 달라지게 되었다. 글을 쓰면서 메타인지가 확 키워진 까닭이다. 초보 엄마의 딱지를 뗀 것은 물론, 인생에서도 '초보'라는 딱지를 떼어낸 채 한 단계 도약하게 되었다. 수십 년 바뀌지 않던 생각, 나의 인생이 이렇게 단시간에 바뀌다니! 스스로 생각해도 정말 놀라웠다. 어린아이 둘에 코로나 상황까지 겹쳐 원고 쓸 시간을 내기가 쉽지 않은 것은 사실이었지만 김도사님의 탁월한 코칭과 격려로 두 달만에 탈고를 할 수 있었다. 원고를 쓰는 사이 나의 외부 상황은 별달리 바뀌지 않았음에도 전반적인 삶에서 긍정적인 변화를 맞이하게 된 이유는 나 자신이 바뀌었기 때문이었다. 더 정확히 말하자면 자존감이 충만해졌기 때문이었다.

육아서 한 권을 쓰고 '작가 엄마'라는 새로운 타이틀도 얻게 된 나는 육아를 아주 수월하게 느끼고 전보다 더 가치 있는 일로 인식하기 시작했다. 그리고 주입된 지식으로서가 아니라 진정으로 육아에 있어서 가장 중요한 것을 깨닫게 되었다. 그것은 바로 '사랑'이었다. 희생으로서의 사랑이 아닌 엄마인 나 스스로를 사랑하고 믿으며 살아가는 삶을 아이들에게 보여주는 것, 그것이 바로 내가 깨달은 최고의 양육 비결이었다.

육아서를 쓴 만큼 더 모범이 되는 가정을 만들어야겠다는 다짐이 절로 들게 되었고 우리 아이들은 '철든 엄마'를 가진 최대의 수혜자가 되었다. 출간 후 첫 주말, 남편, 아이들과 함께 서울 중심부에 있는 대형 서점에 갔다. 육아서 코너의 좋은 자리에 정말 나의 책이 가지런히 진열되어 있었다. 그것도 '국민육아멘토' 오은영 박사님의 신간 베스트셀러 바로 옆 자리에. 아이들은 엄마 책이 있다며 너무 좋아했다. 서점에 나의 책이 진열되어 있는 것만 해도 매우 놀라웠는데 출간 후 바로 육아서 100위권 내 베스트셀러 대열에 올라간 것을 보고 또 놀라게 된다. 인터넷 서점은 물론, 여기저기 지인들로부터 내 책이 어느 매장의 베스트셀러 코너에 놓여 있었다는 제보를 받았고, 예약구매를 해야 받을 수 있는 인기도서라는 말들도 듣게 되었다. 자연주의 출산 분야에서는 며칠 동안 판매 순위 1~2위에 오르기도 했다. 서울 삼성동에 있는 코엑스 스타필드의 별마당도서관을 지나다 인기 육아서 코너의 눈에 띄는 자리에 당당히 놓여 있던 나의 책을 보고 가슴이 벅차오르는 경험을 하기도 했다.

　이렇게 쓴 나의 첫 개인 저서『결국 나를 위한 자녀교육법』에서 행복한 가정을 만드는 나만의 비결로 제시한 것은 자연주의 출산과 발도르프 교육철학이었다. 그러나 예비, 초보 부모님들께 그보다 더 궁극적으로 전하고 싶은 메시지가 있다면 그것은 바로 자존감을 회복하고 자기 확신을 가진 삶을 살라는 것이다. 그리고 그 방법은 바로 나만의 이야기로 책을 쓰는 것이었다. 하지만 이 글을 보고 있는 지금 이 순간에도 바로 얼마 전 내가 그랬듯 '그래도 그렇지. 책은 뭐 아무나 쓰나?'라고 생각하며 마음속에 선을 그어버리는 사람들이 많을 것이다. 하지만 〈한책협〉에 오게 되면 그것은 기적처럼 가능한 일로 바뀌게 된다. 그것도 아주 단기간 내에 말이다.

　초보엄마로 가지고 있던 육아에 대한 막연한 두려움과 압박감들은 책에다 모두 훌훌 털어버리고 현재 나는 매일 매 순간 행복하고 풍요로운 마음으로 살아가고 있다. 과거의 나와 같은 어려움을 겪고 있을 예비, 초보 부모님들에게 '자유롭고 행복한 부모'가 된 비결을 나누고 그로 인해 이 땅의 어린아이들이 더 행복한 삶을 살아가도록 도울 수 있는 작가로 살게 되어 참으로 기쁘다.

04

김경화

약력 : 의식 확장 책을 필사하며 작가가 되었고 인생의 방향을 부정에서 긍정
으로 돌려세우며 삶의 질을 향상 중

저서 : 『새벽독서의 힘』, 『나의 삶을 바꾸는 필사독서법』(공저), 『의욕 없던 삶
이 다시 두근거리는 하루 10분 글쓰기의 힘』(공저)

66

자존감 바닥인 나는 글쓰기로
필사 여왕이 되었다

99

새벽마다 1시간 정도 의식에 관한 책을 필사하고 1시간에서 1시간 반 정도는 원고를 쓰던 나는 나의 의식이 변해감을 느낄 수가 있었다. 이전에는 늘 바빴다. 그러나 결과라고 할 만한 것은 하나도 없었다. 결과 없는 삶은 나를 지치게 하고 삶이 짐이 되어 큰 바위같이 나를 누르고 있었다. 숨 쉬기조차 힘들고 고역이었다. 스스로도 돌아다니는 시체같이 느낄 때가 많았다. 아무것도 하기 싫었고 가고 싶은 곳도 없고 아무것도 갖고 싶은 것도 없었다. 그저 숨을 쉬니까 살아갔다. 짐승보다 더 못한 삶을 살았던 것이다. 조금이나마 열정을 가지고 뭔가를 하려고 하면 나대지 말라고 세악하고 내가 무엇인가를 하고 싶어도 하지 말라고, 설치지 말라고 했다. 나는 정말 매사에 귀찮고 아무것도 하고 싶지 않았다. 그저 깊은 잠에 빠져 더 이상 일어나지 않고 이 세상이라는 삶의 구조를 떠나고 싶었다. 늘 머릿속에는 '나는 하

33

04_김경화_자존감 바닥인 나는 글쓰기로 필사 여왕이 되었다

기 싫어', '나는 살기 싫어', '나는 아무것도 할 수 없어', '나는 더 이상 살아 있지 않아' 이런 생각으로 가득 찼다. 날마다 순간순간마다 숨을 쉬면서도 나는 스스로 죽었다고 생각했다. 그 어떤 열정도 찾아볼 수 없었다. 그러나 나는 인생역전을 일으킬 수 있는 행운을 만났다.

〈한책협〉에서 날마다 김도사님이 부르짖는 '의식이 전부'라는 소리에 반응하기 시작하였고 김도사님께서 추천해주시는 의식을 상승시켜주는 책을 보고 필사하면서 잠자던 나의 참 자아를 깨우기 시작했다. 나의 깊은 곳에 있는 '그리스도의 의식, 하나님의 신성'이 나에게도 존재한다는 것을 깨달았다. 내가 그토록 찾았던 '하나님', 바로 '그리스도의 의식'이 나의 속에도 존재함을 깨닫게 되었다. 이전에 나는 '그리스도 의식'은 오직 예수님께만 있는 줄로 알았다.

나는 스스로의 신성을 한계라는 감옥에 가둬두고 그것을 20여 년 동안 찾아 헤매고 다녔다. 결국 나는 지금 찾았다. 내가 그토록 원하던 것이 무엇인지 깨달았다.

내가 찾던 하나님은 나의 안에 거하셨고 '하나님', '그리스도의 의식'은 언제나 나와 함께 함을 깨닫게 되었다. 나는 더 이상 이 세상을 나 혼자의 힘으로 살아가지 않는다는 것을 깨달았다. 이제부터 이전과는 다른 삶을 살아가기 시작한다. 나는 이제는 결과를 이루어나가는 삶을 살아간다. 원하는 일을 생각하고 그 원하는 일에 집중하면 원하는 일이 현실에 이루어져서 나타난다는 사실을 깨달았다. 〈한책협〉에서 우주의 법칙과 끌어당김의 법칙, 상상의 힘과 끝에서 바라보는 관점을 가지게 되었다. 또 행동력을 배웠다.

나는 날마다 글을 쓰고자 한다. 필사든 나의 내용이든, 글을 쓰는 것은 아웃풋이다. 아웃풋 하는 삶은 나의 삶에 원동력을 준다. 끄집어내면서 새로운 것으로 풍요로운 것으로 채워간다. 나의 그릇은 굉장하다. 그 어마어마한 그릇에 필요 없는 것들을 담고 살았으니 인생의 무게가 그토록 무거웠던 것이다. 날마다 비워내기에 더 좋은 것들을 담을 수 있다.

〈한책협〉을 만나서 삶이 서서히 바뀌는 것들이 눈에 띄게 나타난다. 날마다 3시 새벽 기상은 몸이 좀 힘들다. 그러나 짧은 시간 안에 『새벽독서의 힘』과 『나의 삶을 바꾸는 필사독서법』, 『의욕 없던 삶이 다시 두근거리는 하루 10분 글쓰기의 힘』 세 가지 결과를 만들어냈고 그 외에도 40명 작가들과 공저를 준비하고 있다. 의식을 바꾸니 행동이 따라 바뀌어가는 것이다. 스스로 자신을 되돌아보면서 지난날과 같은 힘든 상황을 더 이상 창조하지 않으리라고 결심했다. 사람이 변화되려면 자기 자신의 내면에 변화가 일어나야 한다. 그저 그러한 변화가 아닌 이전에 만족하지 못하던 삶을 완전히 뒤집는 변화를 일으키도록 나 스스로 다그친다.

많은 북튜버들의 영상을 보면서 나를 만족시킬 수 있는 무엇인가를 찾았다. 2%가 부족했다. 그러나 〈한책협〉을 만나고 나서는 그 2%가 '의식의 변화'이고 나를 만족시키는 2%라는 것을 깨달았다.

하루 한 시간 이상의 필사와 원고 쓰기를 통하여 나 자신을 뒤돌아보면서 깜짝깜짝 놀란다. 나의 이전의 삶은 모두 내가 만든 것이고 내가 부정적인 것을 끌어당겼다. 이제는 더 이상 다른 사람이 주연인 세상에 그대로 머물러 있지 않고 스스로 내가 주체인 세상을 만들어가고 있다. 나의 바닥난 자존감은 의식에 관한 책을 필사하면서 나를 먼저 사랑하고 나를 먼저 세우고 나를 먼저 수용하도록 변화되었다. 나는 주변을 사랑하고 세워주고 수용할 수 있다. 나의 자존감은 '없다'에서 '있다'로 이어졌다. 날마다 행복한 필사는 삶을 행복으로 이끌어갔다. 주변 사람들은 나를 필사의 여왕이라고 한다. 내가 필사하고 나서 삶이 바뀌는 것을 주변 사람들이 보고 있었다.

　독서 모임의 한 회원은 볼 때마다 내가 예뻐지고 눈에서는 반짝반짝 빛이 난다고 했다. 필사를 하면서 꿈을 키워가면서 삶은 이제 더 이상 짐이 되지 않는다. 하고 싶은 것이 너무 많다. 하고 싶은 것들을 한 가지씩 이뤄가는 내 자신이 스스로 보아도 대단하다. 이전에는 아무리 노력해도 결과를 만들어내지 못하였는데 지금은 짧은 시간에 결과를 만들어내고 점차적으로 한 가지씩 이뤄나가는 것이 주변 사람들이 봐도 대단해 보이나 보다. 나의 성장을 지켜봐주는 몇 명의 사람들이 있다. 그들은 날마다 결과를 만들어가는 나의 삶을 응원하고 있다. 나 스스로도 날마다 응원하면서 살아간다. 다시는 꿈도 욕망도 미래도 없는 삶으로 돌아가고 싶지 않다. 이제 풍요의 맛을 알았다. 풍요로움에 초점을 맞추고 모든 것은 내가 원하는 대로 흘러가게 되었다. 의식을 의도적으로 변화시키기 위해 노력해야 한다. 행동이 없으면 아무리 천 번 만 번을 고생해도 결과가 나오지 않는다. 의식이 전부이다. 의식의 변화만이 진정으로 사람을 변화시킨다. 내가 변하였기에 똑같은 주변 환경을 바라보는 눈길이 달라졌다. 모든 것이 나를 위해 존재하고 나를 위해 자신이 가지고 있는 고유한 아름다운 것들을 뿜어내는 것 같다.

어느 책에서 이런 글을 보았다. "내 인생에서는 내가 주연이고 모든 주변 환경이나 사람은 나의 존재를 돕기 위한 조연이다." 내 인생은 내가 만들어 가는 것이고 내가 주연이고 모든 것이 나를 위한다는 말은 나를 세우는 데 부족함이 없다.

나는 오늘도 행복한 글쓰기를 한다. 의식의 변화를 적고 있다. 우리는 이 세상에 놀이하고 체험하러 왔다가 놀이가 끝나면 다시 고향으로 돌아가는 존재다. 의식의 변화는 내가 아무것도 할 수 없는 한계적 존재가 아니라 나의 깊은 곳에 신이 거하시고 내가 신과 하나라는 신성을 알아가게 한다. 그것만이 나의 자존감을 높여준다.

의식을 뒤집으니 자존감이 생겨난다. 나는 나의 방식으로 지금부터 내가 주체인 삶을 살기 시작한다. 더 이상은 다른 사람과 비교하지 않는 오로지 내가 스스로 주인공이 되는 인생을 만들어간다. 하얀 백지에 그림 그리기가 더 좋다. 낙서를 한 종이보다 훨씬 더 원하는 것을 그릴 수 있다. 자존감 향상은 의식의 변화만이 가져올 수 있다. 그 외에 그 어떤 방법도 없다.

나의 관점이 '나는 없다'에서 '나는 존재한다'로 바뀌었다. '스스로 존재한다'는 것은 신성의 일부이다. 나는 나의 안에 거대한 신성이 있다고 믿고 그 거대한 신성을 깨우고 다그치면서 날마다 조금씩 더 나은 미래를 만들어간다. 나의 인생의 주인은 나다. 나는 나대로 살아간다. 더 이상 다른 사람의 눈치를 보지 않는 오직 하나뿐인 나다.

05

김영숙

약력 : 13년차 부동산디벨롭컴퍼니 본부장, 작가, 동기부여가

하늘이 나에게
마지막으로 준 기회

바쁘게 일만 하고 달려오느라 나를 뒤돌아볼 시간이 없었다.

한 달 정도 쉴 수 있는 기간이 있었다. 시간이 많아서 집 정리도 하면서 내 주변을 돌아보게 되었다. 하루는 가계부를 보게 되었다. '내가 사치 부린 것도 아닌데 돈이 다 어디 갔지?' 아무리 봐도 돈은 나갈 만한 곳에 나갔다. 우리나라는 숨만 쉬고 살아도 돈이 든다는 말이 생각났다. 나는 불필요하게 나가는 것은 없는지 점검해보기 시작했다.

먼저, 100만 원이 넘게 나가는 보험료를 줄였다. 아이들이 다 컸기 때문에 사망보험금이 굳이 저렇게나 많이 필요할 것 같지 않았다. 그러다 휴면계좌 휴면보험금을 발견하게 되었다.

아이들 어릴 때 들어놨던 적금도 있었고, 거래했었던 은행에 정리 안 한

돈들이 있었다. 나도 모르는 작은 돈이 여기저기 여러 은행에 흩어져 있었다.

　그런데, 문득 이런 생각이 들었다. 부자들은 어떻게 부자가 됐을까? 무엇이 다른 걸까? 관련된 책을 찾아보았다. 제일 먼저 읽은 책이 『바벨론 부자들의 돈 버는 지혜』라는 책이다. '돈의 흐름을 지배하는 간단한 법칙!'이라는 문구가 눈에 띄었다. 그 책에서 강조한 건, 그냥 무조건 버는 돈의 10%를 예금하라는 것이었다.

　여러 책을 찾아봤지만, 그냥 거의 비슷한 말이었다. 돈을 어느 정도 모으면, 그 돈으로 투자를 하라는 것이었다. 돈이 돈을 벌게 하는 시스템을 구축하라는 것이다. 어딘가에 비밀이 더 있을 것이라는 생각에 계속 책을 찾아보았다.

　하루는, 아들들이 모든 정보를 유튜브로 검색하는 걸 알았다. "엄마, 유튜브에 없는 게 없어. 학원을 안 다녀도 될 정도로 유튜브에 다 나와 있어." 아들이 유튜브 들어가는 방법을 알려주었다. 그래서, 유튜브에 책과 관련된 것들이 있는지 찾아봤다. 신기하게도 책을 읽어주는 유튜버들이 있었다. 세상 참 좋아졌다. 유튜브만 듣고 다니면, 차 안에서도 책을 읽는 격이었다. 전체의 책을 다 읽어주는 게 아니라, 궁금해서 책을 계속 살 수밖에 없었다. 어느 날은 제목만 다른 똑같은 책을 사는 경우도 있었다.

　그러다 『부의 추월차선』이라는 책을 읽게 되었다. 그 책은 나에겐 참 충격적이었다.

우리는 어릴 때부터 학교와 부모님으로부터 공부 잘하면 좋은 대학 가고, 좋은 대학 가면 대기업 들어가고, 대기업 들어가야 남들보다 잘 산다, 그리고 공무원은 퇴직하면 연금이 나오기 때문에 제일 안정적인 직장이라고 그렇게 듣고 자라왔다. 그건, 공식이었다.

청년세대가 본격적으로 사회에 진출한 2000년대부터 '공시생(공무원시험준비생)'이 20만 명을 넘으면서 지금은 직업 1순위가 됐다. 그도 그럴 것이, 내가 운전면허증을 갱신하러 면허시험장을 간 적이 있었다. 데스크에서 근무하는 직원들이 내가 20대 때만 해도 젊었다. 이제 내가 40이 넘어서 갱신하러 가니 50세가 넘은 분들이 앉아 있는 걸 봤다. 젊은 친구들의 취업 문이 좁다는 것을 그것 하나만 봐도 알 수 있었다. 일자리가 없으니 공무원 시험에 눈을 돌릴 수밖에 없는 현실인 것 같았다.

작년에 잡코리아가 대학생과 취준생 설문 조사를 했다. 공무원 시험 준비하는 공시생이 37.4%라고 했다. 앞으로 공무원 시험을 준비할 의향을 묻자 48.4%가 "준비할 의향이 있다."라고 답했다고 한다. 즉 예비 공시생까지 포함하면 85.8%나 된다. 시험 준비를 위해 들어가는 돈도 만만치 않다. 2019년 인크루트가 조사한 결과에 따르면 공시생 1인 월평균 지출금이 116만 원 정도이고, 예상 소요기간은 2년 정도라고 했다. 평균 2천 8백만 원이 필요하다는 계산이 나온다. 지금도 얼마나 많은 젊은이들이 시간과 돈을 쏟아가며 창문도 없는 고시원에 앉아 고군분투하고 있을까? 나는『부의 추월차선』을 읽고 우리가 배운 것들이 정답이 아니라는 걸 느꼈다.

젊었을 때는 가족을 부양해야 하니 한 달에 한 번 나오는 월급을 받기 위해 열심히 일한다. 그리고 나의 노후는 내가 책임져야 할 시대가 됐으니, 내 노후를 위해서라도 열심히 일하지 않으면 안 된다고 생각한다. 회사를 안 다니면 큰일 나는 줄 안다. 내 귀여운 자식들이 커가는 모습을 보지도 못한 채 열심히 돈 벌기 위해 앞만 보고 달린다. 조금이라도 젊을 때 성공해야 내 자녀가 준 선물 같은 시간을 함께 누리며 살 수 있다는 걸 모른 채 누군가를 위해 열심히 월급 받기 위해 일하고 있다.

우리 아들한테는 지금 사회에서 얘기하는 게 다가 아니라고 귀가 닳도록 강조했다. 그래서 그런 건지 우리 아들이 하루는 "엄마, 나는 선생님들이 제일 불쌍한 것 같애. 애들은 말 안 듣지, 쉬고 싶을 때 쉬지도 못하지, 그 월급 받으려고…. 나는 내 사업할 거야."라고 말했다.

아들 말에 의하면, 나처럼 얘기해주는 부모님이 없다고 한다. 좋은 대학 가고, 좋은 회사 들어가는 게 맞는 인생이라고 선생님도 부모님도 다 그렇게 말씀하신다고 했다.

우리 아이들은 자신이 진정 원하는 게 뭔지 한 번도 생각해보지도 못한 채 어른들의 주입식 교육으로 살아가고 있는 게 현실이다.

돈으로 시작된 독서는 자연스럽게 의식의 책으로 넘어가고 '무의식'이 얼마나 큰 힘이 있는지를 알게 되었다. 내가 하는 모든 행동들은 무의식적으로 나도 모르게 어릴 때부터 배웠던 것들이다. 빙산으로 비유를 하자면, 의식은 수면 위의 모습이고 무의식은 수면 아래의 모습이라는 것이다. 의식이 1이면, 무의식이 9라고 한다. 무의식의 힘이 이렇게 강하다니, 그것 또한 충격이었다. 나는 의식 계발을 위해 더 깊이 배워야겠다는 생각이 들었다. 그래서 꽤 비싼 강의를 들은 적도 있다. 그러면서 매일 출퇴근길에 책 읽어주는 유튜브 영상을 듣고 다녔다.

어느 날 〈김도사TV〉를 언니가 알려주었다. 언니는 책 쓰기 교육을 한번 받고 싶었는데 시간이 없어서 못 받았다고 했다. 김도사님이 대략 어떤 분이라고 얘기해주는데, 유튜브를 안 보면 안 될 것 같았다. 너무도 어려운 환경에서 자랐고, 지금은 남부럽지 않게 잘살고 있는 영상들을 보고, 세상에 저런 분이 있나 하면서 오래된 영상부터 보게 되었다. 아들들한테도 김도사라는 분이 있는데, 배울 점이 많으니 한번 보라고 알려주었다. 역시, 아들들은 오직 페라리, 람보르기니 차에만 관심을 가졌다.

김도사님의 영상은 시종일관 똑같았다. '책 써라~ 책 써라~ 책 써라~' 모든 영상마다 기승전 책 써라~. 나는 '책을 아무나 쓰나?'라고 생각했다. 하루는 영상에 댓글을 남겼다. '남들에게 선한 영향력을 끼치는 분이시네요. 저도 그런 삶을 살고 싶었는데…' 놀랍게도 댓글 답변에 핸드폰 번호를 알려주고 김도사님을 찾아오라는 것이었다. 깜짝 놀랐다. 어떻게 핸드폰을 알려주지?

나는 영상을 보고 들으면서 계속 생각만 하고 있었다.
어느 날, "백날 책만 읽으면 그게 무슨 자기계발이냐, 자기계발의 끝은 책 쓰기다."라는 말이 비수를 꽂는 듯했다. 왜냐하면 1년에 52권의 책을 읽는 어떤 프로그램에 가입하려고 마음먹고 있었기 때문이다. 책만 읽기로 마음먹은 나를 김도사님이 꾸짖는 듯했다. 그리고 도대체 뭐가 있길래 저렇게 책을 쓰라고 강조할까? 진짜 궁금했다.

그래서 좀 더 알아봐야겠다는 생각으로 〈한책협〉 1일 특강을 신청했다. 특강을 듣고 바로 책 쓰기로 마음먹었다. 나는 내가 〈한책협〉을 만난 것이 우연이 아니라고 생각한다. 나는 언젠가 꼭, 작가가 될 것이라는 막연한 생각을 갖고 살았다. 애들 다 키우고 책을 써야겠다는 마음을 먹고 있었다. 나는 내 안에서 이미 '끌어당김'의 법칙을 시도하고 있었던 것이다. 그 끌어당김으로 김도사님을 만난 것이다.

〈한책협〉 카페는 오직 긍정의 에너지가 넘쳐난다. 나도 책 쓸 수 있고, 나도 책으로 인해 제2의 인생을 살 수 있고, 나도 책으로 인해 1인 창업가가 되어 부의 추월차선을 탈 수 있는 기회를 만났다. 어떤 프로그램을 들어봐도 인풋만 있지, 아웃풋까지 알려주는 곳은 없다. 공무원 시험을 준비하는 젊은이들이 〈한책협〉을 만났으면 좋겠다. 나는 글을 쓰고 강연도 하고 김도사님처럼 누군가에게 희망을 주는 선한 영향력을 끼치는 사람이 되고 싶다. 〈한책협〉과의 만남은 하늘이 나에게 준 마지막 기회였다.

나를 사랑하게 되는 자존감 회복 글쓰기 훈련

05_김영숙_하늘이 나에게 마지막으로 준 기회

06

김은서

약력 : 20대 초보 작가, 신입사원, 주린이, 하고 싶은 것도 좋아하는 것도 너무 많은 도전가, 30대에 엄청난 부와 경험을 가진 성공자가 되는 것이 꿈

"
나 스스로를 알고 싶다면
글을 써라
"

책 쓰기는 생각보다 많은 사람이 꿈꾸는 일이다. 내 버킷 리스트에도 늘 나의 이야기에 관한 책을 쓸 것이라는 다짐이 적혀 있었다. 그러나 나는 이제 막 사회생활을 시작한 평범한 20대일 뿐이다. '이런 내가, 지금 당장 내 글을 쓸 수 있을까?'라는 생각으로 나는 글쓰기를 계속 멀리 뒀던 것 같다.

대부분 사람들은 모두 글쓰기는 성공한 사람들, 대단한 사람들의 특권이라고 생각한다. 나도 물론 그랬다. 하지만 잘 생각해보면 내가 읽는 책의 모든 작가가 백만장자이고, 큰 업적을 세운 사람은 아니다. 성공해서 책을 쓰는 것이 아니라, 책을 써야 성공한다는 말처럼 책 쓰기는 누구나 할 수 있는 일이다. 나도 지금 책을 쓰고 있다. 이 책처럼 공저로 함께하고 있을 뿐만 아니라 내 개인 저서도 쓰고 있다.

나는 〈한책협〉에서 글쓰기를 배우고 직접 쓰면서 글을 쓰는 것은 그 누구도 제약이 없다는 것을 제일 크게 느끼게 되었다. 사람들은 글쓰기를 너무 어렵게 생각한다. 하지만 글쓰기는 그저 나의 이야기로 나와 같은 꿈을 꾸고, 고민하는 사람들에게 공감과 응원을 주는 것이라고 생각한다. 그리고 그런 글쓰기의 힘은 이 책 안에서 많은 사람이 말을 해주고 있다.

나는 책을 좋아한다. 나는 특히 힘들고 외롭다고 느껴질 때, 책을 통해 공감을 얻고 위로를 받는 것만큼 좋은 것은 없다고 생각한다. 나를 달래기 위해 다른 누구의 감정도 괴롭히지 않고, 오롯이 내가 나를 치유하는 방법. 나는 그것이 바로 책이라고 확신한다. 그래서 나는 지칠 때 더 책을 찾는다.

나는 유학을 통해서 넓은 세상을 느끼고 즐길 수 있었다. 하지만 졸업을 위해 다시 한국으로 돌아왔을 때 나는 슬럼프에 빠졌다. 취업을 준비하는 현실로 돌아오자 이전의 자유롭고 꿈꾸던 나의 모습을 계속 그리워했다. 지금의 모든 상황이 내 원래 모습이 아닌 것 같았다. 나는 계속 유학 생활의 내 모습에서 벗어나지 못했다. 그때 나는 단 한 문장으로부터 내 생각을 바꾸는 힘을 얻게 되었다.

그 문장은 바로 최은영 작가의 『쇼코의 미소』에 나온 한 문장이다.

"행복한 기억은 보물처럼 보이지만 타오르는 숯과 같아. 두 손에 쥐고 있으면 너만 다치니 털어버려라."

나를 사랑하게 되는 자존감 회복 글쓰기 훈련

이 한 문장이 나에게 너무나도 크게 다가왔다. 유학 후 다시 돌아온 한국에서 계속해서 예전의 모습만을 그리워하며 모든 의지를 잃어버렸던 나의 모습, 나는 그때야 내가 계속 손에 타오르는 숯을 가지고 보고 있었다는 것을 깨닫게 되었다. 그리고 꼭 쥐고 있던 그 숯을 놓을 수 있게 되었다. 그뿐만 아니라 타오르는 숯은 거리를 두고 봐야 따듯하고 더 예쁘게 느껴진다는 것을 알게 되었다. 그 이후 나는 더는 유학 생활에서의 내 모습을 갈망하지 않을 수 있었다. 좋은 기억을 추억으로 남겨둘 수 있는 지혜를 얻었다. 이처럼 한 문장이 주는 힘을 느끼게 되었고 책, 그리고 더 나아가 글쓰기의 많은 매력을 알게 되었다.

나는 글을 쓰기 시작하면서 인생에 또 한 번의 큰 변화를 겪고 있다. 가장 큰 변화는 글쓰기를 통해 확신이 있는 사람이 되었다. 나는 올해 처음으로 다이어리를 쓰기 시작했다. 이전에는 손으로 쓰는 것이 귀찮아 그저 핸드폰에 메모장에 할 일을 끄적이던 게 전부였다. 하지만 글쓰기의 힘을 알게 되고서는 다이어리에는 월별, 주별로 나의 목표와 확언들을 적기 시작했다. 이를 통해 나는 내 손으로 쓰는 것에 대한 힘이 얼마나 강한지를 느끼고 경험하고 있다.

실제로 내가 다이어리에 저어둔 나의 목표들은 90% 님는 달성률을 기록하고 있다. 아침 꼭꼭 씹어 먹기와 같은 사소한 목표들부터, 원하는 자격증 취득하기, 내가 즐겁게 일할 수 있는 회사로 이직하기 등의 큰 목표들까지. 내가 생각하고 적어낸 나의 목표들을 차근차근 이뤄나가고 있다. 그냥 생각만 하는 것이 아니라, 내 손으로 직접 쓴 목표들을 보면서 실천하고 이뤄가는 나의 모습을 보면서 나는 내가 꿈꾸는 삶을 살 수 있다고 확신한다.

물론 나도 이전에는 일기 말고는 글을 한 번도 써본 적이 없었다. 따라서 맨 처음 글을 쓰기가 쉽지는 않았다. 그래서 좋아하는 책을 필사하는 것으로 글쓰기를 시작했다. 필사를 하니 좋아하고 배움이 있는 문장을 다시 한 번 생각하면서 마음에 새길 수 있는 점이 좋았다. 또한, 나와 같은 삶을 꿈꾸는 사람 중 먼저 더 많은 경험으로 지혜를 얻은 사람들의 조언을 얻을 수 있다. 이를 통해 나의 목표를 향해 굳건히 나아갈 힘을 얻는다. 책을 통해 얼굴도 이름도 모르는 사람들로부터 응원을 받는 느낌이다. 나는 글쓰기의 힘을 믿는다. 그래서 지금 나는 아무리 흔들려도 방향을 잃지 않고 내 목표를 향해 갈 수 있다. 글쓰기가 주는 이로움은 끝이 없다. 내가 글을 쓰는 가장 큰 목적은 이러한 이로움을 더 많은 사람에게 전하고 싶어서이다. 나 또한 내 이야기를 통해 나와 같은 고민을 하는 사람들에게 공감과 응원의 메시지를 전해주고 싶다.

기록은 기억을 이긴다. 내가 요즘 가장 좋아하는 말이기도 한 이 문장은 지금 책을 쓰고 있는 나에게 큰 의미로 다가왔다. 작가들은 그들의 삶을 늘 기록한다. 내가 오늘 느끼고 본 모든 것을 늘 기록한다. 글을 쓰고 기록하며 나의 모습을 보다 객관적으로 판단하고 돌아볼 수 있다는 것이다. 많은 것을 경험한 하루를 무의미하게 흘려보내는 것이 아닌, 내가 느낀 감정들을 정리하고 쓰고 보는 일. 그것을 통해 나를 조금 더 이해할 수 있게 된다.

내가 나를 알아야 나의 목표를 설정할 수 있다. 오늘의 나를 정리할 수 있는 시간은, 내일의 내가 무엇에 더 집중해야 하는지를 알려주는 좋은 밑거름이 된다. 그렇게 글쓰기는 하루하루 나를 성장시켜나간다.

나는 유학을 할 당시, 매일 밤 그날 있었던 일을 일기로 짧게라도 기록했다. 하루하루가 너무 소중하고 아쉬워 기록하고자 써내려갔던 일기였다. 지금이 될 거라고는 생각하지 못했지만, 나는 미래의 어느 때에 반드시 유학 시절에 대한 이야기를 쓸 것이라고 알고 있었던 것 같다. 그 당시 기록을 통해 글을 쓰면서 나를 더 분명하게 찾을 수 있었다. 내가 유학 생활에서 어떤 것을 제일 좋아했는지, 내가 가장 크게 느끼고 있던 일은 무엇인지 이전에 안 보이던 것들이 이제야 보였다. 당시 일기의 대부분은 오늘은 새로운 누구를 만나서 이러한 얘기를 했다는 이야기로 가득했다. 나는 내가 각국의 친구들을 만나며 세계의 다양한 이야기를 가장 궁금해했다는 것을 다시금 느끼게 되었다. 이처럼 나는 지금 글쓰기를 통해서 내가 잊고 있던, 그리고 무심코 넘어갔던 내 모습들을 세세하게 둘러볼 수 있었다. 나에 대한 새로운 모습을 깨닫는다. 그래서 나는 지금 계속해서 내 하루를 짧게나마 기록하는 습관을 만들고 있다. 이 기록은 미래의 나에게 또 다른 깨달음을 줄 것이라 확신한다. 미래의 나에게 힌트를 남기기 위해 지금 당장 하루 한 줄이라도 글쓰기를 시작해보자.

글쓰기로 삶이 바뀐다고? 내가 글을 쓰면서 가장 많이 의심했던 부분이다. 나는 내 삶을 바꾸기 위해 나름대로 다양한 방법을 통해 도전하고 있었다. 나는 유학을 통해 더 넓은 세상을 보고 느낄 수 있게 되었다. 최근에는 경제적인 자유를 더 빨리 누릴 수 있는 투자도 배우며 실천하고 있다. 나는 지금도 충분히 잘해오고 있다고 생각했다. 책을 쓰고 싶다는 마음이 있었지만 아직은 아니라고 늘 생각했다. 하지만 글쓰기는 이전의 경험과는 또 다른 성장의 분야였다. 글을 쓰면서 나는 외면의 배움이 아닌, 나를 아는 것 그리고 내 내면의 이야기를 듣는 법을 배우게 되었다. 나를 알고 나의 이야기를 글로 담아내는 것은 또 다른 배움이었다. 나는 지금 내가 행복했던 순간들을 떠올리며 글을 쓰고 있다. 글을 쓰니 그때의 행복했던 순간이 더욱 더 생생하게 떠오른다. 그래서 나는 글을 쓰는 지금이 너무 즐겁다. 나를 알기 위해서는 나의 이야기를 써보는 것만큼 좋은 것은 없다.

또한, 나는 내 이야기뿐만 아니라 내가 생각만 하던 하고 싶은 일, 꿈꾸는 일을 계속해서 글로 쓰고 있다. 그로 인해 나의 목표를 구체적으로 보고 읽을 수 있게 되었다. 내 손으로 직접 글을 씀으로 인해 내 머릿속의 생각들을 눈으로 읽을 수도 있다. 막연히 바라왔던 일들을 글로 적어보면서 좀 더 정확히 내가 원하고 바라는 것을 그려낼 수 있다. 나의 목표를 실현할 수 있는 방법 중에 제일 좋은 방법은 내가 꿈꾸는 것을 시각화하는 것이다. 글을 써 보면서 내가 원하는 것을 구체적으로 알 수 있고, 그 글을 읽고 보면서 생생하게 꿈꿀 수 있다. 나는 그래서 매일 내가 좋아하는 문장을 따라 쓰며 내 삶을 바꿔나가고 있다. 글쓰기는 정말 행복한 일이다.

나는 이 책의 원고를 쓰면서 다시금 글쓰기에 대해 생각해볼 수 있었다.

나를 사랑하게 되는 자존감 회복 글쓰기 훈련

그리고 나는 글쓰기가 주는 영향력에 대해 또 한 번 감탄했다. 나는 글쓰기를 통해 내 삶이 바뀐다는 말을 믿는다. 아직 첫 책의 원고를 쓰고 있는 초보작가지만, 내가 이렇게 확신할 수 있는 이유는 나는 정말로 할 수 있기 때문이다. 이런 나에 대한 믿음을 가질 수 있게 한 글쓰기를 지금 당장 시작해보기를 바란다. 근사할 필요도 없다. 그저 자신의 솔직한 이야기만 하나 준비하면 된다.

07

김정탁

약력 : 서울경찰청 형사기동대로 경찰 입문, 강력반, 형사계, 여성청소년계,
지구대, 파출소 등을 경험한 국민의 경찰

저서 : 『법률상식 완벽 활용법』, 『의욕 없던 삶이 다시 두근거리는 하루 10분
글쓰기의 힘』(공저)

❝
글쓰기로 매일
꿈꾸는 삶을 살고 있다
❞

오래전 학교 다닐 때 많이 듣던 말이 있다. 호랑이는 죽어서 가죽을 남기고 사람은 죽어서 이름을 남긴다(虎死留皮 人死有名). 나는 구루라고 불리는 김도사라는 좋은 지도자를 만나 책을 썼다. 그 이후 많은 변화가 찾아왔다. 메모 습관이 들었고 새로운 아이디어가 떠올랐다. 또 호기심, 관심, 관찰, 집중, 질문 등 많은 부분에 대해 이야기를 만들고자 노력하는 습관이 생겼다.

생각이라고 하는 것은 자본이 필요 없다. 무궁무진한 가능성이 있다. 임대료 걱정도 없고 계약할 걱정도 없다. 주인이라고 하는 사람이 없다. 나 자신이 사장이고 때로는 노동자이다. 아마 일인 다역이 맞을 것이다. 행동하고 생각하고 부딪히고 넘어지고 하다가 좋은 글, 좋은 책이 나오지 않겠는가? 특히 코로나 시대에 이보다 더 좋은 직업이 어디 있겠는가?

부정적인 생각을 가지면 모든 것을 할 수 없는 사람이 된다고 본다. 지난 올림픽에서 우리나라 펜싱선수가 스코어가 뒤지고 있었는데도 불구하고 "나는 할 수 있다! 나는 할 수 있다!"라고 했던 말이 생각난다. 누구든지 무엇이든지 할 수 있는 것이다. 글이라는 것도 마찬가지라고 생각한다. 참으로 대단하다. 남녀노소, 직업 불문하고 누구든지 받아준다. 때와 장소를 가리지 않는다. 국가라고 하는 나라도 가지지 않는다. 국경도 없다. 다만 언어라는 것만 다를 뿐이다. 본질은 같다고 생각한다. 느끼고 슬프고 웃고 이해하고 자신감 가지게 하는 좋은 점을 준다.

항상 긍정적인 마음을 가지면 못 할 것이 없다고 생각한다. 안 된다는 부정적인 말은 저 멀리 던져버려라. 힘껏 던져버려라. 항상 긍정적인 친구와 만나고 사귀고 밥 먹고 놀러가고 부딪히고 해야 한다. 부정적인 사람과 친구를 만나면 부정적인 생각을 한다. 즉 나쁜 생각을 가지게 된다고 본다. "세상은 왜 이래.", "왜 나는 안 되지?", "세상은 불공평해.", "전쟁이나 확 나버려!" 온갖 부정적인 말, 생각, 관념들이 마음속에 있게 하는 것이다. 긍정적인 생각, 긍정적으로 바라보는 사람들을 만나면 항상 좋은 말만 한다. "나도 할 수 있어.", "저 친구도 하는데 나도 해보자.", "이거 한번 해볼까?", "안 되면 될 때까지.", "나에겐 불가능이라는 것은 없다.", "인생은 도전이다!" 등 좋은 생각, 좋은 말들을 생각하다 보면 마음에 항상 긍정적인 사고가 생긴다.

사람은 누구나 자기가 관심 있는 분야가 있다. 나는 축구에 관심이 많다.

잘하지는 못하지만 어울리고 운동도 되고 사람들과 금방 친해질 수 있기 때문이라고 본다. 못하면 어떤가? 내가 좋아하면 되지 않는가? 사람들은 축구 하면 삼바 축구의 나라 브라질을 떠올린다. 축구의 본고장이 원래 영국이다. 영국 사람들이 당시 세계로 진출하면서 상인, 선교사, 선원, 철도 노동자들에 의해 각국으로 전파되었다고 한다. 브라질 빈민가의 사람들은 틈만 있으면 장소를 가리지 않고 축구공 같은 것을 가지고 놀다가 자연히 몸소 스스로 익혀서 오늘날 축구 강국이 되었다고 한다.

1958년 월드컵 우승으로 이끈 펠레는 어릴 적 불우한 환경에서 구두닦이로 일하다가 반드시 축구선수가 되겠다고 다짐했던 사람이다. 또 어릴 적 소아마비를 앓아 다리 길이가 서로 다른 소년이었던 사람이 1962년 월드컵의 우승을 이끈 가린샤라는 축구선수로, 처음 놀이에서 출발하여 훌륭한 선수가 되었다.

이처럼 글도 계속 접하고 읽고 쓰고 하다 보면 책으로 된다고 생각한다. 시를 좋아하는 사람은 시에 관심이 있다. 부동산에 관심이 있는 사람은 부동산에, 골프를 좋아하는 사람은 골프에, 꽃을 좋아하는 사람은 꽃에, 소설을 좋아하는 사람은 소설에 관심이 있듯이 분야는 무궁무진하다. 관심을 가지고 하다 보면 누구나 전문가가 될 수 있지 않을까? 생각의 틀을 깨부수자. 그러면 또 다른 세계를 개척할 수 있다고 본다. 나 자신이 무엇이든 할 수 있다는 자신감으로 말이다. "나는 뭐든 할 수 있다.", "나는 최고이다.", "나는 전문가야.", "나는 우주에서 최고이다." 다 마음먹기에 달려 있지 않을까?

또 이런 생각을 해보았다. 소금은 동물이나 사람에게 왜 필요한가, 소금이 없다면 어떻게 될까, 소금 없이 살아갈 수 있을까, 모든 음식에 소금이 들어가는 이유는 뭘까, 소금이 왜 필요하지? 같은 논리로 물을 왜 필요한가, 물 없이 살아갈 수 있을까? 이것을 연구하면 대박이 날 것이다. '동물과 사람, 식물이 살아가는 데 왜 물이 필요할까?'라는 것이 가끔 궁금할 때가 있다. 내 연구실은 없지만 생각을 바꾸면 온 천지가 내 연구실이다. 밖에 나가면 무수하게 내 연구실이 많다. 나무 벤치가 있는 곳도 되고 운동장, 도서관, 햇살이 드는 아파트 계단 등 온통 내 연구실이 될 수 있다. 생각의 차이만 있을 뿐이다.

사람들은 무엇이 궁금하면 물어보면 되는데 물어보지 않는다. 그저 생각만 한다. 물어봐야 궁금증에서 더 큰 것을 발견할 수 있다. 글은 어떻게 쓰는지, 공은 어떻게 차는지, 오토바이는 어떻게 타는지, 돈은 어떻게 벌어야 하는지, 뭘 해야 재미있는지 물어봐야 그 사람에 대해 알 수 있다. 그 사람에게 배울 수 있는 것이다. 고 정주영 회장이 "이봐, 해봤어?"라고 유명한 말을 했듯이 직접 실천해봐야 무엇이든 알 수 있는 것이다. 부자에게 정중히 물어봐야 어떻게 부자가 되는지 알 수 있는 것이라고 본다. 복싱 챔피언에게 어떻게 복싱을 하는지 물어보아야 챔피언이 될 수 있는 것이다. 또 책을 쓰고 싶은데 어떻게 써야 하는지 물어보고 실천해봐야 알 수 있는 것이다.

여러분은 휴일 하루를 어떻게 보내는가? 쉬는 날이니 늦게까지 잠을 자는 사람, 일찍 일어나서 하루를 길게 보내는 사람. 또 교회에 가는 사람도 있다. 또 사찰에 가는 사람도 있다. 사람들은 거의 대부분 같은 행동 방식으로 행동한다. 이 행동 방식, 즉 패턴이라고 하는 것을 바꾸어봐라. 그러면 엄청나게 또 다른 나를 발견할 수 있을 것이다.

시간은 누구에게나 똑같은 시간이다. 남녀노소 똑같다. 이 시간을 어떻게 활용하느냐에 따라 인생이 달라진다고 본다. 습관적이고 반복되는 삶을 살아가기 때문에 패턴이라고 하는 것을 바꾸는 것은 쉽지 않을 것이다. 진정한 목수는 연장 탓을 하지 않는다고 한다. 무엇이든 잘 활용한다. 유행도 모방하고 기술도 모방한다.

우리가 매일 먹는 밥은 왜 삼시 세끼를 먹어야 할까? '왜 세 끼를 먹어야 할까'를 생각해본 적이 있는가? 두 끼 먹으면 안 되는가, 또 한 끼 먹으면 안 되는가, 그렇다고 죽는가? 이런 허무맹랑하다고 생각하는 것도 글이 될 수 있다고 본다. 책을 쓰고 난 뒤 나는 다른 사람들의 책을 많이 본다. 책 구성이 어떻게 되어 있는지, 프롤로그도 보고, 목차도 보고 에필로그도 본다. 또 예전에 생각하지 않았던 출판사도 본다. 왜 본다고 생각하는가. 다 나름대로 생각이 있어 그런다. 교과서를 내는 곳이 있고 자기계발서를 좋아하는 출판사가 있고 소설 같은 곳을 내가 마음에 드는 곳도 있기 때문이라고 본다. 내 생각이 틀릴 수도 있고 맞을 수도 있다.

소크라테스가 이런 말을 했었다. "너 자신을 알라." 나는 나 자신을 아는가? 사실 잘 모른다. 그렇지만 대략은 안다. 내 인생의 주인공은 나다. 그런데 나를 위해 살지 않는 경향이 많다고 본다. 다 자기중심이니 그렇지 않을까? 나는 내가 하고 싶은 것을 해야 재미있다고 본다. 재미가 있어야 흥이 난다. 피곤하지 않고 시간 가는 줄 모른다. 집중이 되고 몰입하게 되는 것이다. 하기 싫은 일을 해보았는가? 능률도 없고 하기도 싫다. 재미도 없다. 시간도 가지 않고 지루하고 피곤해지는 것이다.

인생 2막은 내 갈 길 나 혼자 개척해야 되지 않을까? 나는 나 혼자 개척하려 한다. 책을 쓰고 난 후 세상을 보는 관점도 많이 달라졌다. 모든 것을 아름답게 보는 눈이 생겼다. 온몸에 자신감이라는 전류가 흐른다. 이것은 충전하지 않아도 된다. 저절로 충전되고 매번 다른 게 생각난다. 그 아이디어라는 것은 금방 사라지기 때문에 메모하지 않으면 금세 없어지거나 생각나지 않는다. 세상사는 사람에게서 배우고 자연에게서 배운다. 일반인이 생활하는 것을 보고 배우고 느끼고 실천한다. 때로는 본받고 때로는 상의하고 대화하고 웃고 슬퍼하고 즐기고 한다. 이 어찌 아름답고 좋은 행동이지 않은가? 좋은 사람을 만나야 한다. 누구를 만나느냐에 따라 인생이 달라진다. 누구와도 대화할 수 있는 나 자신이 참 대견스럽다. 나무하고도 대화했었다.

나는 몇 해 전 자전거를 타고 직장까지 출퇴근을 했었다. 먼지도 있고 해서 침을 뱉었다. 가로수인 메타세콰이어에 침이 붙었다. 나는 곧바로 나무에게 미안했다. 나뭇잎으로 침을 닦고 "나무야 미안해." 하고 사과했다. 나 자신이 상쾌하고 기분이 좋았다. 여러분은 이런 적이 없는가? 또 내 차(오래되었지만 고장이 없다)를 코워커(co-worker: 동료)라고 부른다. 차를 타고 와서 "코워커, 고마워. 잘 탔다."라고 말을 한다. 때로는 꽃하고도 얘기한다. 향기도 맡아보고 만져보기도 한다. 그 향기에 도취되어 내 몸이 즐겁다. 자연의 모든 것이 이야깃거리가 된다. 남들이 보면 이상하게 여길 수도 있다. 내 자신이 즐겁고 대화하다 보니 모든 것이 기분이 좋다. 이 얼마나 좋은가? 직접 느껴보라.

음식을 먹어보아야 맛을 느낄 수 있듯이 책을 써봐야 그 맛을 알 수 있다. 그 느낌을 생각해봐라. 참 짜릿하다고 할까 말로 표현하기가 그렇다. 코로나는 곧 끝난다. 그러면 내 꿈을 마음껏 펼칠 것이다. 나는 그날을 기다리고 있다. 나는 매일매일 내 꿈을 향해 가고 있다. 실행해보라. 그러면 여러분에게도 많은 부분 신체적, 정신적 엄청난 변화가 올 것이다. 같이 동참해서 꿈을 향해 달려보는 것이 어떨지? 판단은 여러분의 결정에 달려 있다고 보는데 어떠신가?

08

김진호

약력 : 삼성전자 품질관리, 경영혁신, 인사관리, 총무, 홍보, 사회공헌 등 담당
(29년간), 경기도청 투자통상자문관, 아쿠아마인 창업, 미네랄워터 메
신저

저서 : 『물은 건강을 알고 있다』, 『의욕 없던 삶이 다시 두근거리는 하루 10분
글쓰기의 힘』(공저)

❝ 글쓰기는 내 삶의 보석을 발견하는 과정이다 ❞

대부분 사람은 보석을 좋아한다. 보석 자체가 가지고 있는 빛깔과 광택이 아름답기 때문이다. 게다가 보석은 경제적인 가치를 가지고 있는 장식물이다. 이 세상에는 많은 광물이 있지만 보석은 50여 종류가 있다고 알려져 있다. 일반적으로 많이 알려진 보석은 다이아몬드, 사파이어, 루비, 진주, 에메랄드 등이다. 보석은 품질과 크기에 따라 가격이 다르다. 보석의 무게는 캐럿(carat)으로 표기하는데 1캐럿은 200mg이다. 보석은 결혼기념일과 연관 지어 선물을 하기도 한다. 저자는 결혼할 때 처가로부터 작은 다이아몬드 반지를 선물로 받았다. 다이아몬드는 일반적인 기념선물로도 많이 이용되고 있지만 결혼 60주년 기념 보석으로 알려져 있다. 다이아몬드 반지 선물은 결혼하여 60년간 행복한 부부로 살아가라는 당부가 담겨 있음을 나중에 알게 되었다.

사람들이 이 세상을 살아가는 이유는 무엇일까? 많은 이유가 있겠지만 가장 기본적인 이유는 일을 하기 위함이다. 일을 해야 먹고사는 문제를 해결할 수 있다. 그리고 개인 비전을 실현할 수도 있다. 그래서 사람들은 새벽부터 늦은 밤까지 열심히 일을 한다. 그러나 사람들이 많은 시간 동안 일을 해도 개인 비전을 이루지 못하는 경우가 많다. 저자는 삼성전자에서 29년 간 일을 했다. 이른 아침부터 늦은 밤까지 많은 일을 했다. 때로는 휴일도 없이 일을 했다. 그로 인해 피로는 누적되었고 많은 일로 인해 스트레스도 컸다. 회사 일에 최선을 다하여 부장까지 승진을 잘 했지만 임원 승진은 하지 못했다. 삼성전자에서 부장 직급으로 10년 동안 일하다가 임원 승진자 발표하는 날 승진되지 않았음을 확인하고 퇴직원을 제출했다. 삼성전자에서 개인 비전인 임원 승진은 하지 못하고 아픈 몸과 마음을 끌어안고 조용히 떠나왔다. 이런 것이 대부분 직장 생활을 하는 사람들의 일상일 것이다.

저자는 첫 창업을 한 후 많은 돈을 투자했지만 실패하고 폐업했다. 그 이후에 '아쿠아마인'이라는 회사를 재창업했다. 첫 창업의 실패를 교훈 삼아서 전략을 다시 세우고 최선을 다하고 있다. 아쿠아마인은 온라인 쇼핑몰 회사이다. 저자와 아들이 함께 개발한 '미네랄메이커'를 연구하고 생산하여 판매하고 있다. 미네랄메이커는 '알칼리성 마그네슘 미네랄워터를 만들어주는 기능성 물병'이다. 미네랄메이커는 전 세계에서 처음으로 붙여진 이름이다. 그러다 보니 고객들을 이해시키는 것이 필요했다. 블로그를 개설하여 미네랄메이커에 대해 많은 글을 써서 올렸다. 몇 년 동안 블로그에 많은 글을 써서 올렸지만 읽어주는 독자는 생각보다 많지 않았다. 많은 독자들이 글을 읽도록 하려면 무엇을 해야 할까 참으로 고민이 많은 시기였다.

그러던 중 〈한책협〉에서 책 쓰기 코칭을 받았다. 코칭 프로그램이 체계적으로 잘되어 있어서 교육 수료 후 3개월 만에 초고를 완성하였다. 그리고 1개월 만에 『물은 건강을 알고 있다』라는 책을 출간하였다. 글쓰기와 출간까지 매우 빠른 속도로 진행되었다. 저자는 지금까지 뒤를 돌아볼 여유도 없이 앞만 바라보고 열심히 달려왔던 삶이었지만 글을 쓰면서 지나온 시간들을 돌아보게 되었다. 그간 계획했던 일들을 모두 이룬 것도 아니고 때로는 실패와 좌절도 있었다. 그렇지만 모든 삶의 여정들 속에서 변함없이 최선을 다해 살아온 자신의 삶을 새롭게 발견하는 과정이었다.

글을 쓰면서 사업을 하려면 사업 아이템을 선정하기에 앞서 책을 먼저 출간하는 것이 중요하다는 것을 체험했다. 책을 출간하기 위해서 사업 아이템에 대해 더 깊이 있는 조사를 할 수 있었다. 그리고 사업 추진 방향에 대해 진지하게 고민하면서 닥쳐올 어려운 과제들을 극복할 수 있는 대안을 세우는 계기도 되었다. 글을 쓰면서 현재 나의 의식 수준이 대폭 확장되었다. 게다가 사업을 어떻게 하면 성공시킬 수 있을 것인가에 대해 더욱 깊이 있는 성찰의 시간이었다. 저자는 창업하고 수년이 지났지만 글을 쓰면서 사업에 대한 미래를 더 깊이 있게 고민하는 소중한 시간이 있다.

저자는 『물은 건강을 알고 있다』를 출간하고 삶에 많은 변화가 생겼다. 지금까지 책만 읽던 독자의 삶에서 글을 쓰는 작가로 바뀌었다. 책만 읽는 독자와 글을 쓰는 작가는 삶의 위치에 차이가 있다. 글을 쓰면서 그간에 책을 바라보던 관점이 새롭게 바뀌었다. 각종 책에서 저자가 강조하고자 하는 핵심을 빨리 살펴보는 지혜도 생겼다. 한국의 유명인들을 등록해주는 네이버 인물정보가 있다. 이 글을 읽고 있는 독자는 네이버 인물정보에 등록되어 있을까? 아마도 대부분 인물정보에 등록되어 있지 않았을 것이다. 그럴지라도 인물정보에 등록하는 쉬운 방법이 있다.

2019년 국세통계연보는 한국 전체 근로자 중 연봉 1억 원 초과자가 4.4%라고 발표했다. 근로소득 상위 4.4% 이내에 들어가는 사람일지라도 네이버 인물정보에 모두 등록해주지 않는다. 기업에 근무하는 사람은 연봉 수준과 상관없이 임원 또는 경영자가 되어야 등재를 해주기 때문이다. 저자도 삼성전자에 근무할 때 연봉 1억 원 초과자였지만 등록할 수 없었다. 그러나 글을 쓰고 책을 출간한 후 등록할 수 있었다. 대기업에서 연봉 1억원 이상을 받는 것보다 책을 한 권 쓰고 출간하면 더 유명인으로 예우를 하고 있는 것이다.

네이버 검색창에서 '김진호 작가'로 검색을 하면 저자가 검색된다. 그리고 저서, 학력, 경력, 수상 등의 정보를 살펴볼 수 있다. 저자는 인물정보를 등록을 하면서 연봉 1억 원보다 책 한 권의 가치가 더 크다는 것을 알게 되었다. 근로소득 상위자보다 책을 쓰는 작가가 사회적으로 인정받고 있는 것이다.

『물은 건강을 알고 있다』를 출간하고 가까운 지인들에게 소식을 전했다. 그러자 대부분 놀랍다는 반응과 함께 축하 메시지를 많이 보내왔다. 그리고 책을 읽은 소감도 전해오기 시작했다.

"사업하기에 바쁠 텐데 글까지 쓰고 대단하다."
"부럽다! 꼭 구매해서 읽어보겠다."
"나도 책을 쓰고 싶은데 어떻게 하면 될까?"
"책을 읽으면서 물이 건강에 중요하다는 것을 다시 생각하게 되었다."
"책에 소개한 '굿워터라이프앱'을 설치하고 물을 잘 마시고 있다."
"미네랄메이커 사업이 번창하길 응원한다!"

어느 날『물은 건강을 알고 있다』를 읽은 독자가 미네랄메이커를 주문했다. 책에 소개한 저자의 삶을 이해할 수 있고 개발한 제품도 믿음이 간다고 했다. 책을 통하여 미네랄메이커에 대한 신뢰도가 더욱 높아지고 있음을 알게 되었다.

글을 쓰고 책을 출간한 이후부터 미네랄메이커 주문 고객이 증가하고 있다. 출간한 책을 통하여 미네랄메이커에 대한 이해와 제품 신뢰도가 높아지고 있는 것으로 생각된다. 책을 출간한 이후 해외 바이어와 미네랄메이커 수출 계약이 체결되어 2회차 수출 선적을 진행했다. 해외 바이어와 수출 상담 시에 책 소개도 함께하여 미네랄메이커의 신뢰도를 높이고 있다. 다른 몇 곳이 해외 바이어와도 수출 상담을 활발히 진행하고 있다. 미네랄메이커를 사용하는 고객들은 저자가 과거에 물을 마시지 않아서 탈수로 인해 몸에 있었던 건강 문제가 물을 충분히 마시면서 대부분 해소되었던 것과 같이 건강 문제가 회복되는 체험을 하게 될 것이다.

글을 쓰는 것은 광산에서 보석을 캐내는 것과 같다. 글쓰기는 작가의 삶 속에 감추어진 보석을 발견하는 과정이다. 모든 사람들은 삶 속에 묻힌 보석을 가지고 있다. 글쓰기를 통해 그 보석을 발견하고 캐낼 수 있다. 이 세상의 모든 일들은 기대하고 소망하는 대로 이루어지는 것이 창조 섭리이다. 이 세상에 태어난 스스로의 비전을 발견하고 이루길 원한다면 글을 써야 한다. 나의 비전은 꼭 이루어진다는 긍정적인 생각과 말하는 습관도 가져야한다. 그리고 스스로의 삶에서 최선을 다할 때 목적한 바를 반드시 이루게 되는 체험을 할 수 있을 것이다. 글쓰기는 내 삶의 보석을 발견하는 과정이라는 것을 꼭 기억하고 지금부터 스스로의 삶 속에 묻혀 있는 보석 캐내기를 시작하자!

08_김진호_글쓰기는 내 삶의 보석을 발견하는 과정이다

09

김현주

약력 : 자기계발 작가, 동기부여가, 작업치료사, 사회복지사, 현재 노인, 아동
　　　대상 작업치료사로 근무

저서 : 『내 감정에 잡아먹히지 않는 독서의 기술』, 『버킷리스트25』(공저), 『의
　　　욕 없던 삶이 다시 두근거리는 하루 10분 글쓰기의 힘』(공저)

66
글쓰기로 나는
자존감 높은 여자가 되었다
99

자존감이 높은 사람 한 명과 자존감이 낮은 사람 한 명이 각각 내 주변에 있다고 가정해보자. 자존감 높은 한 명은 어떤 일이든 긍정적으로 생각하고 본인이 문제를 해결할 수 있는 능력이 충분하다며 자신감 있는 모습을 보인다. 하지만 자존감이 낮은 사람은 본인의 능력으로 충분히 해결할 수 있는 일조차도 "나는 할 수 없을 것 같아. 내가 어떻게 할 수 있겠어."라며 의기소침한 모습을 보인다. 그 모습을 지켜보는 동료나 친구에게 부정적인 에너지가 고스란히 전해진다.

사람과 사람 사이의 관계에서는 나와 친밀한 사람들과 자연스레 에너지 교류가 일어난다. '유유상종, 초록동색, 근묵자흑'이라는 말이 있지 않은가? 내가 긍정의 에너지를 가졌다면 내 주변의 사람들 역시 나와 같은 긍정 에너지를 가진 사람들이 모일 것이다. 하지만 부정적인 에너지를 가졌다면 그 역시도 누군가에게 자연스레 전파되게 된다. 그렇다면 우리는 어떤 사람이 되어야 할 것인가? 스스로에게 질문을 던져보자. 나를 만나는 사람들이 나와의 시간을 행복하게 생각하고 나로 인해 긍정적인 에너지를 받는다면 더할 나위 없이 좋을 것이다. 나 역시도 긍정적이고 진취적이며 열정적인 사람을 만나는 것을 더 선호한다.

글을 쓰며 나는 점점 높은 의식을 갖게 되었다. 부정적인 생각과 의식을 멀리하고 긍정적인 생각과 풍요로운 미래만을 생각하게 되었다. 요즘 우리는 코로나19로 인해 사회적으로 무척 힘든 시대를 살아가고 있다. 이러한 시대 상황 때문에 매일 누군가를 탓하며 하루하루를 살아가는 사람들이 많이 있다. 3~4명이 모여 이야기를 나누다 보면 밝고 긍정적인 이야기보다는 "힘들어서 못 살겠다. 나라가 어떻게 되려고 이러는지 모르겠다. 경제가 왜 이 모양이냐?" 등 개인적인 문제에서 국가적, 세계적인 문제까지 무척이나 암울한 이야기뿐이다. 문제의식을 가지고 비판적인 사고를 하는 것 자체를 문제 삼는 것이 아니다. 마냥 비관적으로만 생각하고 그 생각을 말로 내뱉는 상황이 많아졌다는 것이다. 현재 코로나19로 인해 전 세계적으로 힘든 상황이긴 하지만 그 안에서도 긍정의 힘을 갖고 열정적으로 삶을 일구어나가는 사람들이 많이 있다.

나 역시 그동안 힘든 시간이 많이 있었다. 소중한 아이를 키우는 것도 너무 벅차고 더 이상 나아지지 않는 가정경제 상황으로 인해 남편과 언쟁을

나를 사랑하게 되는 자존감 회복 글쓰기 훈련

하는 일도 잦았다. 하지만 그 모든 일들이 지금 와서 되돌아보니 나의 낮은 자존감으로 인한 것임을 글쓰기 활동을 하며 깨닫게 되었다. 나를 둘러싼 상황과 환경은 글쓰기 전과 하나도 달라지지 않았다. 귀엽고 사랑스러운 나의 딸, 우리 집의 경제 상황, 모든 것이 180도 달라지지는 않았다. 하지만 내가 상황과 환경을 바라보는 마음의 눈은 180도 달라진 것이다. 그것은 글쓰기를 통해 자존감이 높아진 덕분이었다. 내 안의 풍요와 감사가 충만하니 세상의 모든 것이 당연하지 않고 나만 부족하다는 생각에서 벗어나게 되었다. 글쓰기를 통해 성숙한 사고와 가치관을 갖게 된 것이다.

누군가의 의견과 태도에 의해 좌지우지되던 나의 결정이 이제는 내 마음에서 보내는 신호에 의해 모든 일을 결정하게 되었다. 나는 자기 주도적이고 마음의 소리에 귀 기울이는 사람이 된 것이다. 타인의 의견과 생각, 세상의 이치를 따르기보다 내면의 소리를 물 흐르듯 따라가는 그런 삶을 살게 된 것이다. 내가 하고 싶고 내가 가고 싶고 내가 먹고 싶은 것을 주도적으로 선택하고 결정하는 것의 즐거움을 이제야 오롯이 알게 되었다.

그동안은 내가 가지지 못한 것을 갖고 있는 이들을 부러워만 했다. 하지만 글쓰기를 하며 나는 내면의 충만함으로 가득해졌다. 갖지 못해 아쉽기보다 원하는 것은 언제든지 원하는 때에 가질 수 있다는 의식으로 변하게 된 것이다. '돈을 아껴야 한다. 나에게 그 물건은 과한 것이다.'가 아니라 내면의 욕망이 생기면 가질 수 있는 것이라고 생각하니 아직 소유하지 않았지만 마음만은 풍족하다. 생각과 의식의 차이가 만들어낸 긍정적인 결과이다.

글쓰기는 세상에 나의 모습을 온전히 드러내는 일이다. 세상에 나를 드러내는 일이 두렵지 않은 이들도 있을 것이다. 하지만 누군가는 내가 모르는 사람이 나를 알고 있다는 상황이 두렵고 무섭게 느껴질 수도 있다. 나는 글을 쓰면서 나의 생각, 나의 일상, 나의 추억들이 글 안에 온전히 녹아드는 경험을 하였다. 나와 관련된 것들이 하나하나 글에 드러나는 과정이었다. 이 과정에서 글은 내가 세상과 연결되는 하나의 통로가 된 것이다. 그동안은 누군가의 딸, 엄마, 아내의 역할만 하였다. 지금은 책을 내고 나의 글을 통해 누군가와 소통하는 작가로서의 일을 한다는 것이 무척이나 흥미롭고 즐겁다. 내가 쓴 글에 감동을 하고 동기부여가 되었다는 후기를 접하게 되면서 나는 작가라는 멋진 역할을 하나 더 얻게 되었다.

글쓰기를 하는 동안 내면의 치유가 이루어지고 내 안의 숨겨진 무한한 능력을 발견하기도 하였다. 할 수 없을 것 같던 책 집필이 드디어 이루어지면서 나는 자존감 높은 여자로 다시 태어났다. 글을 쓰는 것, 그것은 자존감 상승이라는 결과를 이루어내는 완벽한 과정이다. 글쓰기는 누구나 할 수 있지만 아무나 도전하지 않는다. 도전하는 것 자체를 두려워한다. 요즘처럼 다양한 영상 매체가 제공되는 시대에 글을 읽는 사람은 많지 않다. 그러다 보니 글을 읽는 것보다 더 어려운 글쓰기를 시도하는 사람은 더욱 많지 않은 것이다. 그렇게 힘들고 어려운 일을 이루어낸 나는 주변 사람들에게 놀라운 존재가 되었다. 책을 내고 나는 지인들에게 "원래부터 글쓰기를 즐겨했냐? 국어국문학과 출신이냐? 진짜 혼자서 쓴 것이 맞느냐?"라는 질문을 수없이 받았다. 그들에게는 글쓰기라는 것, 책이라는 결과물이 나온 것 자체가 무척이나 신기하고 흥미로운 일이었던 것이다. 나 역시 내 주변에 작가라는 사람이 없어서인지 내가 작가가 되었다는 것이 아직까지 어색하다.

내가 가진 생각과 사고를 나만 알기보다는 세상과 소통하고 나누는 일을 하는 작가라는 직업은 나를 드러내는 최고의 일이다. 수줍음 많고 소심한 성격의 사람이었던 내가 누군가에게 내 존재를 알리는 일을 하는 지금의 모습은 상상해보지도 않았다. 하지만 글쓰기를 통해 높아진 자존감으로 인해 이제는 나를 알리고 드러내는 일에 더 이상 두려워하지 않는다. 누군가의 비난과 비판이 두렵기보다는 나를 성장시키지 못하는 상황이 더 힘들고 무서울 뿐이다. 글쓰기를 통해 나는 하루하루 성장하고 성숙해진다. 가시적인 성장만이 아니라 보이지 않는 내면의 성장이 함께 이루어지고 있는 중이다.

최근에 나는 아이가 다니는 유치원에서 학습 대표를 맡았다. 내가 자진해서 지원한 건 아니었지만 선생님의 권유를 거절하지 않았다. 예전의 나였다면 어땠을까? 당연히 손사래를 치며 거부하였을 것이다. 새로운 역할을 해야 한다는 부담감, 소속의 대표가 된다는 두려움 때문에 무조건적인 거부를 하였을 것이다. 하지만 이제는 어떠한 역할과 일들도 가볍게 긍정적으로 생각하게 되었다. 내 아이가 다니는 유치원의 원활한 운영을 위해 엄마로서 도움 될 일이 있다면 최선을 다해 도와보려는 생각으로 바뀌게 된 것이다.

예전의 나는 내가 아니어도 할 사람들이 많은데 굳이 내가 나서지 않아도 된다고 생각하였을 것이다. 글쓰기를 통한 생각과 의식의 변화가 나의 행동에도 영향을 끼치게 된 것이다. 오늘 원고를 쓰는 이 순간도 나는 글쓰기를

75

하면서 내면의 충만함을 만끽하고 있다. 더 좋은 일, 더 좋은 순간을 마주하게 될 것이라는 기대와 희망을 갖게 되었다.

인터넷에는 자존감을 높이는 방법이라는 제목의 글들이 수없이 많다. 그곳에는 자존감을 높이는 다양한 방법들이 소개되어 있다. 그들이 이야기하는 방법대로 실천하면 정말 자존감이 높아질까? 한때 나도 낮은 자존감으로 인해 사람들과의 관계, 새로운 일을 시작하는 것에 대한 두려움이 있었다. 하지만 글쓰기 활동을 통해 생각지도 못한 수확을 얻었다. 그것은 바로 자존감이 높아진 것이다. 자존감이라는 것은 누군가가 말하는 방법대로 따라한다고 해서 쉽게 높아지는 것이 아니다. 다시 한 번 내 자신을 되돌아보고 이해하며 인정하는 과정을 통해 자연스럽게 자존감이 높아지는 것이다. 이제는 억지로 자존감을 높이기 위해 애쓰지 말자. 글쓰기 활동을 하며 스스로를 단단하게 만들어가는 과정을 꾸준히 연습하다 보면 어느새 자존감이 높아진 당신의 모습을 만나게 될 것이다.

나를 사랑하게 되는 자존감 회복 글쓰기 훈련

09_김현주_글쓰기로 나는 자존감 높은 여자가 되었다

10

김효원

약력 : 할리우드 영화와 팝송에 빠진 어린 시절을 보냄. 영어, 한국어 전공, 영
어교육학 대학원 과정 공부 중. 실제 사용 가능한 영어, 지속 가능한 영
어 공부를 목표로 공부방과 도서관에서 영어의 즐거움을 알려주는 선
생님

저서 : 『사양합니다, 그런 엄마표 영어』, 『버킷리스트26』, 『의욕 없던 삶이 다
시 두근거리는 하루 10분 글쓰기의 힘』(공저)

66

글쓰기로 내 안의
진주를 발견했다

99

작가로서의 나의 일상은 전과 비교했을 때 그리 많이 달라지지 않았다. 길 가다가 누군가가 나를 알아보는 것도 아니고, 하늘에서 억만금의 돈이 떨어진 것도 아니다. 내가 있는 자리는 여전히 집, 그리고 영어를 가르치는 곳, 세 아이 엄마의 자리이다.

나는 아침에 일어나면 아이 셋 등원 준비에 바쁘다. 각자의 아이들 먹을 것 챙겨주고 옷을 입힌다. 가방에 물통, 숟가락 등 각자의 소지품을 넣어준다. 준비물도 빼놓지 않고 챙겨야 한다. 아이들이 신발을 신고 마스크 착용한 것을 확인하고 나면 준비가 끝난다. 문을 열고 아이들과 함께 집을 나선다. 한 명은 어린이집, 한 명은 유치원 차량을 태워 보낸다. 마지막 큰아이는 혼자 학교에 갈 만큼 컸다. 큰아이에게는 잘 다녀오라는 인사면 충분하다.

아이들이 모두 떠나고 난 집은 참 고요하다. 이 적막이 참 좋다. 몸이 더 쳐지기 전에 집안 정리를 몇 가지 끝낸다. 그리고 가방에 노트북을 챙긴다. 내가 가장 좋아하는 집 근처 카페로 향하는 걸음이 힘차다. 엄마가 아닌, 김효원으로 돌아가는 시간이다. 내가 가장 기다리는 시간, 나와의 시간이다.

가장 좋아하는 녹차 한 잔을 시켜서 자리를 잡고 노트북을 켠다. 노트북에 자판을 튕기며 한 글자, 한 글자 써 내려간다. 한 글자로 시작되었던 글이 벌써 A4 용지 100장 분량의 글이 되었다. 쓰기 전까지는 100장을 쓸 수 있다고 선뜻 믿지 못했다. 내 속의 이야기가 그렇게 많을지 몰랐다.

나는 영어 선생님이다. 내가 가르치는 학생들, 그리고 나의 아이들의 영어를 도와주고 있다. 어릴 때부터 영어를 좋아해서 오랫동안 놓지 않고 영어 공부를 했다. 사교육을 받는다거나 유학을 떠날 입장도 못 되었다. 어쩌면 그것이 축복이었는지도 모른다. 책을 쓰면서 알았다. 나는 영어 공부를 즐겁게 하는 방법을 터득하게 되었다는 걸.

나는 머리가 특별하게 좋다거나 책 읽기를 좋아하는 사람도 아니었다. 다만 내가 좋아하는 것은 끈질기게 하곤 했다. 그중의 하나가 춤이었다. 중학교 때부터 대학교 때까지 쉬지 않고 춤을 췄다. 춤 잘 춘다는 소리는 매번 들었고 춤과 관련한 직업을 가져볼까 진지하게 고민도 했었다.

다른 것은 바로 영어였다. 나는 영어를 듣고 보는 일이 참 즐거웠다. 이해를 다 하지 못해도, 완벽히 말하지 못해도 그저 꾸준히 영어 콘텐츠 속에 머물렀다. 내가 보고 싶은 것을 영어로 지속하다 보니 실력은 조용히 쌓였다.

나를 사랑하게 되는 자존감 회복 글쓰기 훈련

물론 공부를 안 했냐고 물어본다면 그렇다고 대답할 수는 없다. 그렇다고 아니라고 할 수도 없다. 내가 영어를 열심히 공부를 한 시간도 분명히 있었다. 그러나 스스로 생각할 때 힘든 공부라는 느낌은 많지 않았다. 그러니 오랫동안 놓지 않고 해왔을 것이다. 내가 알고 싶은 것을 영어로 듣고 보는 시간이라 재미있었고 성취감도 있었다. 하고 싶은 공부라는 것은 바로 그런 것이다. 실력이 저절로 따라오는 것이다.

그러나 이런 성과를 스스로 인정하지 않으면 무슨 소용이 있으랴. 나라는 사람이 가진 것을 드러내보지 못하면 과연 누가 나를 알아봐줄 수 있을까. 스스로 드러내지 못하는 이유는 겸손해지라고 배운 탓에 나 자신을 낮추는 것이 익숙했기 때문이다. 그리고 부족하다고 느끼는 낮은 자존감이 문제이기도 했다.

특히나 나처럼 아이를 키우는 엄마들이라면 비슷할 것이다. 엄마가 되고 난 후에는 307호 엄마, ○○ 엄마, ○○ 아내라는 말이 익숙해지기 마련이다. 나의 존재와 정체성을 생각할 겨를은 없다. 그렇다고 누가 나의 자유시간을 만들어주지도 않는다. 나의 경계는 스스로 정해야 한다. 하지만 자신을 부족하다고 생각하는 사람이 그런 경계를 견고히 만드는 일은 정말 어렵다. 자신의 마음가짐과 환경이 상호작용을 하면서 존재감이 희미해진다.

글을 쓰는 일은 내가 만든 마음의 장벽들을 허무는 시간이었다. 나의 이야기를 꺼내놓는 일은 쉬우면서도 어렵다. 일반적으로 사람들은 가까운 친구들을 만나 자신의 이야기를 꺼내놓는다. 수다를 떠는 일은 참 쉽다. 수다가 어렵다는 사람은 본 적이 없다. 나도 수다 떠는 게 어려운 적은 없었다. 내 마음에 들지 않는 사람이 있어서 불편하다는 것은 논외다.

친구들과 수다를 떠는 상황에서는 이야기 주제가 무엇이든 괜찮다. 다른 사람에 관한 가십거리도 환영받는다. 내가 겪고 있는 문제도 괜찮다. 흥미롭게도 내가 어떤 부분에서 성과를 올리거나 극복해낸 이야기는 그리 반가운 주제는 아닌 것 같다. 보통은 문젯거리, 가벼운 주제의 이야기들이 주로 수다의 주제가 되는 것 같다. 게다가 다른 사람과 나누는 이야기는 내가 하고 싶은 이야기보다 상대와 분위기에 맞춘 주제로 대화를 하게 된다.

하지만 글을 쓴다고 한다면 이야기는 달라진다. 혼자 쓰는 일기부터 블로그 비공개 글, 그리고 브런치에 올리는 글, 혹은 책을 쓴다고 해보자. 친구들과 하는 수다 같은 내용을 매일 기록해본다고 하자.

과연 그 글쓰기를 얼마나 지속할 수 있을까? 왜 글쓰기는 어려울까? 호응해주는 사람이 없어서? 단순히 글을 쓰는 데 팔이 아파서? 글을 쓰는 일은 머리를 더 써야 하는 일이라서? 나는 무엇보다도 힘든 일은 이것이라고 생각한다. 내가 쓴 글을 내가 읽어보는 일. 내가 나를 바로 보는 일.

내가 쓴 글을 나와 분리된, 객관적인 시선에서 보는 일은 작은 용기가 필요한 일이다. 내가 쓴 글을 읽으면서 내 생각을 그대로 볼 수 있기 때문이다. 내가 얼마나 부정적인 사람인지, 혹은 진취적인 사람인지, 감사가 넘치는 사람인지, 그렇지 않은 사람인지 보인다. 자신을 탓하는 자책하는 습관, 불평하는 습관도 보인다. 어떤 부분에서는 긍정적인 생각의 패턴도 발견할 수 있고, 남과 차별화될 수 있는 따뜻한 감성이나 여린 마음도 발견하게 된

나를 사랑하게 되는 자존감 회복 글쓰기 훈련

다. 굉장히 엉뚱하면서 창의적인 생각도 드러나고 반대로 꼰대 기질의 내가 보일 수도 있다.

잘 알고 있는 주제라고 생각했는데 막상 글을 써보면 몇 줄 못 써 내려가는 자신을 발견할 수도 있다. 친구들이랑 수다를 떨 때는 한참을 이야기한 것 같았다. 하고도 다 못 털어낸 듯해서 답답했다. 막상 종이에 글을 써보려는데 그 말이 그 말 같고 설득력도 없는 것 같다. 반대의 경우도 있다. 내가 잘 모르는 주제라고 생각했는데 글을 써보니 생각보다 관련 지식도 많고, 경험도 충분할 수도 있다.

이렇듯 글쓰기는 자신을 바로 보는 도구가 된다. 그래서 정말 강력하다. 요즘 사람들의 삶은 굉장히 나아졌다. 살기 좋아졌다는 말이 딱 맞다. 집안일을 거들어주는 기계들도 얼마나 많아졌는가. 택배는 얼마나 빨리 집 앞에 도착하는지 모른다. 전날 주문한 마스크가 다음 날 대문 앞에 놓여 있다.

하지만 사람들의 마음은 더 편해진 것 같지 않다. 예전에는 나의 삶과 타인의 삶이 공유되지 않았다. 요새는 누구의 삶이든 손가락 몇 번의 터치로 엿보는 일이 가능해졌다. 상대적 박탈감, 비교의식은 흔들거리는 개인 자존감의 영역을 마구 침범하기에 충분해졌다. 누구의 문제라고는 말할 수 없다. 살기는 편해졌지만, 자존감을 스스로 지키지 않으면 실패의식과 위기의식을 느끼기 너무나 좋은 시대가 된 것은 아닌지 모르겠다.

그렇다면 글쓰기는 과연 나의 자존감을 강하게 만들어줄 수 있을까? 당연히 그렇다. 자존감은 나를 바로 보는 것에서부터 시작한다. 내가 나를 객관적으로 바라볼 수 있으면 된다. 내가 나를 객관적으로 보면 장점이 보이고 개선할 점이 보인다.

글쓰기의 처음은 어려웠다. 실타래를 푸는 일도 처음이 어렵다. 하지만 차근차근 풀어내다 보면 어디든 쓸 수 있는 긴 끈이 만들어진다. 풀어낼 때까지 계속해서 마음에 문을 두드려야 한다.

나는 글쓰기를 통해 내가 겪었던 힘든 일을 마주했다. 나의 실수와 타인의 실수도 보았다. 그래서 자존감이 다치지 않고도 내가 발전할 기회를 스스로 마련할 수 있었다. 타인의 문제를 마냥 원망하지 않았다. 바른 판단을 하게 되었다. 아직 넘어서지 못한 일은 곱씹으면서 되풀이하지 않으리라 다짐할 기회가 되었다. 내 문제를 충분히 해결할 수 있다는 용기가 생겼다. 이제는 나의 자존감을 깎는 사람들이나 상황 속에 나를 내놓지 않으리라 다짐했다. 글을 쓰면서 내면의 이야기를 들었기에 가능했다.

조개는 자기가 뱉어내지 못한 불순물을 살 속에 둔다. 그 불순물이 모이고 모여서 만들어진 것이 바로 진주다. 불순물을 이곳저곳에 두면 진주가 되지 못한다. 하지만 나는 그 불순물과 내가 가진 재료를 섞는 글쓰기를 멈추지 않았다. 그래서 나는 내 안의 진주를 만들었다. 원래부터 내 안에 있었던 진주가 제대로 빛이 나기 시작했다.

옷 가게, 미용실을 가면 나는 나를 작가라고 소개한다. 그러면 사장님들은 어떻게 그렇게 열심히 사느냐고 칭찬을 아끼지 않으신다. 가족들도 고생했다며 응원해준다. 하지만 무엇보다도 행복한 것은 내가 나를 바로 볼 수 있는 눈이 생겼다는 점이다.

　다른 사람의 비판이 내면의 소리가 되지 않아서 좋다. 다른 사람의 칭찬이 근거 없는 자신감이 되지도 않아 기쁘다. 내가 다른 사람들에게 도움이 될 수 있으며 더 발전하기 위해 어떤 부분을 노력해야 하는지 발견하게 되었다. 나의 위치는 독자에서, 저자로. 그리고 내면이 단단한 사람이 되었다. 글쓰기로 나는 내 안의 진주를 발견하게 되었다.

11

박가람

약력 : 〈드림석세스스쿨〉 대표, 생각의 변화를 통해 인생을 변화시키는 방법
에 대한 코칭과 강연을 하며 드림석세스 멘토로 활발하게 활동

저서 : 『크게 생각하는 사람이 크게 이룬다』

"

나는 글을 쓰고
내 안의 거인을 발견했다

"

내가 글을 쓰기로 마음을 먹고 시작했을 때, 또 한 번의 위기가 온 듯했다. 내가 운영하고 있는 어학원의 선생님들이 하나, 둘 다치거나 일정에 변동이 생겨 수업을 하지 못하게 되는 예상치 못한 일들이 생겨났다. 내가 수업을 맡게 되면 오후 1시부터 저녁 10시까지는 수업 외에 다른 업무는 볼 수 없을 정도로 틈이 없게 된다. 글을 쓰기 시작하며 글쓰기에만 집중하고 싶어 일주일 3일만 출근을 할 수 있도록 계획을 짜두었는데 일주일에 3일은커녕 매일 출근해서 수업만 하게 되어버린 것이었다. 그 일들이 생긴 순간 가슴이 덜컹 내려앉았다.

하지만 포기할 수 없었다. 그래서 아침과 오전 시간을 활용하여 글을 썼다. 심지어 점심시간까지 모두 사용해야 하루에 계획해둔 글쓰기 분량을 마칠 수 있었다. 잠시 핸드폰을 볼 틈도 없이 그렇게 몇 달을 보냈다. 순간순간 어디서 이러한 에너지가 나왔는지 나도 알 수 없었다.

하루 중 잠자는 시간 빼고는 휴식 시간 없이 글쓰기에 몰입했다. 그 와중 사건 사고들이 있었지만 그것보다 글쓰기가 나에게는 더 중요했다. 나와 한 약속이었고, 지금 내 삶을 더 업그레이드시킬 수 있는 기회가 왔으니 꼭 잡아야 했다. 그때 나는 내 안의 거인을 발견하게 되었다. 그 여러 사건 사고들을 겪으며 어떻게 책 한 권을 완성했는지 나 스스로도 믿기지 않는다. 그만큼 책을 출간하는 것이 간절했다.

지금도 목표들을 이루며 살아가고 있지만 이것으로는 부족했다. 나는 더 높은 곳으로 올라가고 싶었다. 한 계단을 더 올라가려면 내 안의 거인을 깨워야 했다. 그래서 더 강도 높게 나를 깨워나갔다. 내 안에 이렇게 큰 거인이 잠자고 있을 줄 상상도 하지 못했다.

나는 출판사와 계약한 날을 잊지 못한다. 출판사에 투고한 지 3분이 지나지 않아 계약을 진행하게 되었다. 꿈만 같은 하루가 지속되었다. 부모님은 '우리 딸 너무 자랑스럽다. 네가 나의 딸인 것에 감사하다.'라며 메시지를 보내셨고, 동생들도 책 사진을 자신들의 SNS에 홍보하며 언니가 책을 정말로 냈다며 너무 신기해하고 자랑스러워했다. 남편도 나를 작가로 인정해주고, 책 출판에 더 신경을 쓸 수 있도록 집안일과 다른 업무들은 분담해서 해주기 시작했다. 어학원 원장이 아닌 또 하나의 타이틀을 가지게 된 영광스러운 날이었다.

책을 출간하며 나는 더 자신감에 가득 찼다. 예전에는 두려워서 시작하지 못했던 유튜브 채널도 바로 개설했고, 망설임 없이 영상을 즉석에서 찍고 업로드를 시작했다. 막상 시작해보니 어렵지 않았다. 그동안 무엇이 그렇게 두려웠는지 허탈할 뿐이었다. 아직 서투르다 보니 NG도 수없이 났고, 하나의 영상을 촬영하는 데 약 3시간이 소요되었다. 편집까지 더하면 꼬박 하루를 유튜브에 투자해야 했다. 하지만 그 작업이 전혀 힘들거나 억지로 하는 일이 아니었다. 새로운 도전을 해나가는 내 모습이 멋지고 설레기만 했다.

이제 다른 사람의 지적들은 두렵지 않다. 내가 나를 인정하고 나 자신을 믿기 때문에 다른 사람의 말들은 중요하지 않게 되었다. 그래서 세상에 나의 이야기를 하는 것이 더 이상 두렵지 않다. 세상에 당당하고 앞으로 나아갈 자신감이 충만하기 때문이다.

나는 글쓰기를 통해 세 가지의 선물을 받았다. 글쓰기를 통해 내가 얻은 자신감은 나에게 온 소중한 첫 번째 선물이다. 내가 처한 환경 속에서도 간절하게 원했던 그것이 나에게 왔다. 바로 한 걸음 더 높은 곳으로 나아갈 수 있는 '자신감'을 나는 선물로 받게 되었다. 앞으로 내가 걸어가야 할 길에 가장 필요한 것인 줄 알고 하늘이 나에게 주신 고귀한 선물이다. 나는 글쓰기를 통해 나의 인생 가장 필요한 순간 가장 소중한 선물을 받았고, 사랑하는 가족들과 사랑을 나누고, 가장 자랑스러운 딸이 되었다.

이보다 더 행복한 것이 어디 있겠는가? 나는 요즘 세상 모든 것을 다 가진

듯 너무 행복하다. 이제 어떠한 도전도 자신이 있다. 나는 이제 책을 출간한 작가이다. 그 과정에서 나를 다독이고 다독이며 완성하는 날까지 나와 대화하는 시간을 가졌다. 이러한 과정들이 없었다면 아마 중간에 포기했을지도 모른다. 나와 대화하며 내 안의 거인을 깨우는 방법을 터득했다.

글쓰기를 하며 내가 얻은 두 번째 선물이다. 평상시에도 나는 대담한 성격 탓에 도전하는 것을 두려워하진 않았다. 하지만 도전하며 고난의 순간이 올 때 나는 내 안에 거인이 있다는 사실을 발견하지는 못했었다. 글쓰기를 하며 나는 내 안의 거인을 발견하고 그 위대한 힘을 모두 사용하고 있다. 앞으로 작가로서 더 많은 활동을 하며 내 안의 거인을 깨워 목표를 이룰 것이다.

마지막으로 내가 받은 선물은 '사랑'이다. 나는 이번 책 쓰기 도전을 통해 가족들에 대한 사랑으로 충만했다. 아마도 그 사랑의 힘이 나를 여기까지 올 수 있도록 끌어준 것 같다. 가족들은 내가 처음 책을 쓰기로 결정한 날부터 나를 응원해주고 격려해주었다. 책을 쓰겠다고 했을 때 비웃거나 부정적인 말 없이 모두가 나에게 '할 수 있다.'라고 말해주었다.

나는 나를 믿어주는 가족들을 위해서라도 꼭 책을 출간하겠다고 다짐했다. 프롤로그에도 가족들의 이름을 넣겠노라 다짐했다. 가족들에게 고맙다고 인사하는 문장들이 적혀 있는 나의 책을 상상하며 수천 번 그 장면을 마음속에 그렸다. 그러다 글이 쉽게 잘 써지지 않는 날에는 가족들과 함께 커피를 마시거나 이야기하며 시간을 보냈다. 그리고 집에 돌아와 다시 글을 쓰기 시작하면 이상하게도 아이디어가 샘솟고, 글이 잘 써지곤 했다.

나는 가족들과 있을 때 가장 나다운 사람이 된다. 가족들에게 받는 충만한 사랑의 에너지를 나는 느낄 수 있다. 딸 부잣집인 우리 집에선 더더욱 그렇다. 우리 아빠는 책을 출간한 딸 자랑을 하러 다니시느라 요즘 너무 바쁘다. 가문의 영광이라며 친척들에게 축하인사를 받고, 지인들에게 축하 밥을 사러 다니시느라 너무 행복하다고 말씀하신다.

평생 나의 꿈을 위해 뒷바라지해주시고 응원해주신 부모님이다. 한 번도 나의 결정에 반대를 하신 적이 없다. 걱정은 하셔도 늘 내 의견을 존중해주셨다. 그렇기 때문에 나는 책을 꼭 출간해서 엄마, 아빠에게 자랑스러운 딸이 되고 싶었고, 결국 그 꿈을 이루게 되었다.

한 권의 책을 쓰며 나의 의식도 상승하게 되었고, '또 한 번 해냈다.'라는 성취감을 맛보게 되었다. 이전까지는 느껴보지 못한 성취감이다. 인생에서 가장 중요한 순간을 성취한 느낌이다.

책을 쓰는 과정에서 나 또한 내가 잊고 살았던 감정들을 한 번 더 마주하는 순간이 많있다. 지난 과거의 나의 이야기를 쓰다가 힘들있던 그때의 감정이 올라와 눈물을 펑펑 쏟는 날들이 많았다. 하지만 신기하게도 그 이후부터는 똑같은 글을 보아도 전혀 슬프거나 감정이 올라오지 않았다. 책을 쓰며 나는 이전의 치유되지 못했던 감정들도 치유됨을 경험할 수 있었다.

책을 쓴 이후 나는 두 번째 인생을 준비하고 있다. 내가 꿈에 그리던 작가로 활동하게 되었으니 앞으로 나에게 다가올 일들이 너무 기대되고 설렌다. 내가 책을 출간하게 되었다고 했을 때 나의 지인들은 모두 놀라 나에게 물어봤다. 특히 나와 함께 일하는 선생님들은 "원장님, 저희 몇 달간 정말 너무 정신없는 일들이 많았는데 언제 책을 쓰신 거예요? 밤을 새신 거예요?"라고 말하며 놀라서 물어본다.

도저히 책을 쓸 수 없는 상황이었고, 멘탈이 무너질 수 있는 일들이 함께 겹쳐왔었다. 원래 좋은 일과 나쁜 일은 함께 온다고 하지 않았던가. 나는 그 속에서도 좋은 일에 더 집중하려고 노력했다. 내가 원하는 생각만 하려고 노력한 것이다. 그 생각이 내 인생을 바꾸었기 때문에 이번에도 문제보다는 내가 원하는 생각에만 집중하려 노력했다. 이번에도 대성공이다. 결국 내가 해냈다. 새로운 운명이 나에게 다가오는 이 느낌은 말로 설명할 수 없다.

내가 태어나서 한 번도 느껴보지 못한 이 느낌은 무엇일까? 엄청난 것이 내 앞에 와 있는 느낌이다. 밤을 새워 글을 써도 오히려 몸은 더 가볍고, 정신은 더 맑다. 정말 무한한 힘이 계속해서 나에게 나오고 있는 것 같다.
내 안에 잠들어 있던 거인이 드디어 나왔다. 앞으로 나에게 다가올 많은 경험들을 나는 멋지게 내 것으로 만들 수 있는 충분한 힘을 가지고 있다. 충전이 완료된 핸드폰처럼 나는 지금 빵빵한 배터리로 앞으로 달려나갈 준비를 마쳤다. 글쓰기를 통해 나는 내 안의 거인을 발견했다. 그리고 그 거인은 절대로 지치지 않는다는 것을 알게 되었다. 오직 앞으로 달려나갈 힘이 가득할 뿐이다. 그리고 그 거인은 세상을 변화시킬 수 있는 힘을 나에게 주었다. 그리고 매일 나에게 이렇게 속삭인다.

"자, 이제 준비는 끝났어. 이제 시작하자."라고 내 안의 거인은 나를 매일 일으켜 세운다.

12

박수은

약력 : 동국대학교 졸업, 기간제 교사, 학습지 교사, 애터미 네트워크 사업 등
사회생활 과정의 수많은 실패 경험, 현재 작가의 꿈을 키우며 가족과
함께 치킨 가게 운영

> "

나를 송두리째 바꾸는
하루 1시간 글쓰기의 힘

"

요즘 나는 온몸의 세포 돌기 하나하나에 행복함이 넘친다. 이래도 되나 싶을 정도다. 책 쓰기 전만 해도 나는 능력도 없고 열등감으로 똘똘 뭉친 사람이었다. 내게 병이 생긴 후로는 더 자존감이 떨어져 '나는 왜 이렇게 무능하지', '나는 못난이야', '하필 내게 병이 생기다니' 등 나 자신이 너무 창피하고 초라하게 여겨졌다. 좋은 말도 나에게는 상처였다. 그런데 어느 날 문득 나 자신이 현실을 인정하지 않고 있다는 것을 발견했다. 내가 '암'이라는 현실을 부정하고 있었다. 나는 현실을 인정하기로 마음을 정했다. 나는 다시 결심을 했다. '이럴 이유가 없다. 내가 병이 난 게 내 잘못이 아니잖아.' 그린 생각을 하니 나의 열등감이 조금 사라지는 것 같았다.

열등감이 강한 나의 성격을 바꾸는 계기가 생겼다. 나는 우연한 기회에

95

유튜브를 보다가 추천 동영상으로 뜬 〈김도사TV〉를 보게 되었다. 거기서 말을 잘하는 것 같지도 않고 사투리도 엄청 쓰면서 의식 상승과 의식 확장을 열정적으로 전달하는 김도사님을 보게 되었다. 나도 모르게 빠져들면서 '뭐지? 이 분은 도대체 뭘까?'라는 궁금증이 생겼다.

〈김도사TV〉에는 이런 영상들이 자주 나왔다. 자존감을 높여주는 의식 확장, 의식 상승, 평범한 사람이 책을 써야 성공한다, 내가 명령하면 현실이 된다. 다른 유튜버와는 차원이 다른 멘탈 강해지는 말들을 전달해줬다. 〈김도사TV〉처럼 자존감 낮은 나의 의식들을 높여주는 유튜버는 없었다. 그래서 난 책 쓰기 과정을 알아보기 위해 〈한책협〉에 등록했다. 나에게는 나만의 인생 경험이 있고 그 과정에서 얻은 지식이 있었다. 그러나 이것은 나의 의식 성장과 자존감 높여주는 데에는 도움이 되지 않았다. 의식 성장을 위해 〈김도사TV〉 동영상을 하루에 많이 볼 때는 12개, 적게 볼 때는 3개 정도를 보며 나의 자존감을 찾기 위해 미친 듯이 보고 또 봤다. 나의 의식은 왜 이렇게 열등감이 많을까?

어떻게든 의식 성장해서 자존감이 높아지고 싶었다. 김도사님이 추천해주는 의식 책도 읽었다. 『허공의 놀라운 비밀』과 『초인생활』을 보는데 글자가 빽빽한 게 눈에 들어오지가 않았다. 첫 장을 보다가 덮었다. 너무 지루해서 무슨 말인지도 몰랐다. 그러다가 어느 날 "앗, 바로 이 말이구나."라며 내 눈이 확 떠지는 순간이 있었다. 그걸 깨달은 순간 내 눈에서 눈물이 얼마나 나는지 한참을 울었다. 나의 가난한 의식을 구원받았다고 하고 싶다. 차츰 의식 상승에 관한 내용의 말뜻을 알게 되면서 조금씩 의식이 변화되는 나를 발견했다. 모든 것은 나의 내면이 문제였다. 나 자신을 사랑하지 못하고 믿지 못해 생기는 열등감이었다. 가난했던 나의 의식이 의식 성장으로 풍요로운 부자가 되어갔다. 누구를 만나든 자존감이 높아진 사람으로 변해갔다.『김대리는 어떻게 1개월 만에 작가가 됐을까』의 책 속에 이런 글귀가 있다. "자존감이 '껌딱지'라면 지금 당장 책을 써라!" 이 구절처럼 나의 자존감이 완전 밑바닥 껌딱지여서 책을 쓰기로 결정했다. 나는 책 쓰기 과정에 등록했다. 나의 자존감 회복을 위해서 책 쓰기라는 돌파구를 이용했다.

책 쓰기 시작할 때도 두려웠다. 과연 내가 잘 해낼 수 있을까? 책을 쓰겠다고 했지만 또 갈등을 했다. 내가 과연, 나 같은 사람이 잘나가는 사람도 아닌데 책을 쓸 수 있을까! 책 쓰는 사람은 유명한, 성공한 사람들만 쓰는 건 줄 알았다. 김도사님은 "성공해서 책을 쓰는 것이 아니라, 책을 써야 성공한다."라는 가르침을 주었다. 목숨 걸고 코칭하는 본인만 믿고 따라오라고 했다. 카톡 보내고 문자 보내는 실력만 있으면 된다고 했다. 그런데 책 쓰기를 시작하면서 나는 변해갔다. 나의 가치를 찾아가는 것 같았다. 책 쓰기를 하면서 주제에 관련된 책들을 찾아 읽으면서 생각과 지식을 구체화시킬 수 있었다.

책 쓰기는 나를 발전시키는 최고의 공부법임에 틀림없었다. 책 쓰기를 하면서 도서관을 갔다. 생전 도서관에 갈 일이 없었는데 책 쓰기 주제에 관한 내용을 찾으려니 내가 가지고 있는 도서로는 부족한 것 같아서였다. 이것도 나의 생활의 변화였다. 책을 쓰기 위해서는 많은 양의 자료가 필요하고 연구가 필요하다는 걸 깨달았다. 나는 진짜 미친 사람처럼 요즘 매사가 즐겁다. 내가 실실 웃고 있으니 아들이 '엄마, 요즘 무슨 좋은 일 있어?'라고 물어본다. 책 쓰고 있다고 말하고 싶은데 말을 할 수도 없고 입이 근질거려 미치겠다. 나의 저서가 나올 때까지 비밀로 하고 싶다.

하루 한 시간 또는 두 시간 정도 책 쓰기를 하고 있으면 삶에 대한 식었던 열정이 다시 솟아난다. 열등감으로 기죽어 있던 바닥이었던 내 자존감이 높아진다. 과거에 있었던 일들도 기억나면서 내 이야기로 만들고 싶다. 과거를 회상해보니 인생의 한 장면 장면이 파노라마처럼 떠올라서 나를 즐겁게 하기도 하고 울리기도 했다. 우리 가족의 치킨 가게 이야기, 아들의 초보 바이크 타기, 나의 치킨 포장 이야기, 남편의 약초 이야기, 우리 집 강아지 깜꾸와 봉식이 이야기도. 뿐만 아니라 책 쓰기를 시작한 후 독자에서 저자로, 강연가의 길로 가고 있는 내 이야기도 쓰고 싶다.

나는 이러한 나의 이야기들을 책으로 쓸 것이다. 모든 것이 책의 내용거리이고 이야기다. 길을 갈 때도 문장이 생각나면 휴대폰에 메모를 한다. 『종이 위의 기적 쓰면 이루어진다』에서 '당신이 쓰는 순간 모든 것이 이루어진다! 당신이 펜을 드는 순간, 당신의 삶은 기적처럼 바뀐다! 마치 거짓말처럼!'이라고 했다. 기억이 사라지기 전에 메모했다. 책을 쓰기 시작한 뒤로 메모 습관이 생겼다. 한 줄이라도 적기 위해. 불과 몇 달 전의 나는 '나는 못난이야.', '나는 할 수 있는 게 없어.' 등 열등감으로 살아왔는데. 책 쓰기가 나를 가치 있고 품위 있는 사람으로 만들어줬다. 책 쓰기의 힘은 위대하다.

나에게도 꿈이 생겼다. 누구나 한 번쯤 살면서 자신의 책을 내고 싶다는 상상을 하지 않을까? 내 이름이 적힌 책이 서점에 있다는 상상을 해보면 너무 멋진 일이다. 내 이름을 달고 내 책들이 우리나라 전국으로, 전 세계로 날아간다는 생각만 해도 신기방기하다. 이런 상상을 할 수 있는 것도 책 쓰기 덕분이다. 책을 써서 누군가에게 도움이 되고 희망이 된다면 더할 나위 없이 기쁘겠다. 책을 써서 나의 특별함이 발견되고 저서라는 결과물이 나온다면 나 자신의 발전은 물론이고 나뿐만 아니라 가족도 행복해할 것이다. 나는 베스트셀러 작가가 되어 1인 창업을 해서 월 1억의 수입을 올리기를 원한다. 우리 집 천장에는 1억짜리 지폐가 붙어 있다. 1달러짜리 지폐에다 동그라미 9개를 그려서 붙여 놓았다. 천장을 볼 때마다 '나는 월 1억 버는 베스트셀러 작가야.'라고 주문을 건다. 그런데 이러한 행위가 효과가 있다. 지폐를 볼 때마다 심장이 쿵쾅거리고, 통장으로 1억이 들어오는 것 같다.

매달 1억을 번다면 언니에게 용돈을 주고 싶다. 언니에게서 받은 게 너무 많다. 그리고 아이들에게 각자의 차를 사주고 싶다. 집을 100평 대로 옮겨서 책을 쓸 수 있는 서재가 있는 공간을 갖고 싶다. 부모님들이 살아 계실 땐 용돈도 제대로 드린 적이 없다. 그래서 독거 노인늘에게 도움을 드리고 싶다. 소년소녀가장에게도 도움을 주고 싶고, 미혼모에게도 도움을 주고 싶다. 남편에게도 용돈을 주고 백화점 가서 가격 안 보고 마음껏 쇼핑도 하고 싶다. 롤렉스 시계도 사고 싶다. 벤츠 S클래스를 타고 스타벅스로 가고 싶다. 여행도 마음이 당길 때 바로 떠나는 그런 삶을 살고 싶다. 그러려면 매달 1억 버는 베스트셀러 작가, 1인 창업가가 되어야 한다. 그래야 내 꿈을 다 이룰 수 있다.

월 1억을 버는 베스트셀러 작가. 생각만 해도 신바람이 절로 난다. 매일이 축제일 것 같다. 내가 희망이 없을 때, 삶에 지쳐갈 때 책 쓰기를 했다. 그리고 마음 공부, 돈 공부, 의식 공부를 했다. 그런 것처럼 내가 최고의 베스트셀러 작가가 되는 것은 이 세상에 태어난 나 자신의 최고의 기쁨이기도 하다. 다른 사람에게도 내가 받은 것처럼 꿈을 크게 갖도록 선한 영향력을 주는 것이기도 하다. 때문에 나의 경험을 나누는 베스트셀러 작가가 된다면 나의 긍정적인 힘이 사람들의 불안한 삶을 일으켜 세울 수 있도록 도움을 줄 수 있을 것이다. 너무 기분 좋은 상상이다.

"대부분 운의 99%는 책을 쓴 후 찾아왔다!", "성공해서 책을 쓰는 것이 아니라 책을 써야 성공한다."는 김도사님의 말처럼 죽기 전에 내 이름으로 된 책을 출간하는 게 꿈이 되었다. 책을 쓰면서 긍정적으로 변화하는 나 자신의 모습에 흐뭇하다. 자존감이 낮아 실패하는 인생이 되려고 했던 내가 책 쓰기를 하면서 종이 위의 기적을 이루어간다. 베스트셀러 작가라는 꿈을 꾸게 되었다. 얼마나 멋진 일인지 상상만 해도 입꼬리가 절로 올라간다.

지금까지는 받기만 하는 사람이었다면, 이제는 꿈과 감동을 주는 메신저가 되고 싶다. 그래서 사람들에게 더 많이 경험과 지식을 알려주고 도움을 주고 싶다. 북콘서트를 열어 경제적 도움이 필요한 사람들을 도울 것이다.

이것이 선순환 되면 세상이 아름다워지리라 확신한다. 나는 내가 선한 영향력을 미치는 베스트셀러 작가가 되리라 생각한다.

내가 책 쓰기를 시작조차 하지 않았다면 내 꿈은 없었을 것이고 아직도 삶의 방향을 찾지 못해 헤매고 있었을 것이다. 책 쓰기와의 우연한 만남이 내 삶의 방향을 바꿔놓았고 독자에서 저자로의 삶으로 만들어놓았다. 출판사와의 계약은 내게 많은 걸 의미한다. 몇 달 전만해도 독자였던 내가 저자로 출판사와 계약을 했다. 절로 감사하다는 말이 나왔다.

셰익스피어의 『십이야』에 나오는 장면 중 한 대목.

"감사합니다. 감사합니다. 영원히 감사합니다. 이 말 외에는 달리 할 말이 없습니다."

앞으로 내 인생은 어떻게 전개될까? 책을 출간한 후의 작가로서의 내 인생은 어떻게 달라질까? 달라질 내 인생에 생각만 해도 신난다. 나는 지금껏 막연한 두려움을 안고 살았다. 내 인생에 행운이 오기를 막연하게 기다렸다. 그러나 이제 나는 기다리지 않는다. 책을 쓰면서 내가 무엇을 원하는지 알게 되었다. 수동적인 태도에서 벗어나서 스스로 책 쓰기로 꿈을 이룰 수 있다는 희망을 가지세 되었다. 내가 책 쓰기를 하면서 내 속의 시인을 끄집어내어 내 꿈을 향해 힘껏 날아올라 작가의 삶으로 살아갈 수 있다는 것은 가슴 설레는 일이다.

13

박지영

약력 : 25살 꿈 많은 청춘 동기부여가, 작가, 이모티콘 작가, 〈행복한 삶을 위한 자기계발 연구소〉 대표

저서 : 『행복한 삶을 위한 독서의 기술』, 『의욕 없던 삶이 다시 두근거리는 하루 10분 글쓰기의 힘』(공저)

글쓰기로 나를 사랑하는 법을 배웠습니다

나를 사랑하는 일은 삶에 있어서 참으로 중요한 가치이다. 많은 사람이 자신을 사랑하는 법, 그리고 나 자신을 아껴주는 법에 대해 매우 서툴다. 나 역시 나 자신을 사랑해주고 아껴주는 방법에 대해 잘 모르고 많이 서툴렀던 사람이었다. 그랬던 내가 나를 인정해주고 사랑하기 시작했던 시점이 있었다. 그것은 바로 내가 글을 쓰기 시작했을 때부터이다. 글에는 참으로 대단한 힘이 숨겨져 있는 것 같다.

내 생각을 글로 풀어씀으로 인해 나의 마음을 이 세상에 자연스럽게 드러내는 일이다. 사람들은 자신의 속마음을 잘 이야기할 줄 모른다. 그래서 자신이 아픈지 자신이 정말로 원하는 것은 무엇인지 눈앞의 현실에 부딪혀 정작 나 자신을 돌보지 못한다. 나는 이러한 공감을 하는 사람으로서 이 현실이 안타깝다고 생각한다.

그래서 나는 오히려 힘이 들수록 현실이 무거울수록 내 마음을 더욱더 깊게 들여다봐줘야 한다고 생각한다. 그래야 자신이 편안해지고 점점 몸과 마음이 건강해질 수 있기 때문이다. 나는 삶에 지친 사람일수록 글쓰기를 권하고 싶다. 나는 글을 쓴 뒤로 삶이 정말 빠르게 변화하고 있기 때문이다. 그것도 매우 멋지게 말이다. 나는 글을 쓰며 나의 마음과 감정에 솔직한 사람이 되었다. 줄곧 숨겨왔던 나의 마음을 세상에 드러내기 시작한 것이다. 드러낸 이후 정말 많은 변화가 있었다. 우선 나의 마음을 이해하기 시작했다. 내가 무엇 덕분에 행복하고 무엇 때문에 힘이 드는지 알 수 있었다. 나에 대한 자아 성찰을 하게 되었다. 자아 성찰을 하게 되니 자연스럽게 내가 무엇이 되고 싶고 어떤 삶을 꿈꾸는지 알 수 있게 되었다. 내 마음을 들여다봐주는 좋은 나 자신이 되어가고 있었다. 그러다 보니까 나를 점점 믿어주게 되었다. 내가 내 마음에 솔직하니 나 자신에게 의심할 틈이 생기질 않았다. 이건 글쓰기에 정말 큰 장점이라고 생각한다. 나에 대한 믿음을 키워주었고 나에게 용기가 되어주었다.

나는 외로움을 많이 타던 사람이었는데 글을 쓴 후에는 따뜻한 친구가 생긴 기분이었다. 언제든 나의 속마음을 글로 풀어내니 더는 외롭지 않았다. 마치 나를 제일 잘 아는 사람이 생긴 것이나 마찬가지라고 생각했다. 그래서 나는 점점 중심이 잡힌 사람이 되어갔던 것 같다. 나의 속마음을 글로 풀어내기 시작하니 주변 사람들 이야기에 흔들리지 않는 사람이 되었다. 오로지 나 자신에게 집중하는 시간과 삶을 살아가게 되면서 이제는 타인이 아닌 진짜 나의 이야기를 드러낼 수 있는 사람으로 성장하게 된 것이다. 그렇게 나를 성장시키는 삶을 살아가게 되니 나는 결과를 만들 수 있는 사람으로 변화하게 되었던 것 같다.

　나의 이야기를 하나하나 풀어내니 어느새 나의 책이 완성되어 있었다. 나는 나의 글로 사랑하는 법을 배우며 성장하고 나의 이야기를 담아냈을 뿐인데 많은 사람에게 꿈과 희망을 주는 동기부여가이자 작가로 멋지게 성장해 있던 것이다. 이렇게 글쓰기는 평범한 나를 특별한 사람으로 만들어준다고 생각한다. 처음에는 정말 나의 이야기만 담아냈었다. 그렇게 나의 이야기를 담아내는 삶을 살게 되니 나의 책을 쓰고 싶은 꿈이 생기게 되었다. 글을 쓰며 나의 마음에 솔직해지기 시작하니 내가 원하는 작가의 꿈을 더욱 갈망하게 되었던 것 같다. 그렇게 나의 간절한 바람을 하늘에서도 알아주셨는지 나의 꿈을 이룰 수 있게 도와주신 감사한 스승님을 만나게 되었다. 그분은 나의 스승님 바로 김도사님이시다. 나는 스승님을 만나 작가의 꿈을 이룰 수 있었다. 그건 바로 스승님께 책 쓰는 법을 배웠기 때문이다. 그래서 나는 내가 바라왔던 삶인 작가의 꿈을 실현할 수 있게 되었다.

　이제 나의 마음을 드러내며 글을 쓰는 사람에서 더욱 성장하여 하나의 기록물로 영원히 남는 책을 집필하는 사람이 되었다. 나는 확실히 글을 쓰고 책을 쓰게 되면서 인생이 강해지고 성장힘을 느끼게 되는데 그건 정말 글을 쓴 사람이라면 모두가 공감할 수 있는 일이라고 생각한다. 나는 그래서 우울증이나 감정적으로 힘든 시기를 겪고 있다면 글을 쓰는 것을 정말 강력히 추천하고 싶다. 그리고 힘든 상황이 아니더라도 나를 돌아보고 깨우칠 수

105

13_박지영_글쓰기로 나를 사랑하는 법을 배웠습니다

있는 일에 책 쓰기처럼 좋은 것은 없다고 생각하기에 모두가 책을 쓰고 글을 통해 나를 드러냈으면 좋겠다.

 글을 쓰며 나를 돌아봐주고 사랑하는 법을 배우던 사람에서 이제는 발전하고 책을 써서 사람들에게 사랑을 나누고 베풀 줄 아는 사람으로 성장하게 되었다. 이처럼 아름다운 삶을 살 수 있는 작가의 삶은 정말 아름답고 감사하다고 생각한다. 책을 쓴 후에 정말 많은 변화가 있었는데 모든 관점이 180도 변화하게 되었다. 나는 이 부분이 좋고 크게 만족하고 있는 점이다. 그건 바로 소비자에서 생산자의 관점으로 바뀌었다는 점이다. 이제는 내가 생산자로서 삶을 바라보고 나의 것을 창조하고 생산해내는 삶이 좋다. 그래서 나는 생각 의식 자체가 크게 변화하게 되었고 많은 것에 도전하게 되었으며 도전하는 삶이 좋은 사람으로 변화하게 되었다. 그리고 도전을 선정하는 것에도 글을 쓰며 나를 돌아보고 성찰한다. 그러면 내가 진정으로 원하는 것이 무엇인지 알고 도전할 수 있게 되는 것이다.

 이번에 도전한 이모티콘도 그렇게 출시되어 이모티콘 작가가 된 것이다. 예전에는 귀여운 이모티콘을 보며 만족했다면 지금은 나만의 귀여운 이모티콘이 세상에 출시되었으면 좋겠다는 선한 욕망을 갖게 되었다. 그런 마음이 모여 지금의 나 자신을 생산자의 삶으로서 도전하게 되고 나아갈 수 있게 된 것이다. 의식과 관점이 변화한 것. 이것이 바로 글쓰기, 더 나아가 책 쓰기의 장점이라고 생각한다. 책을 쓰면서 나에 대한 사랑과 신뢰가 커졌기에 모두 가능한 일이라고 생각한다. 모두 책을 쓰게 되면 느끼겠지만 자신이 얼마나 소중하고 대단한 사람인지 깨달을 수 있게 된다. 내가 과거에 겪었던 아픔, 성장통을 모두 이겨냈기에 지금의 나 자신이 존재한다는 걸 그리고 지금 내가 이렇게 숨쉬고 멋지게 살아 있음을 느낄 수 있기 때문이다.

돌이켜보면 모든 것이 감사한 삶이었다. 과거의 나라면 절대 이해 못 하고 공감 못 할 수도 있지만 지금의 나는 다르다. 모든 것이 풍요롭고 충만하다. 또한 인생이 아름답게 변화했으며 더 멋지게 성장하고 있다. 내면의 나 자신이 강해지니 삶이 더욱 발전할 수밖에 없는 일이라고 나는 생각한다. 그래서 나는 글을 쓰는 것을 좋아하고 작가의 삶을 사랑할 수밖에 없게 되었다. 책을 쓰며 나를 아껴주고 사랑해주는 사람으로 변화하였고 나는 그렇게 변화한 지금, 나의 삶이 너무 감사하다. 원래 뭐든지 처음이 어렵다. 나도 참 어려운 사람이었다. 그랬던 나도 변화하고 싶고 인생을 좀 더 행복하게 만들기 위해 조금씩 적어나간 것이 지금의 글이 되고 책이 된 것이다. 그래서 서툴다고 망설여지는 당신도 충분히 할 수 있다고 나는 생각하고 믿고 있다. 그래서 글을 쓰는 일을 시작했으면 좋겠다고 나는 한 번 더 추천해주고 싶다.

나는 글을 쓰는 삶을 통해 나 자신을 사랑하는 법을 배울 수 있었다. 참 어려웠다고 생각했던 그 모든 일이 글을 쓰고 난 후에 어렵지 않은 사람으로 변해 있었다. 글은 마법처럼 신기하고 대단하다고 다시 한 번 느끼게 되었다. 내 인생에 놀라운 마법이 시작된 것이다. 이제는 나의 삶을 개척해나가고 원하는 욕망을 하나씩 성취해가는 삶이 너무나도 좋고 설렌다. 안주하고 싶지 않다. 세상은 정말 멋지고 아름다운 것들이 많기 때문이다. 더욱더 멋져지고 성장하고 싶다. 나는 25살, 아직 너무나 젊고 빛나는 사람이기 때문이다. 앞으로의 나날들이 기대되고 축제이다. 그렇게 내 삶이 풍요롭고 따사로울 것이며 미래는 충만하고 아름다울 것이라고 믿어 의심치 않는다. 책 쓰기는 나를 그런 사람으로 만들어주었기 때문이다.

이 책을 쓰며 꼭 하고 싶은 이야기가 있다. 나는 글을 쓰고 책을 쓰며 인생을 아름답게 변화할 수 있었다. 이렇게 성장하고 멋진 삶을 살 수 있게 은혜를 베풀어주신 분들이 계신다. 그분들은 바로 나의 스승님들 김도사님과 권마담님이시다. 나는 이 두 분을 만나 작가가 될 수 있었고 이렇게 꿈꾸는 삶을 실현하는 삶으로 변화하며 살아갈 수 있게 되었다. 나는 그래서 이 두 분께 항상 자랑스럽고 멋진 제자가 되고 싶다. 그리고 두 분께 온 사랑을 담아 감사의 마음을 전하고 싶다. 마지막으로 여러분의 삶은 참으로 소중하고 멋지다. 나는 글을 쓰며 사랑하는 법을 배웠고 나를 점점 마주하며 알아가는 중이다. 그래서 나는 여러분들이 내 자신을 위해서라도 꼭 글을 오늘부터 한 글자라도 적어보았으면 좋겠다. 그래서 모두 행복한 삶을 살아가기를 언제나 응원하며 글을 마친다.

13_박지영_글쓰기로 나를 사랑하는 법을 배웠습니다

14

송준천

약력 : 문경공업고등학교 소프트테니스 특기생, 대전대학교 사회체육학과 졸업, 공주대학교 교육대학원 재학, 충남 홍성초등학교 지도자

저서 : 『단단한 아이로 자라게 하는 운동 습관』

66

내면의 의식이 깨어나며
자존감이 높아졌다

99

나는 경제적인 자유를 얻고 내가 필요한 곳을 찾아가며 행복한 인생을 살고 싶다. 그런 막연한 생각만 했다. 그러던 중 아이들과 도서관을 찾았다. 그곳에서 저자 김도사 · 권마담의 『김 대리는 어떻게 1개월 만에 작가가 됐을까』를 읽었다. 그 순간 나도 도전해봐야겠다는 생각이 들었다. 〈한책협〉 카페에 가입을 했다. 그리고 바로 1일 특강을 신청했다. 준비하는 동안 읽을 책을 안내해주었다. 그중에 『백만장자 시크릿』을 읽었는데 충격이었다. 난 부자가 되고 싶었다. 하지만 10년 뒤 아니면 20년 뒤였다. 그런데 이 책에서는 바로 실행하라는 메시지가 나를 사로잡았다.

1일 특강을 듣는 중간에 확신을 가졌다. 난 할 수 있다. 소감을 말하는 시간에도 난 "부자가 되기 위해 헌신하겠다." 이렇게 말했다. 그러면서 나도 들는 입장이 아니라 말하는 위치로 바뀌면 어떨까 하는 질문을 스스로에게 하게 되었다.

학교에서 학생들을 지도하는데, 듣는 것보다 말하는 것이 재미있다. 그래서 유튜브를 시작하게 되었다. 내가 촬영하고 아이들에게 필요한 것을 말로 설명했다. 5개월 전만 해도 집에 와서 씻지도 않고 컴퓨터 게임을 했다. 그러던 내가 영상 편집을 배우고 있다. 배운다는 것이 얼마나 중요한지, 배운 것을 가공해 내 것으로 만드는 것이 얼마나 재미있는지 감동까지 느낀다.

또 하나 흥분되는 것이 있다. 바로 책이다. 어제 처음으로 중고 책이 아니라 새 책을 샀다. 집에 와서 보는 순간 얼굴에 미소가 번졌다. 그리고 책을 정리하면서 책을 읽을 생각에 가슴 한쪽이 뜨거워지고 있었다. 살면서 처음 느끼는 기분이었다. 읽은 내용을 가지고, 내 의식과 경험을 가지고 많은 지도자와 아이들의 삶을 변화시켜주는 강사가 되고 싶다.

나는 김도사님과 미팅할 때 두 가지 조언이 가슴에 꽂혔다. 첫 번째는 외부에서 나를 괴롭히는 말이나 사람들이다. 특히 술자리, 가족 모임, 주위 사람들이 나를 향해 던지는 부정적인 말들이다. 내가 외부로부터 나를 지킬 수 있는 통제력이 있느냐는 것이다.

두 번째는 내부다. 김도사님은 내부의 의식 변화가 없으면 한순간에 무너지는 경우가 있다고 조언해주셨다. 그 조언을 들은 직후 첫 번째 생각은 나에겐 아직 날 통제하지 못하는 부분이 있다는 것이었다. 갑자기 생긴 술자리와 가족 모임이 그것들이다.

김도사님을 보는 순간 뒷배가 있다는 확신이 들었다. 도사님의 말투와 행동 하나하나에 힘이 있었다. 내가 교회를 다닐 때 목사님이 한 말씀이 있다. 어디를 가든 네 뒤에 하나님이 함께하신다는 것이었다. 그래서인지 아침마다 내 모습을 보면 5개월 전의 내가 아니다. 분명 하나님이 함께하신다.

1년 전 매일 아침마다 휴대전화로 김제동이 하는 프로그램 〈톡투유〉를 보았다. 거기에는 말과 재치, 센스, 웃음과 감동까지 있었다. 나는 순간적인 센스와 청중들을 압도하는 모습을 상상하며 잠이 들곤 했다. 지금도 보물지도에는 김제동의 사진과 함께 1회 강사비가 적혀 있다.

먼저 책이다. 책을 써서 나의 가치를 올린다. 매일 유튜브와 말하는 연습을 한다. 자기계발서와 의식 변화 책을 통해 내 의식을 바꾼다. 김제동이 하는 프로그램을 보며 모방해 나의 것으로 만든다. 그리고 스포츠계 책을 통해 지도자와 아이들에게 필요한 정보들을 공부한다. 나를 알릴 수 있는 마케팅도 배운다. 네이버 카페를 이용해 자료를 정리한다. 나의 책을 유튜브, 인스타그램, 페이스북을 통해 홍보한다. 매일 금요일이면 다음 주 계획을 세운다. 주말에는 월요일에 할 일을 미리 조금씩 준비한다.

나는 시간을 잘 활용한다. 우선순위를 통해 작가, 강사, 지도자, 자산관리, 건강(헬스) 다 할 수 있게끔 계획한다. 당장 중요한 사람이 누구인지 파악한다. 1년에 시간을 꼭 내서 의식 변화를 위한 세미나에 참석한다. 이는 배움을 통해 더 많은 부를 끌어당기려는 내 의지다.
그리고 항상 책을 가방에 한두 권 넣고 다닌다. 시간 날 때마다 읽고 메모

113

한다. 지금도 가방에는 책이 두세 권은 있다. 그렇게 한 달 동안 하며 깨달은 것 하나가 있다. 그것은 김도사님이 말한 메모 습관이다. 사람의 기억력은 그렇게 오래가질 않는다. 집에 오면 아까 했던 생각들이나 들었던 내용들이 지워진 것처럼 사라지거나 작게 깨진 유리처럼 흩어지고 없다. 그래서 난 매일 초등학교 5학년 공책을 가지고 다닌다. 책을 읽다가 가슴을 치는 문구나 명언이 있으면 바로 그 자리에서 밑줄을 긋고 공책에 적는다.

　나는 경제적인 자유를 얻고 싶다. 그러면서 책을 쓰게 되었고, 가정이나 주위 변화가 첫 번째였다. 일단 나의 의식의 변화에 다들 깜짝 놀란다. 사실 컴퓨터 게임만 하는 그런 나였다. 하지만 지금은 책도 쓰고 매일 책을 읽는다. 아이들에게 인성 교육과 카페를 운용해 부모들과 소통을 한다. 이런 나의 모습의 다들 신기한 눈으로 바라본다. 그리고 출판 계약을 하면서 난 차를 바꾸었다. 나의 의식 변화의 첫 번째는 내 자신을 사랑하게 된 것이다. 난 부자가 될 수 있고, 내면의 힘이 얼마나 강한지 알았다. 돈은 모으는 것도 중요하지만 배움에 대한 투자를 아끼지 않아야 한다. 성공은 공짜로 얻어지는 것이 아니다. 내가 배움에 얼마나 투자했는지도 분명 중요하다. 내 가치를 높이는 방법은 배움이다. 배움을 돈으로 바꾸는 기술은 의식의 문제이다.

　난 지금도 꿈이 앞에 있는 것처럼 행동한다. 실제 내 앞에 이루어진 것처럼 상상하고 그 이미지를 뚜렷하게 하려 노력한다. 시간은 너무 부족하다. 그 부족한 시간에 남을 비난하거나, 자신을 한탄한다면 앞으로 나가질 못한다. 누구에게나 시간은 주어지지만 그 시간을 허비하는 사람들이 많다. 준비하고, 조준하고, 발사한다면 우리는 한 발씩 앞으로 나아갈 수 있다.

난 우리 집 교장 선생님(아내)과 요리 때문에 10년을 전쟁했다. 항상 승리자는 아내였다. 자신은 요리를 해본 경험이 없다는 것이었다. 그러면 누구는 요리하러 태어났는지 마음속으로 말하고 싶었다. 그래서 10년이 지난 지금도 내가 요리를 하고 있다. 난 어릴 때 친척집에 가는 것을 좋아했다. 이유는 찌개와 국 그리고 반찬까지 먹을 수 있다는 것이 너무도 부러웠기 때문이다. 우리 집은 매일 상추, 라면이었다.

초등학교 때 소풍 가는 날이 제일 싫었다. 남들은 김밥을 다 싸 오는데 난 그냥 김밥이었다. 진짜 밥이랑 김뿐이었다. 난 그것을 소풍 가기 전에 버리거나 학교에 가기 전에 다 먹어버렸다. 그래서 지금도 가슴 한편에 따뜻한 된장찌개와 반찬이 있는 집을 상상한다. 그런 꿈을 꾸며 앞으로 매일매일 전진한다. 곧 현실이 될 것이다.

지금 스포츠계에는 피바람이 불고 있다. 고 최숙현 선수 사건으로 한참 시끄러웠다. 진짜 스포츠계에 새로운 개혁이 일어나는 줄 알았다. 그런데 코로나로 인해 잠잠해지기 시작했다. 심각 단계에서 보통 단계까지 내려왔다. 얼마 뒤 다시 스포츠계가 발칵 뒤집혔다. 배구 쌍둥이 자매가 학폭에 따돌림질까지 했다는 제보가 쏟아져나왔다.

나도 코치다. 5년 전만 해도 대회장이나 훈련장의 은밀한 곳에서 구타나 언어폭력 같은 일이 벌어지고 있었다. 나도 그 무리 중 하나였다. 아직도 스포츠계는 갈 길이 멀다고 생각한다. 초등학교 때부터 인성 교육을 시켜야 하는 이유다.

문체부에서는 지도자 교육을 제대로 이행하지 않고 무조건 때리는 행위만 징계하고 있다. 의식과 교육에 있어서 변화가 너무 느리다. 모든 지도자 대부분이 공부에는 전혀 신경을 안 쓰는 것도 문제다. 난 초등학교부터 담임 선생님과 협력해 아이의 학교생활과 운동 활동을 구축할 것이다. 그렇게 부모님들의 신뢰를 쌓고 시스템을 팔 것이다.

나는 나의 가치를 무시하며 자존감 약한 사람으로 살다 죽는 운명이었다. 그러나 지금은 책과 사람을 만나 삶의 터닝 포인트를 찾아 도전하고 있다. 작은 도전부터 큰 도전까지 조금씩 나아가고 있다. 수많은 장애물과 험난한 길이 예상된다. 힘들어도 하겠다. 하기 싫어도 하겠다. 이런 생각으로 바뀌게 된 계기도 최고의 책 쓰기 코치 김도사님을 만나고 나서다. 돈이 많고 적을 수 있다. 하지만 삶에서 나를 찾아간다는 것은 정말 대단한 도전이다.

그 도전은 내면의 의식이 깨어나지 않으면 안 된다. 아무리 행동을 한다고 해도 다시 돌아가는 이유는 내면의 의식이 약해서이다. 외부의 의식은 어느 정도 차단하지만 내면의 의식은 정말 무섭다. 나를 잡아먹을 수 있는 아주 큰 괴물이다. 내 주위에도 행동하지 않고 말로 하는 사람들이 많다. 수

나를 사랑하게 되는 자존감 회복 글쓰기 훈련

많은 이유가 있다. 하지만 그 이유는 답을 찾고 나서 알아야 한다. 그 이유를 찾기 위해 나도 손 한 번 잡아 줄 수 있는 사람이 되길 바란다. 나도 도움을 받았으니 나도 도움을 주는 위치로 바뀌고 싶다. 내가 할 수 있는 영역은 아이들이 교실에서 나와 운동을 하는 것이다. 운동장에 나와 운동을 할 때 비로소 몸으로 체험할 수 있는 것이 너무나도 많다.

15

엄지언

약력 : 〈한국엄마공부코칭협회〉 대표, 유튜브 〈엄신TV〉, 두 아이의 엄마이자
베스트셀러 작가, 백만장자 메신저, 최고의 강연가이자 기적의 코치

저서 : 『예민한 아이 육아법』, 『엄마의 주식 공부』, 『의욕 없던 삶이 다시 두근
거리는 하루 10분 글쓰기의 힘』(공저)

엄마의 자존감은
글쓰기에서 채워진다

어렵게 아이를 가지고 낳았다. 오매불망 기다리던 아이였다. 그런데 육아가 이렇게 힘들 줄이야. 태어난 날부터 밤잠을 설쳤다. 산후조리는커녕 공중 육아가 시작됐다. 허리가 나가고 손목이 나갔다. 무릎도 나빠졌다. 온몸에 두드러기가 났으며 안면 마비가 왔다. 친정, 시댁 어디서도 도움을 받을 수 없었다. 엄마들을 만나면 아이가 보채 일찍 일어나기 일쑤. 당 섭취하고 신나는 노래 들어도 봤다. 어떻게 해도 더 힘들어질 뿐. 나는 지푸라기라도 잡는 심정으로 매일 일기를 쓰기 시작했다.

처음에는 내 힘듦을 토해내는 수준이었다. 구구절절 오늘 아이가 이래서 화가 났고 저래서 힘들었고. 이렇게 쏟아내듯이 한차례 일기에 퍼붓고 나면 기분이 좀 나아졌다. 그게 좋아 나노 노트게 매일 썼다. 남편과 싸운 날,

육아에 찌든 내가 구질구질하게 느껴지는 날, 엄마들 만나 비교돼 속상했던 날도 한결같이. 이렇게 그저 감정을 쏟아내다 점점 일기가 업그레이드되기 시작했다.

오늘 아이가 이런 행동을 했다, 너무 사랑스럽다, 지독하게 힘들다, 이런 책을 읽었다, 나는 이렇게 생각한다. 구구절절 쓰던 것에 점점 정보가 담기기 시작했다. 그렇게 매일 한 편씩, 3년이 흐르고 5년이 지났다. 약 2,000여 편의 육아일기가 누적되었다. 내 일기를 읽고 나에게 댓글을 달고 연락하는 사람이 생겼다. 고맙다고 찾아오기도 했다.

그냥 일기장에 담을 법한 글이 점점 다듬어졌다. 생각도 정돈되었다. 내 생각, 내가 바라보는 것, 내가 좋아하는 것 하나하나 글로 표현해보니 진정한 내가 보이기 시작했다. 이렇게 나 자신을 찾아가게 되었다. 나의 어린 시절을 하나하나 불러내 대면했다.

아픈 과거, 즐거웠던 추억, 생각나는 사람들까지. 하나씩 대면하며 나는 많이 울었다. 내가 힘든 과거를 보낸 줄은 알았지만 나 자신과 직접 대면해 대화를 나눈 적은 없었다. 나의 그때 감정이 어땠는지, 얼마나 힘들었는지, 지금은 괜찮은지 하나하나 끄집어내 대화를 기록해보았다. 나는 내가 잘나고 자존감이 높은 줄만 알았다. 그런데 내 속은 뻥 뚫려 있었다. 하나하나 끄집어내고 위로하자 드디어 내 내면이 채워지기 시작했다.

나는 수많은 일을 했다. 모델로 가수로 인기를 얻었다. 또한 사업으로 돈도 많이 벌어보았다. 그런데 나는 나를 챙길 줄 몰랐다. 사람들의 바람을 따라 움직였다. 내 행동의 기준은 내가 아닌 남이었다. 마치 나는 성공하는 듯했지만 실은 실속이 없었다.

이렇게 글쓰기로 나 자신이 하나하나 채워지자 비로소 내가 실속이 없었던 이유를 알았다. 나를 이렇게 등한시했으니. 그저 남들 보기에 멋진 삶만 살려 했으니. 내 진짜 감정은 덮어두고 대중이 좋다는 것만 좇아갔다. 나는 쉽게 성공하지만 늘 공허했다. 크게 성공해도 즐겁지 않았다. 내가 원하는 길이 아니었기 때문이다. 돈을 벌어도 남는 것이 없었다. 남 좋은 일만 실컷 시켰다. 나는 나를 진정으로 사랑할 줄 몰랐던 것이다.

그걸 깨닫고 나는 나를 중심으로 생각해보게 되었다. 불편하면 불편하다고 말했다. 어린 시절 사랑받지 못했던 나는 싫다고 말하는 데도 큰 용기가 필요했다. 아니라고 생각하면 거리를 두었다. 아니던 인간관계가 정리되었다. 내가 표현하자 사람들이 내 말에 귀를 기울이기 시작했다. 내가 나를 챙기자 비로소 사람들도 나를 챙기기 시작했다.

육아도 훨씬 쉬워졌다. 아이들에 끌려가고 맞춰주는 것이 아닌, 내가 중심을 잡았다. 내가 할 수 있는 것과 아닌 것을 구분해 한계를 가르쳤다. 내가 못 하지만 아이에게 꼭 필요하다 생각되는 것은 대리 양육자를 찾았다. 그러자 자기의 욕구에만 충실하던 아이들이 엄마를 고려하고 배려하기 시작했다.

또한 외부의 소음과 차단하고 내가 진짜 하고 싶은 공부를 했다. 육아에 더해 투자 공부를 했다. 평생 나를 힘들게 하고 끌고 가던 돈이라는 놈에게서 주권을 찾고 싶었다. 돈에 지배당하지 않으려면 돈을 알아야 한다고 생각했다. 하지만 나에겐 시간이 없었다. 그래서 나는 자처해서 혼자가 되었다. 열렬히 공부하고 집중하여 투자에서 좋은 결과를 냈다. 내 자존감이 채워지지 않았으면 그리하지 못했을 것이다.

바닥에서 발버둥 치던 내가 일어나자 내 주변 사람들도 변하기 시작했다. 가장 먼저 아이들이 안정되었다. 그리고 가족이 차례차례 변했다. 감사 인사가 끊이지 않았다. 이 이야기를 세상에 알리고 싶었다. 나처럼 어렵게 자란 사람들, 육아가 힘든 사람들, 돈 문제로 괴로운 사람들에게 도움이 될 것이었다.

글은 이미 있으니 책을 만들어야겠다 생각이 들었다. 내가 쓴 글을 다듬고 엮어서 출판을 시도했다. 그런데 잘 되지 않았다. 여러 번 몇 년을 시도해도 이상하리만큼 일이 풀리지 않았다. 그러다 책 쓰기 1등 코치인 김도사님을 알게 되었다. 〈한책협〉 카페에 가입해 글들을 읽고 깜짝 놀랐다. 나는 이렇게 책 쓰기가 어려운데 10분 만에 계약이 되었다, 2주 만에 원고를 썼다, 한 달 만에 출판이 되었다, 두 번째 책을 냈다는 글이 수두룩했다. 묻지도 따지지도 않고 무작정 김도사님을 찾아갔다.

〈한책협〉 책 쓰기 과정에 등록하고 보름 만에 원고를 썼다. 원고를 투고

하고 3분 만에 계약하자는 연락이 왔다. 그렇게 나는 현재 15주째 베스트셀러인『예민한 아이 육아법』을 출판했다. 같이 투고했던 출판사에서는 다른 제안이 왔다. 권마담님의 나를 드러내기 이벤트로 투자 성과를 인스타에 올린 것이 계기가 되었다. 그렇게『엄마의 주식 공부』를 출판하고 계약했다. 이어 백화점 강연 요청이 들어오고 공중파에서도 연락이 왔다. 100만 유튜브 채널에도 나가 인터뷰했다. 전국 서점에 내 얼굴이 인쇄된 책이 판매되었다. 내가 잘 때도 내 책들은 나를 홍보하고 돈을 벌어왔다.

나는 글쓰기로 내면아이를 대면하고 치유했다. 글쓰기로 맺은 책이라는 열매는 치유된 나를 세상에 드러내 제 평가를 받게 해주었다. 이제 나는 더이상 어린 시절의 아프고 가난한 내가 아니다. 나는 이제 베스트셀러 작가이자 강연가고 사업가다. 사람들은 나의 다양한 인생 경험에서 배움을 얻고 도움을 받는다. 다사다난한 줄만 알았던 내 인생이 이렇게 값진 것이었다니. 내 자존감은 치유되었을 뿐 아니라 날개를 달았다.

자존감은 자신이 사랑받을 가치가 있는 소중한 존재라는 스스로에 대한 인식이다. 어린 시절 경험과 성장 과정에서의 성과 등이 자존감에 주요한 영향을 미친다. 자존감은 주관적인 마음이지만 실은 외부의 영향으로 비롯된다고『초등 자존감의 힘』김선호 서사는 말한다. 그에 의하면 자존감은 자아존재감과 자아존중감의 합이다. 자아존재감은 내가 여기에 있다고 인식하는 것이다. 내가 여기에 있다는 것을 인식하려면 나를 바라봐주는 존재가 있어야 한다. 또한 자아존중감은 아무리 내가 형편없는 존재여도 나를 바라보고 믿어주는 존재로 인해 생겨난다.

나는 글쓰기로 내 자신을 객관적으로 바라보았다. 어린 나를 바라봐주는 제3자가 되어주었다. 사랑과 믿음으로 나 자신을 다시 안아주었다. 부모도 선생님도 해주지 않던 그것을 나는 나 스스로 나 자신에게 했다. 나는 스스로 치유 받는 사람이자 치유하는 사람이 되었다.

나는 그래서 육아하며 힘들면 꼭 일기를 쓰라고 조언한다. 육아일기 한두 줄이라도 좋다. 매일 쓰다 보면 부쩍 성장한 자신을 만날 수 있을 것이다. 또한 이 글들이 SNS에 공유되거나 책으로 엮이면 나처럼 멋진 일이 일어날지도 모른다.

그래서 나는 지금도 매일 일기를 쓴다. 일기 쓰기는 이제 나의 단단한 습관이다. 이 글들이 모여 또 새로운 책이 생겨날 것이다. 계속해서 치유하고 성장하며 열매를 맺을 것이다. 나에게 가장 어울리는 이름, 나는 작가다.

15_엄지언_엄마의 자존감은 글쓰기에서 채워진다

16

오미영

약력 : 성공학 작가, 현 법인금융 애널리스트, 전 에어마카오 승무원, 느낌소
통 전문가, 도전 마인드코칭 전문가, 동기부여 강연가

성공으로 이끄는
가장 강력한 무기가 생겼다

금전적으로 어려운 환경. 가부장적인 문화. 사는 대로 생각하는 사람들. 나의 삶은 그곳에서 시작되었다. 어렸을 때 사촌오빠와 시골 조부모님 댁에서 지낸 적이 있다. 길을 걷다가 오빠와 내가 둘 다 다리 아파하면, 할아버지는 오빠를 업어주시고 나는 울면서 걸어왔다고 한다.

혼도 많이 났다. 학습지를 다 못 끝내서, 바지가 더러워져서, 언제부턴가 손톱을 뜯어서. 무엇을 열심히 해도 잘했다는 말보다 '이게 있으면 더 좋았을 텐데.', '이걸 더 해야지.' 같은 대답을 들었다. 누구 하나 시원하게 잘했다고만 해주는 사람은 없었다. 기분이 좋아 춤을 춘 적이 있었다. 옆에 계시던 어른이 뭐가 그렇게 즐거워서 호들갑이냐고 하셨다. 꿀밤을 맞았다. 혼란스러웠다. 나는 왜 환영 받지 못할까. 어디까지 잘해야 잘하는 것일까. 기분은 어디까지 표현해도 좋은 걸까. 나는 가치 없는 존재처럼 여겨졌고, 마음은 갈 길을 잃었다.

사람들에게 인정받고 싶었다. 하지만 어려웠다. 잘하는 것은 점점 적어졌다. 기분이 좋아도 다른 사람들 눈치를 보느라 제대로 표현하지 못하는 일이 많았다. 어렵사리 의사를 표현해도 거절이나 무시를 당하는 일이 부지기수였다. 기분이 좋아지는 일 혹은 내가 좋아하는 일 등의 의사표현 자체를 하지 않게 되었다. 삶은 점점 더 고통스러워졌다. 부모님은 열심히 사셨다. 하지만 집은 점점 어려워졌다. 슈퍼 사업이 망하면서 빚더미에 앉았다. 아버지께서 보증을 서주셨던 분들이 연락 두절되었다. 집이 경매에 넘어간다는 공지가 날아왔다. 부모님은 부부싸움을 하지는 않으셨다. 하지만 집에는 보이지 않는 슬픈 기운이 가득했다. 주변 사람들은 자신이 얼마나 불행한지를 웃으면서 자랑했다. 스스로 자신의 인생을 비하하고 조소했다. 원하는 것을 이야기하면, 꿈은 원래 이루어지지 않는 것이라고 했다.

작은아버지가 하시는 교회에 다녔었다. 가면 바로 청소를 하곤 했는데, 오빠들이 있어도 혼자 청소를 할 때면 수치심이 느껴졌다. 나는 마음이 세 갈래여서 회개해야 한다며 안찰 기도를 길게 받을수록 마음에 깊은 상처가 생겼다. 특히나 제일 좋아하는 친구를 내 인생에 도움이 되지 않는다는 이유로 만나지 말라고 했을 때는 어떻게 하면 좋을지 몰랐다. 마음을 터놓을 수 있는 친구는 그 아이뿐이었다. 아무도 상황의 원인에 대해서는 물어봐주지 않았다. 내 인생 자체가 잘못된 것 같았다.

친구를 사귀는 것이 어려웠다. 친해지다 보면 항상 셋이 되고, 어느 순간 나를 제외한 둘이 친해져 있었다. 나는 혼자가 되었다. 왕따를 당했다. 꼴 보기 싫어서, 과시하려고 해서, 사람을 무시해서, 거짓말을 해서, 말실수를 해서, 친구가 좋아하는 사람이 나에게 관심 있어 보여서…. 직접적으로 이야기해주는 이는 없었다. 용서도 없었다. 여자아이들 몇 명이 내가 있는 교실에 와서 칠판에 내 이름과 함께 욕을 쓰는 것을 보았다. 집에 오자마자 방 안에서 한참을 울었다. 그리고 나와서 아무렇지 않게 식사를 했다. 내가 왜 울었는지 물어보는 사람은 없었다. 아마 다들 겉으로는 웃고 있었지만, 마음속에서는 치열하게 싸우는 중이었던 것 같다.

누군가에게 공감을 받고 싶었다. 하지만, 사람들은 저마다의 이유로 마음의 여유가 없었다. 이야기를 한 것도 다음에 다시 이야기를 하다 보면 처음 듣는 것이라고 했다.

책을 읽기 시작했다. 사실 책은 이전에도 읽었다. 하지만 의미가 달라졌다. 책 속에 있는 인물들을 통해 공감과 위로를 얻기 시작했다. 세상은 나를 압도했다. 내가 부족하다고 했다. 내 삶은 처음부터 잘못되었다고, 내가 아무리 노력해도 달라지지 않을 거라고 했다. 책은 나를 이 모습 이대로 받아주었다. 괜찮은 사람이라고 했다. 나에게 원하는 것이 무엇인지 물었다. 그리고 그것을 하라고 했다. 그래도 괜찮다고 말해주었다. 나는 책과 긴긴 시간의 대화를 했다. 그리고 마침내, 내가 원하는 것을 해도 좋다고 스스로를 허락했다.

원하는 것을 하기로 마음먹은 순간, 정말로 원하는 것들만 마음속에 가득 차기 시작했다. 책을 통해서 내 마음의 관점을 바꾸어갔다. 치유되어갔다. 자연스럽게 행복하기로 마음먹었다. 마음먹은 순간, 정말로 행복해지고 있음을 깨달았다. 스스로 나에게 공감했고, 내가 먼저 나에게 사랑한다고 말했다. 울고 싶어 하면 함께 울어주었다.

마음껏 도전하고, 실패와 성공을 반복했다. 많은 일을 겪고, 그 과정에서 깨달음을 얻었다. 유리처럼 깨지기 쉬운 나에서 강인한 나로 변해갔다. 마음에 안정이 생기기 시작했다. 여전히 삶에는 많은 도전들이 있었지만, 할 만하다는 생각이 들었다. 더 멋진 앞으로의 삶을 위해, 여태껏 살아온 이야기를 정리하고 싶다는 마음이 들었다.

되는 대로 쓰기 시작했다. 그날 있었던 일이나 깨달은 것들을 남겼다. 마음이 시원하기도 하고, 새로운 깨달음이 일어나기도 했다. 흩어져 있던 생각들이 정리되기 시작했다. 겪었던 일들을 글로 서술하면서 아플 만했다는 것을 깨달았다. 왜 더 잘하지 못하느냐고 채찍질했던 나를 보았다. 용서를 구했다. 정리되지 않았던 감정들을 감싸 안았다. 자기계발로 시작한 글쓰기를 통해 삶을 깊게 들여다보았다. 회복했다. 글을 읽으며 느꼈던 회복감과는 또 다른 느낌이었다. 모든 나를 인정해주었다. 그리고 내 삶에 오는 모든 상황을 인정하겠다고 다짐했다. 거부하지 않고 마치 내가 선택한 것처럼 받아들이기로 했다. 긍정적인 삶보다 더 중요한 나로 살아가는 삶을 살기로 했다. 그리고 그 모든 상황을 아름답게 기록하기로 했다.

나의 크기가 커지고 멀리 나아갈수록, 내 마음속 파도의 크기 또한 커진다는 것 또한 알게 되었다. 거친 바다 물결에도 배를 고정시키는 닻처럼 내 마음을 '내가 원하는 모습'에 고정시켜줄 강력한 무언가가 갖고 싶었다.

『버킷리스트 26』이라고 하는 공동 저서 집필에 참여했다. 김태광 대표님의 '버킷리스트' 시리즈는 꿈을 구체적인 계획으로 바꾸는 작업이다. 함께 제공되는 비법서를 보면서 글을 쓴다. 꿈에 이르는 길을 글로 그리는 것이다. 꿈을 '왜' 꾸는지부터 '어떻게' 이루는지까지 뚜렷해졌다. 마음 깊은 곳에서 알 수 없는 고요함과 평안이 느껴졌다. 행동으로 옮기고 싶어졌다. 마음에 있는 눈이 하나 새롭게 떠진 것 같았다. 시원함이 느껴졌다.

나의 글쓰기 특징을 알아차리게 되었다. 글을 다 쓴 후 시인이자 작가이신 대표님이 직접 글을 봐주셨다. 단어, 문장, 문단, 글의 전체적인 구조가 깔끔하게 정리되었다. 지금도 글을 쓸 때 대표님이 주셨던 피드백과 정리된 원고를 함께 본다. 더 좋은 글을 쓰기 위해 즐거운 고심을 한다.

『버킷리스트 26』에 들어갈 원고를 완성했다. 이 글을 쓰면서, 개인 원고도 집필 중이다. 글을 쓸수록 내가 사랑스럽다. 자존감이 높아지는 것을 느낀다. 또한, 내가 나를 사랑할수록, 남도 나를 사랑한다는 것을 이제는 안다. 이제는 어떤 일이 일어나든지, 나의 마음은 아름다운 상태에 머무르고 있다. 글을 쓰는 그 시간, 마음 속 깊은 평온함과 고요함, 그리고 열성을 느낀다. 삶의 모든 것이 글감이라고 생각하니 일상이 특별하게 보인다. 작은 볼거리와 들을 거리도 소중하게 느껴진다. 글쓰기는 일상생활을 보는 눈을 바꿔주었다.

글감을 모아 쓰면 글이 된다. 글이 모이면 책이 된다. 책은 생명이 있어서 내가 가지 못하는 먼 곳으로 가서 희망의 목소리를 낼 수 있다. 많은 다른 좋은 기회들이 책을 통해 연결된다. 책을 통해서 볼 수 있는 새로운 길이 무궁무진하다. 책을 쓸수록 새로운 꿈이 생긴다. 작가가 되고 나니 멋진 꿈이 생겼다. 책을 통해 만나는 독자가 더 나은 삶을 살 수 있도록 좋은 글로 돕고 싶다는 꿈 말이다.

개인적이고 구체적인 큰 목표들도 있다. 그것들은 책을 쓰고 사람들을 도우면서 자동으로 이루어지는 것들이다. 글을 쓰는 것은 평생 직업이라 좋다. 나이도, 외모도 그 어떤 한계도 없다. 글을 쓰는 관점에서 보면 모든 것은 다 좋다. 글은 나를 자유롭게 한다. 자유는 곧 인생의 성공이다. 당신에게 자유라 불리는 성공을 가져다 줄 수 있는 것은 무엇인가? 나에게는 그것이 글쓰기이다. 성공으로 이끄는 가장 강력한 무기가 생겼다.

16_오미영_성공으로 이끄는 가장 강력한 무기가 생겼다

17

오진현

약력 : 법인회사 대표, 〈미래비전 2114 연구소〉대표, 자기계발 작가, 동기부
여가, 블록체인, 암호화폐 투자전략가
저서 : 『블록체인이 미래를 바꾼다』

글쓰기로 나의 자존감이 한번에 올라갔다

나는 낮은 자존감 때문에 평생 열등감으로 소극적인 삶을 살아왔다. 인생 자체가 힘들었고 하루라도 열등감에서 벗어나고 싶었다. 내 평생 소망이 마음껏 한번 웃어보는 것이었다. 낮은 자존감은 평생 나를 웃지 못하게 만들었다. 내가 나를 억압했다. 자존감을 높이려고 많은 노력을 했지만, 자존감은 높아지지 않았다. 이 글을 읽고 있는 당신이 자존감이 낮아서 고통받고 있는 독자라면 "책부터 써라." 자존감이 한방에 올라간다.

'책을 쓰라고? 책은 아무나 쓰나? 작가도 아니고, 국문학을 전공한 것도 아닌데. 대학교에는 가지도 않았는데? 장난하나? 남의 일이라고 말을 참 쉽게 하네….'라고 생각할지도 모르겠다. 나도 똑같은 생각을 한 적이 있다, 책을 쓴다고 자존감이 올라갈까 싶었다. 책을 쓰다 보니 나도 모르게 자존감이 저절로 올라갔다. 그것도 한 번에 올라갔다. 자존감을 높이려고 책을 쓴 것도 있지만 살아온 삶을 기록으로 남기고 싶었다.

　책을 쓰고는 싶은데 쓰는 방법을 몰랐다. 책을 쓰려고 생각했을 때 나 스스로 어이가 없는 일이라 생각했다. 내 주제에 무슨 책을…. 그리고 생각을 접었다. 그러나 시간이 지나도 책을 쓰고 싶다는 생각이 자꾸 고개를 들었다. 그러던 어느 날 인터넷에서 코칭을 받으면 누구나 책을 쉽게 쓸 수 있다는 글을 보게 됐다. 책 쓰기를 가르친다는 곳을 찾아가 7주 코스로 등록하고 수강했다. 주제를 정하고 목차를 정하고 꼭지를 정하고 서문을 작성했지만, 본문을 작성할 엄두를 내지 못했다. 코칭을 받아도 방법을 몰라 더 나아갈 수가 없었다. 결국, 책은 쓰지 못했다. 그렇게 나의 첫 책 쓰기는 실패로 끝났다. '역시 나는 안 되나 보다. 능력 부족이야.'라고 생각하고 책 쓰기를 포기했다. 나의 자존감은 책을 쓰기 시작하기 전보다 훨씬 더 깊게 깊게 지하실로 내려가고 있었다. 괜히 책 쓰기를 했다는 후회가 막심했다. 또 나를 질책했다.

　이 글을 보고 있는 당신이 자존감이 낮아서 고민하고 있다면 당신도 "내가 무슨 책을 써?"라고 할지도 모르겠다. 그런데 당신은 지금 내가 쓴 이 글을 읽고 있지 않은가? 이 책은 많은 독자의 동기부여를 위해 쓰인 것이다. 40명이 이 책을 썼다. 오직 당신만을 위해 쓴 거라면 과장일까?

　이 책을 쓴 40명의 저자를 생각해보라. 어떤 사람들일까? 이들은 모두 작

나를 사랑하게 되는 자존감 회복 글쓰기 훈련

가다. 대한민국이 인정하는 작가다. 몇 달 전까지만 해도 당신과 다를 게 없는 평범한 사람들이다. 당연히 저서는 한 권도 없던 평범함 사람들이다. 당신이 이 책을 읽고 있는 지금은 모두가 2~3권의 저서를 가진 당당한 작가다. 작가를 넘어서 TV 방송에도 출연하고 전국을 다니며 꿈과 희망을 전하는 동기부여 강연가다. 멋진 메신저의 삶을 사는 강연가이고 작가다.

다시 강조한다. 이 책을 쓴 40명의 저자는 당신보다 조금 더 빨리 책을 쓰기 시작했을 뿐이다. 책을 전혀 쓰지 못하는 평범한 사람들이 책을 써서 작가가 되고 TV 방송에도 출연하고 강연가가 되었다. 자존감이 낮은 사람이 TV 방송에 출연하고 전국을 다니며 강연가로 활동할 수 있겠는가? 불가능하다. 작가는 TV 방송에도 출연하고 강연가로 살아간다. 즉 자존감이 높은 사람들이다. 이들도 처음부터 자존감이 높았던 것은 아니다. 책을 쓰고 자존감이 높아진 것이다.

자존감을 높이는 가장 빠른 길은 책부터 쓰는 것이다. 책을 쓸 자신이 없다, 책 쓸 능력도 없다, 책을 쓸 주제도 없다라고 생각하고 있는가? 다시 말하지만, 이 책의 저자들이 다 그런 사람들임을 잊지 말아야 한다.

배우지 않은 수학 문제를 풀 수 있는 학생은 없다. 하지만 수학 공식을 배우고 익히면 어떤 문제든 척척 다 풀어낸다. 기적처럼 말이나. 그렇다. 공식을 배우지 않으면 풀지 못하던 문제를 공식을 배우면 풀어낸다. 책 쓰기도 마찬가지다. 책 쓰기는 자신감도, 능력도, 주제도 아니다. 수학 문제를 풀기 위해 공식을 배우듯이 책 쓰기도 공식을 배우면 누구나 쓸 수 있다. 그런 걸 가르쳐주는 곳이 어디 있나 싶을 거다. 그런 데가 있더라. 그것도 아주 많이….

요즘 책 쓰기를 가르치는 곳이 많이 생겼다. 하지만 코칭 실력이 천차만별이다. 책 쓰기는 제대로 가르치는 곳을 찾아서 배워야 한다. 나는 3년 전에 책 쓰기에 도전했다가 실패했다. 그러다 "성공해서 책을 쓰는 것이 아니라 책을 써야 성공한다."라는 슬로건을 걸고 책 쓰기를 가르치는 〈한국책쓰기1인창업코칭협회〉, 이른바 〈한책협〉을 알게 되었다. 한 달 만에 책 쓰기 방법을 배우고 원고를 쓰고 있다. 벌써 절반의 원고를 썼다. 공저 책은 이미 2권을 썼다. 책을 쓰고 있다는 것이 기적이다. 5월 중에 내 이름으로 된 책이 나올 것이다. 세 번째 책이다. 책 쓰기를 배운 지 이제 한 달 남짓한 시간이 흘렀을 뿐이다. 3년 전 책 쓰기에 실패했던 트라우마를 극복하고 다시 도전한다는 것은 대단한 용기가 필요했다. 자존감을 높이기 위해서 목숨 걸고 책을 쓴다는 마음으로 도전했다. 이번에 또 실패하면 지하실에 갇힌 내 자존감은 구할 방법이 없었기 때문이다. 그런데 코치님도 이전부터 항상 목숨 걸고 가르친다고 했다. 본인의 마음가짐이라며 늘 말씀하셨다. 그렇게 나의 책 쓰기는 시작되었다.

놀라운 변화가 생기기 시작했다. 책을 쓰면서 의식 확장이 되었다. 의식이 성장했다. 내 속에 잠자던 거인이 깨어났다. 나를 소중하게 생각하게 되었다. 그동안 자존감 낮게 살아온 나에게 미안했다. 내게 더 잘해줘야겠다고 생각하게 되었다. 이렇게 당당한 나의 모습을 찾았다. 완전히 바뀌었다.

이전에 낮았던 자존감은 사라졌다. 평생 고통받으며 함께 했던 열등감도 사라지고 자존감은 확 올라갔다. 남들이 어떻게 생각하든 내 마음은 날아갈 것 같다.

책을 쓰지 않았다면 평생 고통받으며 자존감 낮은 나로 살아갔을 것이다. 책을 쓰면서 모든 것이 달라졌다. 이제는 무엇이든 할 수 있다는 자신감이 생겼다. 자존감이 낮은 사람은 평생이 고통스럽다. 자기 자신이 불만족스럽다. 자존감이 높은 사람은 자존감이 낮은 사람의 마음을 죽었다 깨어나도 모른다. 이제는 벗어날 수 있다. 책부터 써라. 책을 쓰면 자존감을 한 번에 올릴 수 있다.

자존감은 자기 자신을 존중하는 마음이다. 자존감이 낮은 것은 자기를 남보다 못하거나 무가치한 인간으로 낮추어 평가하는 열등의식에서 비롯된다. 남이 나를 보아주는 감정이 아니다. 스스로 열등의식에 갇혀 남들이 나를 무시할 거라는 마음에 갇혀 산다. 스스로 존중하지 못한다. 자존감이 낮으면 평생 자신감 없는 삶을 살아간다. 열등의식에 갇혀 산다. 정작 남들은 전혀 그런 나를 의식하지 않는다. 그저 조용한 사람 정도로 인식할 뿐이다. 남이 아닌 내가 나를 공격하는 것이다. 내가 자존감을 스스로 끌어내린 것이다. 낮은 자존감은 남으로부터 오는 게 아니다. 나로부터 시작되는 것이다. 나 자신을 높이지 않으면 자존감은 높아지지 않는다. 나 자신을 높이는 방법은 책 쓰기가 최고다.

자존감이 낮으면 자연히 대중 앞에 나서는 것을 두려워한다. 나서더라도 할 말을 제대로 하지 못한다. 그럼 또 자신을 공격하고 스스로 작아진다. 항상 소극적인 자세를 취한다. 자존감이 낮은 것은 남으로부터가 아니라 나의 내면으로부터 시작된다. 스스로 자존감을 낮추는 것은 소중한 자신에게 못할 짓이다. 자신에게 큰 선물을 줘도 시원찮을 텐데, 선물은커녕 스스로 자기 학대를 한다. 슬프고 안타까운 일이다. 마음의 학대다. 그리고 괴로워한다. 스스로 못살게 군다. 몸이 의식한다면 화가 많이 날 일이다. 한마디로 참 못났다.

　자존감이 낮은 사람은 천성으로 여긴다. 자존감을 끌어올리는 방법을 제대로 찾아보지도 않는다. 책 쓰기를 하면 무엇이 문제인지 파악을 하게 되고 자신의 능력을 알게 된다. 자신의 마음속에 거인이 살고 있다는 것을 알게 된다. 거인이 있었으면 하고 바란 적이 있을 것이다. 거인은 누구나 품고 있다. 깨우기만 하면 된다. 단지 모르고 있을 뿐이다.

　책 쓰기는 단순히 책 한 권 갖는 것으로 끝나지 않는다. 살아온 인생을 정리해보는 계기가 된다. 나아가 꿈을 찾게 되고 살아갈 방법을 찾는 소중한 기회가 된다. 인생 2막을 책 쓰기로 준비하는 이들이 많다. 이런 이유 때문이다.

　나는 책 쓰기로 자존감이 한 번에 올라갔다. 나를 못마땅해하며 살아가는 일은 책 쓰기로 끝냈다. 내 인생은 책을 쓰기 전과 후로 나뉜다. 자존감이

나를 사랑하게 되는 자존감 회복 글쓰기 훈련

낮아 힘들게 살아가는 이들에게 힘과 용기를 주는 메신저가 되어 멋진 삶을 살아갈 것이다. 책 쓰기는 생각지도 못한 "자존감 높이기"라는 멋진 선물을 주었다. 책도 쓰고 자존감도 높이고 의식 확장까지 덤으로 얻었다. 그야말로 1석 3조다. 자존감을 한방에 끌어올려준 것이다. 책부터 써라. 당신의 고민이 무엇이든 해결된다. 낮은 자존감 때문에 삶에 짓눌려 살지 말자. 당신도 배우면 책을 쓰고 작가가 될 수 있다.

17_오진현_글쓰기로 나의 자존감이 한번에 올라갔다

18

유영희

약력 : 유아교육 프로그램 개발가, 유아교육 전문 강연가, 현재 한글놀이와 독
서교육 및 인성교육 프로그램 개발자로 활동. 성장기 어린이 '눈운동'
관련 전문가

> "
평범한 나의 경험이
글의 주제가 되었다
> "

"책은 아무나 쓰니? 책 쓸 주제는 있고?"

"네가 책 쓰면 나도 쓰겠다!"라는 주변의 반응들….

책을 쓴다고 하면 주변에서 제일 먼저 하는 말이다.

우리나라 독서 인구는 전체 2%에 불과하다고 한다. 그중 책을 쓰는 사람은 0.1% 정도이다. 지금 나는 그 0.1% 안에 들어가는 책 쓰는 '작가'이다.

불과 한 달 전만 해도 평범한 워킹맘으로 내 생활에 어느 정도 만족하며 살았다. 좋아하는 일을 하면서 현재 하고 있는 일에서도 인정받는 커리어우먼이라 생각하며 그때그때 목표를 갖고 살았다.

나는 평소 일에 관련된 자료를 찾기 위해 2주에 한번은 도서관에 간다. 도서관에서 책을 보며 차를 마시며, 일과를 보낼 때 유일하게 '쉼'을 느낀다.

그날도 평소 보지 않던 자료도서를 찾다 우연치 않게 『1시간 만에 끝내는 책 쓰기 수업』이라는 김도사님의 책을 보게 되었다.

'책 쓰기로 진짜 인생을 살아라.'
'지금부터 책을 써서 인생 2막을 준비하라.'

이 말은 내 생각에 울림으로 다가왔다. 의학의 발달로 앞으론 100세 인생 이라고 하는데…. 내 나이 내일모레면 오십. 지금은 불편함 없이 그냥저냥 평범하게 살아가겠지만, 반백년을 살아온 나로서는 당장 '5년 후 10년 후 내 노후는 어떤 모습일까? 그때는 어떤 일을 하며 노후를 지내야 하나.'를 생각 하지 않을 수 없다. 중년이라면 누구나 나처럼 한 번쯤 이런 생각을 했을 것 이다.

책은 큰 힘이 있는 것 같다. 책을 통해 세상을 바라보고, 책을 통해 의식 이 바뀌게 되니…. 책을 쓴다는 것은 어떤 영혼을 살릴 수 있는 선한 영향력 을 줄 수 있는 의로운 일이라 생각한다. 동시에 내 자신의 영혼도 살리는 일 인 것을 지금은 생각이 아닌 온 마음으로 느끼게 된다.

"무슨 책을 쓸 건데? 특별한 거라도 있어?"
"유명인사야?"
"전공도 아니잖아."

책을 쓴다고 했을 때 주변에서 나타내는 흔한 반응들이다. 사실 책을 쓴다고 생각하는 것은 쉽지 않다. 나도 전에는 '내가 무슨 책을….'이라며 한 번도 책을 써본다는 생각을 해본 적이 없다. 책은 학식 높은 저명인사나 유명한 사람, 혹은 등단한 작가들만 쓰는 것이라고 생각했다. 그런데 지금 나는 대한민국 0.1%에 속하는 작가로 책을 써가고 있다.

특별한 삶을 살고 지식이 높아야 책의 주제를 정할 수 있는 것은 아니라고 한다. 자신의 경험과 삶에서 나온 콘텐츠가 곧 사례가 되고 사람들과 소통하고 공감할 수 있는 이야깃거리가 주제가 된다는 것이다. 주부로, 워킹맘으로, 독서 모임을 하는 사람으로, 음악 들으며 1시간씩 걷기를 하는 사람으로, 내 집 장만을 위해 물불 안 가리고 모델하우스를 전전했던 사람으로, 식물을 좋아하고 커피를 좋아하는 내 모든 취향과 생활에서 발생했던 크고 작은 에피소드들이 내 책의 주제가 되고 사람들과 소통할 수 있는 이야깃거리가 된다는 것이다. 생각만으로도 너무 가슴 벅찼고 미소가 절로 나왔다.

책을 쓴다는 것은 다시 나를 만들어가는 과정인 것 같다. 세상을 바라보는 내 의식도 달라지게 되었다. 내가 『1시간 만에 끝내는 책 쓰기 수업』을 통해서 인생 2막을 준비하는 것처럼 세상의 여러 사람들과 '책'이라는 매개체를 통해 소통하기 위해선 나 자신부터 변화되어야 했다. 그러기 위해선 먼저 내 의식의 변화가 있어야 했기에 긍정적인 생각으로 사물을 보고 생각하려고 지금은 의식적으로 생각하고 행동하려 한다. 이 의식적인 행동들이 내 생활에 자연스럽게 녹아든다면 나는 더욱 행복한 사람이 되어 있을 것이다.

책을 쓰면서 어느 날 문득 이런 생각이 들었다. '세상이 이렇게 넓었나?' 주변을 둘러보니 새로운 세상이 펼쳐진 느낌이었다. 그동안 늘상 오고가던 길목이며, 스쳐지나갔던 사람들, 우뚝 솟아난 건물이며 아파트, 자동차와 길거리 풍경들. 모든 것이 다 새롭게 보였다. 지금 내 주변을 관심 갖고 둘러보고 내 생활을 들여다보니 모든 것이 콘텐츠가 되고 그 콘텐츠를 살리기 위해서 더 깊이 탐색하고 조사하게 된다. 그러다 보니 내 생각과 일상들이 정리가 되고 그 과정에서 내 삶이 더 명료해지고 있다.

"책에 힘을 빼세요. 힘이 들어가지 않도록 내 이야기 스토리를 쓰세요."
"성공한 사람이 책을 쓰는 것이 아니라, 책을 써야 성공합니다."

이 말은 책 쓰기를 처음 시작하는 사람들에게 무척 힘이 되는 말인 것 같다. 책을 잘 써야 한다는 고정관념을 깨주는 말이다. 생각해 보니 베스트셀러가 아니어도 삶의 나침반이 되어준 책들은 참 많았다. 내 책이 어떤 누군가에게 힘이 되고 선한 영향력을 줄 수 있다는 것은 진정한 가치 있는 삶이 아닐 수 없을 것이다.

『나는 워킹홀리데이로 인생의 모든 것을 배웠다』의 저자 권동희 작가도 자신의 스토리를 책으로 펴냈다. 그리고 그녀의 인생이 완전히 달라졌다고 한다. 평범한 직장인에서 수많은 기업과 기관에 초빙되어 강연계의 아이돌 이라는 칭송을 들으며 지금은 출판사의 대표로 동기부여가로 활동하고 있다.

『나는 노후에 강연가로 살기로 했다』 저자 공성영 작가도 "은퇴 후에 무엇으로 돈을 벌 수 있을까?"를 고민하면서 생각한 것이 책 쓰기였다고 한다. 그리고 책을 쓴 결과 강연가로 활동하면서 노후를 보내고 있다고 한다. 『꿈꾸는 다락방』, 『리딩으로 리드하라』, 『에이트』 외 다수 책의 저자인 이지성 작가 또한 초등학교 교사였다. 자신의 인생 콘텐츠를 책으로 펼쳐내 지금은 작가로 강연가로 활동하며 새로운 인생을 살고 있다고 했다. 이처럼 모두 평범했던 이들이 자신의 경험과 이야기로 선한 영향력을 주는 메신저의 삶을 살아가고 있다.

"엄마, 그럼 이제 엄마도 책 쓰는 사람이야?"
"작가야?"

초등학교 고학년이 된 아들이 묻는다. 어렸을 때부터 도서관에 다니며 같이 책을 보고 독후활동을 위해 제목이며, 작가며, 출판사를 눈여겨보게 해서인지 아들이 관심 있게 묻는다.

"엄마 책 제목이 뭐야?"
"출판사는 어디야?"
"작가 유영희로 표지에 나와?"
"엄마 책도 도서관이나 서점에서 볼 수 있어?"

20년 가깝게 유아교육 현장에서 교육 일을 하면서 '선생님, 원장님, 센터

장님, 개발자님'이라는 호칭으로 불려왔다. 아이들은 어릴 때는 부모가 구체적으로 무슨 일을 하는지 관심 밖이라 잘 모른다. 그러나 지금 책 쓰는 내 모습에 관심 갖고 응원해준다. 내가 책상에 앉아 있으면 살며시 와서 문을 닫아주고, 한참을 노트북 앞에 멍 때리고 앉아 있으면 아이는 와서 내 어깨를 주물러준다.

"왜? 잘 안 써져?"
"어떤 스토리야?" 하고 살갑게 다가와 묻는다.

오늘도 난 상상한다. 평범한 나의 경험이 글의 주제가 되어 날개를 달고 나를 대신해서 이 세상 이곳저곳을 다니는, 저쪽 어딘가에서 내 이야기에 귀 기울여주고 공감해주는 그 누군가의 응원을 받으며 나는 글 쓰는 작가로 살아간다. 내가 행복하게 살고 긍정적인 생각과 의식으로 살아가는 삶의 이야기가 누군가에게 희망이 되고 정보가 된다. 나는 오늘도 내 이야기를 들어줄 사람들을 위해 행복하게 살려고 더 가치 있게 살아가려고 한 걸음 한 걸음 작가로서 모양을 다듬어간다.

'작가 유영희'라고 불리는 것이 나는 참! 좋다.

149

18_유영희_평범한 나의 경험이 글의 주제가 되었다

19

윤정애

약력 : 대학교수, 작가, 대학에서 교수로 일하며 새로운 도전으로 작가의 삶을
　　　선택, 공황장애 완치

저서 : 『공황장애가 내게 가르쳐준 것들』

66

작가의 삶,
공황장애 굿바이!

99

3년 반이라는 긴 시간을 지독히도 아팠다. 나에게 공황장애가 시작되고 끝없이 추락하는 나를 만났다. 의지라는 건 '공황' 앞에서는 얼씬도 하지 못할 것처럼 생활의 일부분이 떨어져나갔다.

2017년 9월, 처음 공황장애가 시작되었다. 대학에서 교편을 잡고 있는 나에게 공황이 생긴 건 분명한 원인이 있었다. 사회적으로 용납될 수 없는 불의가 덮여지는 걸 경험하고 '정의'가 존재하지 않는다는 생각이 충격적으로 다가왔다. 내가 용기를 내어 법의 심판을 되짚을 수 있으면 좋았겠지만 사회적 약자는 조용히 고개 숙일 수밖에 없었다.

문제는 그 이후에 찾아왔다. 어느 날 갑자기 내 심장에 작은 돌멩이가 굴러다니는 증상을 느꼈다. 심장 통증이 느껴짐과 동시에 돌멩이는 목을 타고 올라와 숨을 쉴 수 없게 만들었다. 그리고 그 증상은 멈추지 않았다. 팔과 다리에 마비 증상이 나타나기 시작했다. 공포감이 찾아왔다. 금방이라도 죽을 것처럼 심장의 조임과 함께 정신도 무너져내렸다. 처음으로 용기를 내 정신과를 찾았다. 주 진단은 적응장애로 내려졌다. 일상에서의 과도한 스트레스 요인에 의해 발생된 것이라고 하였다. 부 진단으로 공황발작을 동반한 공황장애 진단을 받았다. 모든 것이 혼란스러웠다. 약물치료가 시작되었다. 약 먹기를 죽도록 싫어하던 내가 선택의 여지없이 약을 복용했다. 약물에 내 몸은 예민하게 반응했다. 용량에 따라 나의 컨디션이 급격하게 달라졌다.

공황이 시작되고 일상에 많은 변화가 나타났다. 늘 불안한 상태가 나를 위협했다. 집에서도 직장에서도 언제 나타날지 모르는 공황발작의 불안감이 생활 속에서 나를 괴롭혔다. 급기야 우울증까지 생겨났다. 어두운 곳을 찾게 되있고 대인기피 현상까지 일어났다. 혼자만의 공간에 갇혀 혼자 울고 혼자 생각하고 혼자 아파했다. 괴로웠다. 죽고 싶었다. 자살충동도 들었다.

다량의 약과 함께 독한 소주를 두 병 샀다. 아침부터 머그컵에 안주도 없이 소주를 벌컥벌컥 들이켰다. 약 봉지를 풀어놓으니 산더미처럼 쌓였다. 그 배경 아래 비쳐지는 처량하고 초라한 내 모습에 하염없이 울었다. 벗어나려고 애써봐도 진흙탕처럼 빠져드는 인생의 회의감에 나는 지쳐갔고 세상을 등지고 싶은 마음에 이런 상황까지 마주해야 한다는 것이 너무나 괴로

나를 사랑하게 되는 자존감 회복 글쓰기 훈련

웠다. 결국 나의 자살 시도는 생각으로 끝났다. 죽는 것도 쉽지가 않았다. 어떻게 해서든 살아야 했다. 이왕 살아야 한다면 제대로 살아봐야 한다고 생각했다. 그때 머릿속에 든 생각이 있었다.

'책을 쓰자! 작가가 되는 거야!'

공황장애는 많은 매체를 통해 연예인들이 고통받고 있는 질병이라는 내용을 접한 바 있다. 도대체 얼마나 큰 스트레스가 있기에 수많은 방송인들이 공황장애로 휴업 상태를 맞게 되는 건지…. 나는 충분히 공감이 가고, 이해할 수 있었다.

인생을 살아가는 것이 내 의지대로 술술 풀려갈 수 있다면 얼마나 좋을까? 내가 공황장애를 겪으며 얻게 된 결과는 '그래, 백 년 살아가는 인생에서 아파볼 수 있지. 하지만 이 아픔을 숨기지 말자. 당당하게 세상 속에 알리자. 아픔은 나 혼자만의 탓도 아니고 누구나 넘어지고 아플 수 있지. 나는 더 이상 숨지 않고 세상을 향해 꿋꿋하게 걸어갈 수 있는 용기를 가진 거야!'

신기했다. 내 생각의 변화가 삶에도 커다란 전환점을 가져왔다. 내 맘대로 죽을 수 없다면 제대로 살아보겠다는 인생 코너에 몰린 억발상이었나. 나는 그렇게 글을 쓰기 시작했다. 처음엔 막연하게 블로그에 끄적끄적 일기와 같은 글을 썼다. 글을 쓰다 보니 내가 살아온 삶이 감사했다. 그 이후로 감사 일기를 쓰기 시작했다. 하루에도 수없이 많은 감사가 넘쳐났다. 코너

153

에 몰린 듯한 내 삶이 조금씩 변화되기 시작했다. 세상을 향해 걸어나갈 수 있을 것 같은 용기가 생겨났다. 조심스럽게 한 발자욱씩 발걸음을 떼었다. 얼음판 같았던 세상이 나를 품어주었다. 그것은 세상을 향해 던진 간절한 나의 소망에 대한 응답이었다. 블로그에 100일간 쉼 없이 글을 채우던 마지막 날, 나는 커다란 선물을 받았다. 책을 쓰기로 결심했고 그것은 어떤 판단의 여지도 없이 바로 실행에 옮겨졌다.

내 인생에 가장 힘든 시기를 보낸 '공황'을 주제로 책을 쓰기 시작했다. 나는 박사 학위로 재활심리학을 전공했지만 내 정신적 문제에 대해서는 속수무책이었다. 부끄럽지만 부끄럽지 않은 내 삶의 일부를 세상에 공개하기로 다짐한 이상 나는 이미 작가가 되어 있었다. 글을 쓰기 시작한 뒤로 내 삶에 많은 부분이 변화되었다. 나는 다짐을 계기로 주변에 선포하기 시작했다.

"저는 책을 쓸 거예요. 제가 가장 아팠던 이 공황장애라는 병을 책으로 써서 많은 사람들을 살릴 수 있는 기회를 만들 거예요."

간절함은 기회를 만들고, 기회는 곧 성과를 만든다. 나의 선포가 마치 메아리처럼 울려 퍼졌고, 나는 그 안에서 커다란 용기를 얻게 되었다. 책을 쓰며 작가로서의 새 삶이 펼쳐졌다. 아기가 첫 걸음마를 떼는 것처럼 나에게도 조심스러움과 동시에 세상 속에 던지는 열정이 희망으로 다가왔다. 공황장애가 시작된 원인인 '세상의 정의' 따위는 더 이상 나에게 불필요했다. 이상일 뿐이었다. 책을 쓰는 과정은 그동안 내가 아파왔던 상처를 치유해가는 시간이었다. 한 구절 한 구절을 쓸 때마다 눈물이 폭포처럼 흘러내렸다. 아팠던 내 모습도 가엽고 그것을 이겨내기 위한 나의 노력이 대견해서였다.

어느 누구도 나를 판단할 수 없다. 중요한 건 내 자신이 나에 대한 존경심과 사랑을 보내는 방법을 배운다면 인생에 새로운 패러다임이 생긴다는 것을 알게 되었다. 그 동안 잊고 지내고 잃어버렸던 나의 자존감을 되찾기 시작했다. 숨어 들어가던 목소리가 자신감 있는 목소리로 바뀌었다. 목소리만 바뀌는 것이 아니라 행동도 달라지고 삶의 태도도 바뀌기 시작했다. 자신감이 채워지고 하루의 일상을 대하는 나의 태도도 용기가 넘쳤다. 평생 끊을 수 없을 것 같던 약도 모조리 끊게 되었다. 신기했다. 단지 책을 쓰기로 다짐했던 것이 나를 전혀 다른 삶의 방향으로 인도하고 있었다.

삶의 많은 부분이 변화되기 시작했다. 작가로서의 삶을 사는 나에게 남편은 믿기지 않는다는 표현을 자주 했다. 군 입대를 앞두고 있는 아들 역시 엄마의 자신감 있는 모습을 감격스럽게 생각했다. 가족들의 정서적 지지가 나를 다시금 업그레이드하게 했다.

작가의 삶이 쉬운 것은 아니었다. 어느 날은 머리를 쥐어짜도 한 글자도 써 내려가지 못하는 난관에 접하기도 했다. 하루 정도 휴식을 갖고 머리를 맑게 하면 또 다시 나는 작가가 되어 한 줄 한 줄 채워나갔다. 그것은 마치 인생에 던지는 나의 용기 있는 발걸음과도 같았다.

책 쓰기가 완성될수록 주변의 시선도 달라졌다. 공황장애 환자로서 늘 걱정해줘야 하는 모습이 아닌 작가로서의 나를 대단하게 생각해주는 표현들

155

도 넘쳐났다. 나는 그 안에서 더욱 힘이 나고, 세상을 살아갈 수 있는 에너지도 채웠다.

샐러리맨으로 살아가는 삶은 정년이라는 제한된 시간이 있다. 하지만 작가는 다르다. 전 세계가 고령화되어 나이 들어가는 위기지만 글을 쓰는 작가의 삶은 정년이 없다. 책을 써야 하는 이유 때문에 많은 것을 경험해야 하고, 끊임없이 새롭게 뇌를 훈련해야 한다. 당연히 치매도 예방할 수 있고, 여러 면에서 순기능적인 효과가 넘친다. 무엇보다도 투잡이 가능하다는 것이 직장인인 나로서는 가장 매력적인 직업이라고 생각한다. 그야말로 자기계발의 최고 장점을 가지고 있다.

현재 나의 직업은 대학의 교수다. 심리학으로 박사 학위를 받았고 관련된 교과목을 맡고 있다. 내가 공황장애를 앓게 되었고, 약물치료와 함께 몇 년간의 힘겨운 시간들을 보냈지만 교수로서 학생들을 지도하거나 수업을 할 때 나의 경험은 커다란 도움이 되었다. 실제 아파봤기 때문에 이론이 아닌 경험을 얘기할 수 있었고, 거기에 머물지 않고 작가로서의 승화된 삶을 선택할 수 있었다.

나는 매일이 설렌다. 더 이상 공황장애 환자로 움츠러들어 있는 모습이 아니다. 누구라도 할 수 있지만, 쉽게 도전하지 못하는 작가의 삶은 이렇듯 나를 인생의 주인공으로 이끌었다. 중년의 나이를 잊고 지낼 만큼 나의 내면은 새봄의 새싹처럼 매일이 새롭게 피어난다. 그리고 기대된다. 교수로서의 삶에 작가의 삶이 더해지면 나는 세상을 위해 무엇을 할 수 있게 될지를 설레는 마음으로 기대하게 된다.

그동안 나의 삶을 되짚어보면 결코 순탄하지만은 않았다. IMF 때는 아이를 임신하고 직장에서 강압적인 퇴직을 권고 받아 결혼한 여자로서의 삶에 아픈 상처가 남았다. 하지만 나는 거기서 주저앉지 않았다. 서른한 살에 띠동갑 차이 나는 동생들과 대학생활에 새롭게 도전해보았고 한 과정 한 과정에 대한 성취를 통해 작가로서의 삶에도 용기 낼 수 있었다. 작가는 매력이 넘치는 직업이다. 내 삶에 얼룩진 아픔도 글을 통해 치유받을 수 있고, 거기서 멈추지 않고 한계를 뛰어넘는 자신을 발견할 수 있기 때문이다.

나의 아픔은 내 자신을 더욱 단단하게 하는 자원이 되었다. 후회하지 않고 물러서고 싶지 않다. 오늘의 나를 있게 한 모든 나의 경험이 소중한 글의 주제를 만들고 그 안에서 나는 자유와 함께 비상할 수 있는 나래를 펼친다. 행복한 삶의 순간들을 맞이한다.

20

윤호현

약력 : 고졸 무스펙, 현재 쿠팡 콜센터에서 근무하며 동시에 책을 쓰고 있는
작가

나는 매일 글쓰기와
기적을 만든다

"성공해서 책을 쓰는 게 아니라 책을 써야 성공한다!"

내가 존경하는 김태광 작가님의 명언이다. 나는 글쓰기 전엔 암울한 삶 그 자체였다. 하루하루 직장인으로서 미래도 희망도 없는 사람이었다. 마치 달빛조차 존재하지 않는 어둠속에서 나 혼자 동굴을 걷고 있는 듯한 느낌이었다. 언제 위험에 처해질지 모르는 불안한 느낌은 매일의 일상이었고 활력 같은 건 존재하지도 않았다. 몹시 괴로웠다. 성공을 하고 싶은데 당장 떠오르는 아이디어는 없고 투자할 만한 돈도 없었다. 오히려 나에게 있는 건 빚 천만 원이 전부였다.

당시에 성공을 위해 유튜브에서 정말 많은 성공 스토리를 보고 있었다. 그때 김태광 작가님의 유튜브 영상이 나의 가슴에 깊숙이 파고들었다. 순간

머리가 띵하면서 엄청난 영감을 받게 되었다. 그래서 유튜브에 적혀 있는 작가님의 번호로 바로 카톡을 했고 전혀 기대하지 않고 있었는데 정말 감사하게도 답장을 받았다. 그때부터 나의 인생은 완전히 바뀌게 되었다. 나는 작가님의 답장으로 무기력한 삶에서 단숨에 성공 과정을 걷고 있는 25살 청년으로 변신하게 되었다.

　글쓰기를 하는 사람은 작가라고 불린다. 한때 나의 마음속 한구석에도 작가라는 꿈이 자리잡고 있었다. 그런데 지금 글을 쓰는 작가가 되었다. 나는 책 쓰는 것은 세상에 내놓을 만한 업적을 달성하는 사람만 쓰는 건 줄 알았다. 그런데 아니었다. 요즘엔 직장인과 학생 남녀노소 불구하고 자신이 세상에 전할 메시지만 있으면 글을 쓸 수 있다.

　서점에 가게 되면 정말 책이 많다. 그 책들을 잘 살펴보면 요즘엔 유명한 사람이 쓴 책보단 자신의 메시지 그리고 경험과 지식을 나누는 도서들이 정말 많다. 그만큼 독자들이 자신의 상황과 비슷한 환경의 작가가 쓴 책을 원하고 그 책을 통해 많은 동기부여를 받고 있다는 것으로 보인다. 시장이 변했다는 것이다.

　책 쓰기를 통해 내가 얻은 기적 중 하나는 '퍼스널 브랜딩'이다. 퍼스널 브랜딩이라 하면, 자신을 브랜드화하여 특정 분야에 대해서 먼저 자신을 떠올릴 수 있도록 만드는 과정을 말한다. 쉽게 말해서 '나'라는 사람을 브랜드화하는 것이다.

　나는 성공을 하고 싶었고 성공할 수 있는 방법들을 매일매일 고민하고 정보를 찾아보았다. 그 과정에서 나는 퍼스널 브랜딩이란 단어를 알게 되었고 계속해서 공부하고 있었다. 수많은 방법이 있었다. 유튜브, 인스타그램, 블로그, 카페 등등. 이 SNS 시장에서 퍼스널 브랜딩을 통해 성공을 이룬 사람의 영상도 많이 봤다. 그런데 지금 당장 내가 시작할 수 있는 것을 찾아보자니, 나에겐 기틀이 될 만한 컨텐츠가 마련되어 있지 않았다는 것을 알게 되었다. 어떻게 하면 브랜드화시킬 수 있을까, 고심하던 중 '작가가 되어 퍼스널 브랜딩을 할 수 있겠다.'라고 생각하게 되었다. 이때부터 나는 책을 쓰기 시작했고, 그것으로 퍼스널 브랜딩을 시작하게 되었다.

무엇보다 단연, 작가가 되는 것이 퍼스널 브랜딩의 끝판왕이라고 생각한다. 퍼스널 브랜딩으로 성공한 사람들을 보게 되면, 결국 하나로 모이는 종착지는 자신의 저서를 내는 것이다.

나는 그럼 반대로 한번 생각을 해보게 되었다. '그러면 책을 먼저 쓰고 나 자신을 홍보하면 더 빠르고 쉽게 이루어지지 않을까?'란 생각을 말이다. 책을 쓴 저자의 위치는 그 무엇보다 강력한 무기가 될 것임을 나는 확신했다. 책을 씀으로 많은 강연을 하게 될 것이고 삶을 코칭하는 라이프 코치가 될 수 있다. 그리고 그것을 통해 자신만의 1인 창업을 할 수 있을 것이다.

현재 나는 인스타와 유튜브를 시작해 운영하고 있다. 아직은 작지만 내 책이 나오고 홍보 될 때 이 두 가지는 나에게 상력한 부기가 될 것이다. 그뿐만 아니라 책을 통해 나의 두 채널이 더욱 성장하고 나의 가치는 무궁무진하게 될 것이다. 그렇게 되기 위하여 나는 매일 책을 쓰고 있다.

나는 매일 필사를 한다. 나에게 도움이 되는 글쓰기와 의식 성장에 관한 필사를 하고 있다. 그것이 내가 매일 책을 쓸 수 있게끔 도와주는 큰 역할이다. 부족한 나의 끈기와 필력을 길러준다. 필사를 하게 되면 잠시 바쁜 삶에서 자신을 돌아보고 생각하는 힘을 길러준다. 이것이 토대가 되어 매일 책을 쓸 수 있는 습관을 기르는 데 정말 많은 도움이 되고 있다.

매일 2~3시간씩 책을 쓰는 것은 나에게는 쉽지 않다. 나는 시작은 잘하나 끈기가 부족하다. 지금 내가 필사를 하는 것조차 나에겐 기적과 같은 일이다. 깨달음은 습관 변화라는 내가 얻은 진리가 있다. 그것을 봤을 때 나는 나의 한계의 한 부분 돌파를 하게 된 것이다. 매일 시간을 내어 책을 쓰고 있고 내가 쓰는 원고의 목차를 생각하며, 내 책이 사람들에게 어떤 영향을 전파할지 상상을 하게 된다. 더 이상 살아지는 대로 사는 것이 아닌, 생각하는 대로 살게 되었다. 내가 스스로 한계라고 생각했던 부분이 격파가 되니 더 많은 기회와 자신감이 생겼다.

나는 나를 드러내기가 굉장히 불편하고 민망했다. 그런데 책을 쓰는 것 자체가 나의 경험을 되돌아보게 해준다. 내가 창피했던 일, 실패했던 일, 눈물이 날 만큼 기쁘거나 힘들었던 일. 이것들을 책으로 쓰는 것이다. 나는 부끄러웠다. 무엇보다 내가 힘들었던 일을 다시 기억해내어 글로 적는 다는 것은 나에게 너무 힘들었다. 왜냐하면 그것은 내가 기억하고 싶지 않은 사건들이기 때문이다.

내가 부끄럽고 힘이 든다는 것은 그만큼 나의 자존감이 낮다는 얘기와 같다. 자존감이 높은 사람은 나의 어떤 얘기를 하든 스스로 자신감 있게 얘기를 한다. 그리고 그것을 자랑스러워한다. 그런 시간들이 있었기에 내가 이

자리에 있는 것이라고 당당히 선언한다. 더 나아가 사람들에게 큰 영감을 주어, 동기부여가 된다. 그것과 반대였던 나는 그렇지 않았던 것이다.

책에 한 글자 한 글자 내가 힘들었던 과거, 부끄러웠던 과거를 적어가다 보니, 내면의 울림이 일어났다. '내가 정말 힘들게 살았구나. 부끄럽지 않은 삶이었구나. 나도 그러한 삶에서 성공하려고 발버둥 친 것이었구나.'라는 생각이 들며 남들에게 부끄럽지 않는 삶을 살고 있다고 스스로 말할 수 있게 되었다.

이것은 책을 써냄으로써 나의 자존감이 상승하고 있다는 신호였다. 이 느낌은 책을 써본 사람만 알 것이다. 책을 쓰다 보면 눈물이 흐르고, 웃음이 난다. 그 과정에서 나는 이미 치유가 되고 있는 것이다. 치유가 되면 자존감이 저절로 높아지게 된다. 정말 기쁜 일 아닐까? 스스로가 나를 사랑하게 된다는 것은 이 세상 어느 선물보다 가장 값진 것이라고 나는 생각한다.

누구나 책을 써야 하고, 매일 글쓰기를 해야 한다. 그렇게 함으로써 누군가에겐 자신의 삶을 되돌아볼 수 있는 기회가 될 것이고, 어떤 이에겐 자존감이 높아져 자신을 정말 사랑하게 될 것이다. 그리고 의식이 성장하게 되어 성공자로서의 삶을 살 수 있는 기반이 만들어진다. 이것은 단순히 나의 생각이 아니라 지금 내가 느끼고 있고, 내가 살아가고 있는 현실이다. 현재 내가 생각만 하고 있던 모든 것들이 하나씩 이루어지고 있는 중이다. 예를 들면 10만 구독자 유튜버 되기, 인스타그램 10만 팔로워를 가진 인플루언서 되기, 코칭과 강연하기 등등이 있다.

나는 그동안 인풋 자기계발만 하고 있었다. 대학에 가기 위해 공부를 했

20_윤호현_나는 매일 글쓰기와 기적을 만든다

다. 취직을 하기 위해 토익 공부를 했으며, 자격증 공부를 했다. 그런데 이 것들은 당장 나에게 도움이 되지 않는다. 그저 누구나 하는 스펙에 불과하 다. 그런데 책을 쓰는 것은 아웃풋 자기계발이다. 당장 책을 내게 되면 나는 작가로서 위치가 변화하게 된다. 토익 자격증과 책을 쓰는 작가 두 가지 중 어느 것이 더 대단해 보이는가? 단연코 작가이다. 이것으로 수많은 기회를 창출할 수 있다. 이것이 진짜 자기계발이 아닌가! 당장 나의 삶을 바꿔주고 사람들의 인식을 성장시켜주는 책 쓰기야 말로 최고의 아웃풋이자 자기계 발이다.

　내 고등학교 동창과 며칠 전 오랜만에 연락을 주고받았다. 안부를 묻고 어떻게 살고 있는지 물어봤다. 그 친구는 학창 시절부터 아르바이트를 하 고 있었고 자기는 20대 때 1억을 모으는 것이 꿈이라고 늘 얘기하고 다녔던 친구였다. 당시에 나는 그 친구를 믿고 있었다. 성실하고 바르고 심성이 고 운 친구였기 때문이다. 그런데 연락 도중 좋은 소식이 있다 하며, 자신의 첫 번째 꿈을 이뤘다고 했다. 무엇이었냐고 물어보니, 비트코인으로 1억을 벌 었다고 한다. 투기 형식이 아닌, 3년을 걸쳐 공부를 하고 자신이 얻은 경험 과 지식으로 손익을 본 것이다. 나는 놀랐고 무엇보다 기뻤다. 그 친구의 꿈 이 이뤄졌음에 나는 진심으로 축하해줬다. 어떻게 벌었냐고 물어보니, 모아 두었던 돈으로 투자를 시작했었고, 처음엔 3천만 원 정도 잃었다고 말했다. 그 후 차근차근 다시 올라가 대출을 하여 투자를 하였고 성공해서 대출금을 다 갚고도 통장에 1억이 있다고 했다. 정말 신기하고 놀라웠다.
　친구와 얘기하고 있었던 와중에 나는 영감이 떠올랐다. '이 친구가 이것을 통해 책을 써서, 많은 사람들에게 코칭 및 강연을 할 수 있게 된다면, 훨씬 더 큰 성공을 할 텐데.'라는 생각을 했다. 책 쓰기야 말로 성공한 자신의 삶을 더욱 확장시키고, 자신감과 자존감이 무한 상승하는 기회로 만들어주기 때문이다. 나는 친구에게 조만간 얘기할 것이다. 왜냐하면 나는 그 친구가 정말 잘되길 바라는 사람들 중 한 명이니까.

글쓰기로 작가가 된 나는 많은 사람들에게 강연과 코칭을 하는 나의 삶을 매일같이 상상한다. 나의 책을 통해 많은 이들이 영감을 얻어 성공을 했으면 하는 마음이 가득하다. 그들에게 자신의 자존감을 높여주고 싶다. 그리하여 삶과 의식의 수준이 수직 상승하기를 바란다. 널리 나의 책을 전달하여 그렇게 할 수 있는 메신저로 활동할 것이다. 이 세상이 풍요로 가득 찰 때까지 뛰고 또 뛸 것이다.

내가 전달하고 싶은 궁극의 메시지가 있다. '사람은 누구나 자신을 사랑할 만한 가치가 있다.'라는 메시지이다. 이 메시지가 나의 책 쓰기로 세상에 널리 알려져 행복한 나, 가정, 대한민국 그리고 전 세계로 확장됐으면 싶다. 이것이 나의 궁극적인 목표이다. 그리고 내가 세상에 끼치고 싶은 영향력의 형태이다.

21

이경식

약력 : 손해보험사 업계 1위 삼성화재 지점장, 자기계발 작가, 독서가, 동기부
여가, 성공 메신저, 현재 직장인들을 위한 '대화법' 관련 저서 집필 중

❝
숨겨진 나를 찾아주는
글쓰기
❞

"인생은 초콜릿 상자와 같은 거야. 네가 무엇을 고를지 아무도 모르지."

영화 〈포레스트 검프〉에 나오는 최고의 명대사이다. 인생은 한 치 앞도 알 수 없다는 의미다. 최근에 내 생활의 변화를 가장 잘 표현해주는 말이라 생각한다. 불과 얼마 전까지 내가 글쓰기를 시작하고 개인원고를 시작하게 될 거라고는 아무도 생각지 않았다.

그리스 신화에는 제우스의 아들 카이로스가 등장한다. 그의 모습은 벌거 벗고, 앞머리가 무성하며 어깨와 양발 뒷꿈치에 날개가 달려 있다. 또한 손에는 저울과 칼을 들고 있다. 그는 이렇게 말한다.

"내가 벌거벗은 이유는 쉽게 눈에 띄기 위함이고, 내 앞머리가 무성한 이유는 사람들이 나를 보았을 때 쉽게 붙잡을 수 있게 하기 위함이며, 내 뒷머리가 대머리인 이유는 내가 지나가면 다시는 나를 붙잡지 못하도록 하기 위함이다. 어깨와 발에 날개가 달린 이유는 그들 앞에서 빨리 사라지기 위해서다. 나의 이름은 '기회'이다."

인생에는 딱 세 번 기회가 찾아온다고 한다. 그 기회를 잡느냐 못 잡느냐에 따라 사람의 운명이 달라진다.

누구나 기회다 싶으면 꽉 움켜잡아야 한다. 책을 읽고 〈한책협〉을 알게 되어 '5주 책 쓰기 과정'을 신청했다. 그때만 하더라도 '내가 과연 책을 쓸 수 있을까?' 반신반의했다. 하지만 지금은 연일 출판 계약 소식을 접하면서 나도 할 수 있겠다는 강한 믿음이 생겼다. 사람은 누구나 자신이 살아온 경험이 있다. 그 경험을 글을 통해 타인과 나누면 되는 것이다.

새벽 5시면 어김없이 잠에서 깬다. 매일 새벽에 일어나 필사하고 인증샷을 올린다. 나만의 모닝 루틴인 셈이다. 주말에도 몸이 기억해서 늦게까지 푹 자지 못한다. '아침형 인간 vs 저녁형 인간' 중에 나는 아침형에 가까운 편이다. 점점 핸드폰 알람이 울리기 전에 일어나는 날들이 늘어난다. 생각이 바뀌니 일상의 행동에 변화가 일어난다.

직장인이라면 누구나 공감할 것이다. 나는 퇴근 후에는 아무 것도 하지 않고 쉬고 싶은 마음이 들었다. 그런데 요즘은 휴식을 갖기 보다는 글쓰기를 하고, 〈한책협〉 카페에서 활동한다. 나처럼 작가의 꿈을 위해 도전하는 사람들과 소통하는 시간을 갖는다. 남의 책을 읽는 독자의 위치에서 나의 책을 쓰는 저자의 위치로 변화된 것이다.

버킷리스트 목록 50가지를 적어보고 그중 5가지를 글로 써보았다. '스마트폰 없이 여행지에서 한 달간 여유 있게 살아보기', '크루즈로 여행하면서 사교댄스 멋지게 추기', '드림 슈퍼카 3대 구입하기', '필라테스, 드론 조종, 골프 등 나만의 취미생활 즐기기', '성공한 화제의 인물로 TV쇼, 라디오 등 출연하기'이다. 꿈을 글로 적다보니 좀 더 구체화되고 이루고 싶은 열망도 더 커졌다. 글로 적고 선언하면 꿈에 한걸음 더 다가서게 된다.

〈한책협〉 대표 김도사는 저서 『100억 부자 생각의 비밀 필사노트』에서 다음과 같이 말한다. "당신이 직장인이라면 업무나 관심 분야에 대한 책을 써야 한다. 자신의 이름 석 자를 퍼스널 브랜딩해나가야 한다. 그래야 어느 날 갑자기 구조 조정이나 권고사직을 당하더라도 미련 없이 회사를 떠날 수 있다." 정말 공감이 되는 말이다.

지금 낭상 글쓰기 능력이 부족하나고 해서 망실일 필요는 없다. 누구나 처음부터 잘할 수는 없는 것이다. 의식의 전환이 중요하다. '나는 책을 쓸 수 없어.'에서 '책은 누구라도 쓸 수 있어.'로 생각을 바꿔야 한다. 글쓰기를 하면서 나의 삶을 되돌아보고 삶의 중압감으로 인해 잃어버렸던 어린 시절의 꿈에 대해 다시금 생각해보게 된다.

사람들이 하루 24시간 중 가장 많은 시간을 보내는 곳은 직장이다. 나도 주 52시간 근무제가 시행되기 전에는 '집은 잠시 머물다 가는 장소'인 날들이 많았다. 그러다 보니 돈을 버는 것만큼 내가 하고 있는 일에서 인정받는 것이 매우 중요했다. 더 나은 성과를 내기 위해 야근을 하고 주말에도 일하고 나를 채찍질했던 시간이 많았다.

생각해보면 직장에서 인정받지 못하면 언젠가 밀려날 수 있다는 부담감이 크게 작용했으리라. 요즘은 그런 스트레스가 상당 부분 줄었다. 하고 있는 일이 바뀌지 않았는데, 일을 바라보는 관점이 바뀐 것이다. 직장은 내 새로운 꿈을 이루기 위한 든든한 후원자다. 글을 쓰면서 미래에 대한 불안감이 줄어들고 무기력한 삶에 활력이 찾아왔다.

나는 네이버 뉴스보다 종이신문을 선호하는 편이다. 아침에 경제신문이 배달 온다. 신문을 펼치면 '주식, 부동산' 관련 내용이 주를 이룬다. 내가 영향력을 행사하기 어려운 주식과 부동산 투자보다 투자 수익률도 높고 안정적이라고 판단되는 '나 자신'에 투자하기로 결심했다. 주식 및 부동산에 허비할 시간에 내 꿈을 더 확장하는 게 나을 것 같다.

글쓰기를 시작하면서 새로 구입한 책이 제법 늘어서 오래된 책들을 정리했다. 무언가 새로운 것을 담을 때는 비워야 된다. '과거와의 결별'을 선언

해야 새로운 환경에 적응 할 수 있다. 의식의 전환을 하게 되니 관심이 가는 책의 종류도 달라졌다.『인생을 바꾸는 자기혁명』,『백만장자 메신저』,『보물지도』등 꿈을 이루기 위한 책들이 주를 이룬다.

오늘 직장 후배가 암에 걸렸다는 소식을 들었다. '백혈병 3기'라고 한다. 휴직하고 치료 중이라는데 참으로 안타깝다. 그 소식을 전해준 후배도 중대한 질병이다 보니 차마 안부를 못 물어봤다고 한다. 이렇듯 인생은 예기치 않은 일들의 연속이다. 시간이 무한정 우리를 기다려주지 않는다. '일단 시작하면 한 만큼 이득이다. 꿈을 꾼다면 미루지 말아야 한다!'

누구나 살면서 책을 써보고 싶어 한다. 하지만 그 생각을 실천하는 사람은 드물다. 그러다 보니 박사 학위를 가진 사람 중에서도 개인 저서를 쓰는 사람보다 쓰지 않는 사람이 더 많다. 책을 써서 작가가 된다면 그런 면에서 자신만의 학위를 소지한 것이나 다름없다. 책이 주는 가치는 이처럼 대단한 것이다. 꿈이 자라고 더불어 자존감도 높아진다.

요즘 매주 청첩장을 받고 있다. 코로나19로 인해 미뤄진 결혼식이 몰리는 시기인 것 같다. '평생에 한 번 축복받는 자리일 수 있는데 신랑, 신부에게 코로나 상황이 얼마나 아쉬울까?' 그 시기에 경험해야 더 의미 있는 일들이 많다. '입학', '졸업', '군 입대', '취업', '결혼' 등 인생의 이벤트는 시기로기 이어져 선을 이룬다.

혹 지금 글쓰기를 시작한 것이 늦었다고 생각할 수도 있다. 하지만 남아 있는 내 인생에서 가장 빠른 날은 오늘이다. 개인 저서를 쓰고 있지만 난 내 책이 10권, 20권을 넘어 100권이 되는 날을 상상해본다. 이런 상상도 결국은 오늘 내가 글을 쓰기 때문에 가능한 것이다. 목표 수준이 달라졌다. 책 출간 후에 강연가로서의 삶도 내 보물지도 위에 그려져 있다.

『부의 추월차선』에서 저자는 말한다. "대기업에 취업했다고, 공무원이 되었다고 당신의 인생이 성공했다고 착각하지 마라. 그래봤자 일주일에 5일을 노예처럼 일하고, 노예처럼 일하기 위해 2일을 쉰다!" 물론 조금 과장된 표현이긴 하지만 전부를 부정하기는 어렵다. 〈한책협〉 대표 김도사는 책 쓰기로 인생의 주인이 되라고 말한다. "박사 학위를 여러 개 가졌다고 해봤자 남들보다 좀 더 가진 것뿐이다. 그러나 저서를 펴내게 되면 남들에게 없는, 남들과 구별되는 진짜 스펙이 생긴 셈이다." 지금까지 일하는 시간에 비례해서 대가를 받았다면 앞으로는 제공하는 가치에 비례하는 대가를 받아야 한다고 강조한다.

책을 써서 퍼스널 브랜딩에 성공해 1인 창업 시스템을 만들고 싶다. 책을 읽은 독자들을 대상으로 코칭하고, 컨설팅하고, 강연하며 수익을 올리는 것이다. 이루고 싶은 미래가 있다면 나이 들어서 하기보다는 건강한 지금 빨리 도전해보고 싶다. 다른 사람들을 변화시켜 더 나은 삶을 살도록 돕는 메신저의 삶을 꿈꾼다.

인생의 2막을 계획하고 도전의지를 불태울 수 있는 건 모두 글쓰기를 시작한 덕분이다. 현재의 삶에서 변화되기를 바라고 있다면 글쓰기를 추천한다. 의식이 변화될 것이다. 자존감이 높아지고 꿈을 꾸게 된다. 직장처럼 정

나를 사랑하게 되는 자존감 회복 글쓰기 훈련

해진 삶이 아닌 스스로 변화하는 삶을 선택할 수 있다. 더불어 바쁘게 지내느라 잊고 지낸 자신을 돌아보게 된다. 나는 오늘 숨겨진 나를 찾아주는 글쓰기를 통해 행복한 삶에 한 걸음 더 나아가고 있다. 나에게 박수를 보낸다.

22

이경희

약력 : 동국대학교 영어영문학 전공, 영어회화 강사, 한국벨리댄스 경주지
부장, 세계벨리댄스대회 심사위원, 현재 공무원으로 재직중, 자기계
발 작가, 동기부여가

> ❝
나는 글쓰기로
내 안의 거인을 깨웠다
> ❞

고등학생 시절, 나는 학교 근처에서 자취를 했다. 집에서 학교까지의 거리가 십 리가 넘는 거리였기 때문이다. 수업을 마치면 나는 과자를 오른손한 가득 들고 자취방으로 향했다. 그리고 왼손에는 보통 몇 권의 책이 들려 있었다. 다양한 책을 읽던 중 조안 리의 『스물셋의 사랑 마흔아홉의 성공』이란 책을 읽게 되었다.

저자는 서강대학교 학생이었다. 그녀는 세간을 떠들썩하게 만들었던 러브 스토리의 주인공이기도 했다. 그녀는 대학 재학 중일 때 케네스 에드워드 킬로렌 신부(한국명 길로연)와 사랑에 빠졌다. 길로연 신부는 그 대학교 설립자이자 초대 학장이었다. 그들은 국경, 나이, 종교의 벽과 모든 사람들의 반대에도 굴하지 않았다. 그리고 기어코 로마교황청의 결혼승낙서를 받아 냈다. 그리고 한 가정을 이루어냈다. 통념과 상상을 뛰어넘는 사랑이 아 닌가!

그녀는 여기에 그치지 않았다. 결혼 후에는 '국제 비지니스계의 퍼스트 레 이디'라는 별명을 얻을 정도로 사업에 있어서도 눈부신 활약을 했다. '사랑 이든 삶이든 결국 도전하고 쟁취해 내는 거야.' 그녀가 내게 이렇게 속삭이 는 듯했다.

고등학교를 마칠 때까지 나는 할머니, 할아버지와 함께 살았다. 산골에 있는 집과 읍내에 있는 학교만 오갔다. 읍내 밖을 나간 적이 없었다. 나는 말 그대로 우물 안의 개구리였다. 그것도 아주 좁은 우물 속에 사는.

『스물셋의 사랑 마흔아홉의 성공』을 읽은 후, 나는 가슴이 벅찼다. 그리고 더 큰 세상에 대한 호기심이 싹텄다. 서강대학교에 관심이 커졌다. 대학교 를 간다면 이 학교로 가고 싶었다. 그래서 그 학교의 한 교수님께 편지를 보 냈다. 어떤 내용의 편지였는지는 기억나지 않는다. 그 학교로부터 답장은 없었다. 새로운 세상에 대한 나의 첫 손짓은 그렇게 흐지부지됐다. 그러나 책을 통해 더 큰 세상으로 눈을 돌릴 수 있었던 계기가 되었다.

언제부터였을까? 책을 쓰고 싶다는 생각이 든 것은. 유년 시절 부모님을 비롯한 형제들과 떨어져 할머니, 할아버지와 살게 되면서부터였을까?

사춘기 시절, 나는 신체적 변화에 대해 무지했다. 도무지 어쩔 줄 몰랐다. 오빠 친구들이 집에 놀러오면 도망을 갔다. 그것도 담을 넘어서 필사적으 로. 왜 그랬을까? 큰 오빠 친구였던 동네 오빠가 싱글벙글 웃으며 다가오면

몸서리를 쳤다. 그에게 침을 뱉은 적도 있었다. 그들은 그런 나를 보며 얼마나 황당해 했을까?

　그런 행동들이 모두 사춘기의 증상이 아니었을까? 뿐만 아니라 그 누구도 사춘기에 나타나는 신체적 변화에 대해서도 얘기해주지 않았다. 그냥 혼자서 혼란을 마주해야 했다. 원래 다 그렇게 사는 줄 알았다.

　그 당시에는 주로 연탄으로 난방을 했다. 내 자취방도 마찬가지였다. 나는 조금씩 자주 그리고 크게 두 번, 연탄가스에 중독되어 일주일 만에 깨어났다. 죽을 뻔했던 그 일은 내 삶에 크게, 그리고 긴 시간 동안 좋지 않은 영향을 미쳤다.

　이런 식으로 겪은 시행착오와 감정적, 시간적 낭비는 생각보다 많았고 쓸데없이 길었다. 즉 가족이나 가까운 지인들의 관심과 사랑을 받지 못한 사람들의 시작은 그렇지 않은 사람보다 훨씬 뒤처진다. 나는 이런 분들에게 나침반이 되고 싶었다. 조안 리가 쓴 책이 내게 그랬던 것처럼.

　책을 쓰고 싶다는 생각은 다독하게 하는 원동력이 되었다. 자기 계발서를 비롯해 다양한 주제의 책을 읽었다. 45세에 시작한 공직생활에 적응하고 안정되어 갈 무렵이었다. 나는 '어떻게 하면 매월 꼬박꼬박 나오는 연금 같은 수입을 마련할 수 있을까?'라는 고민을 하기 시작했다. 그래서 다단계 사업, 유튜버 등 여러 분야를 기웃거렸다.

　그러던 중 여느 때와 같이 도서관의 자기계발서 책장을 살펴보게 되었다.

그리고 그곳에서 『버킷리스트 20』이라는 책을 만나게 되었다. 댄스강사, 영업사원, 사업가 등 다양한 직업군의 12인이 쓴 책이었다. 그 책에서 평범해 보이는 사람들이 큰 꿈을 꾸는 것을 보았다. 그리고 〈한책협〉이라는 단어에 눈길이 꽂혔다. 곧 바로 네이버에서 검색해보았다. 그리고 그 카페에 가입하였다.

그 곳에서 '성공하고 책을 쓰는 것이 아니라 책을 써야 성공한다.'라는 문구를 보게 되었다. 책을 써서 부자가 된다는 것이다. '유레카!' 오래 전부터 내가 원해왔던 책 쓰기와 부의 축적을 동시에 이룰 수 있다니! 잠깐의 우여곡절 끝에 〈한책협〉의 '5주 책 쓰기 과정'에 등록했다.

잠재의식에서 꾸준히 신호를 보냈던 것일까? 행운은 우연히 온다고 했던가? 교통사고처럼 내 앞에 〈한책협〉이 나타났다. 그 곳에서 나는 오랜 시간 내 안에 둥지를 틀고 있던 '책 쓰기'를 끄집어낼 수 있었다.

나는 내가 아주 평범한 사람이라고 생각하며 살아왔다. 눈에 띄지 않는 그저 그런 사람 말이다. 그래서 남들이 말하는 평범한 삶을 살 거라고 생각했다. 그러나 이제는 안다. 어느 누구도 평범하지 않다는 것을. 나는 특별한 사람이라는 것을.

그러기 위해 우물 밖으로 빨리 나와야 했다. 책 쓰기 과정에서 배운 대로 한 발 한 발. '책 쓰기'라는 사다리를 딛고서. 더 큰 세상에서 내 꿈을 펼치는 것이다.

예전에는 직장에서 불만이 많았다. 나만 항상 업무가 많은 것 같았다. 알

나를 사랑하게 되는 자존감 회복 글쓰기 훈련

아서 배려해주지 않는 동료도 원망스러웠다. 그래서 상대에게 예민하게 대하기도 했다. 그러다 보면 주변 분위기는 싸늘해졌다.

그러나 의식 상승을 위한 책을 읽고 쓰면서 이제는 동료 직원들이 사랑스럽게 느껴진다. 같은 계원들과 사이도 좋아졌다. 세상이 달라졌다. 지옥에서 천국으로.

가정에서도 마찬가지였다. 예전에는 짜증을 자주 냈다. 갱년기 우울증도 한몫했다. 남편과의 관계도 원만하지 못했다. 집안의 기류는 오르락내리락 불안정했다. 남편이 많이 힘들어했다. 미안한 마음이 컸다. 하지만 그럴수록 감정 조절이 의지대로 되질 않았다.

그런데 책 쓰기를 하고 달라졌다. 긍정적인 말과 생각만 하려고 노력하였다. 나는 점점 마법처럼 잘 웃는 사람이 되어 갔다. 누가 서운하게 해도 좀처럼 화가 나지 않는다.

한 연못가에 많은 사람들이 둘러앉아 낚시를 즐기고 있었다. 그런데 물고기가 없는지 물고기를 낚아 올리는 사람은 드물었다. 그런데 잠시 후, 한 남자가 대어를 낚았다. 사람들의 시선은 순식간에 그에게 집중되었다. 그 남자는 물고기를 요리조리 살펴보더니 다시 연못으로 돌려보내는 것이 아닌가!

사람들은 모두 아까운 마음에 "어!" 하고 탄성을 질렀다. 하지만 남자는 태연한 표정으로 낚시를 다시 시작했다. 곧 다시 대어를 낚아 올렸다. 이번에도 물고기를 살펴보더니 연못으로 놓아주었다. 그러나 곧 이어 작은 물고기를 낚아 올렸다. 그제야 그는 물고기를 바구니에 담는 것이었다. 그 광경을 지켜보던 사람들 중 한 명이 그에게 물었다.

"아무리 낚시를 취미로 한다지만, 이해가 되질 않는군요. 두 번이나 대어를 낚고도 그냥 놓아주더니 왜 작은 물고기는 바구니에 담는 겁니까?"
"제가 들고 온 바구니가 작아서 작은 물고기밖에 담을 수가 없거든요."
남자는 웃으며 이렇게 말했다.

사람들은 무의식적으로 현재의 경험과 지식을 바탕으로 미래를 내다보려 한다. 아는 만큼 보인다. 아는 것이 고정관념이나 편견일 때는 시야가 더 축소된다. 그러므로 편협한 사고를 지니고 있을수록 성공을 얻기는 더 어렵다.
내가 꿈꾸는 미래가 '대어'라면 그것을 담을 '바구니'는 더 커야 한다. 자신의 의지와 인생관에 따라 그 크기가 달라진다. 큰 포부와 실천할 용기를 지녀야만 그 안에 '대어'를 담을 수 있다.

내가 가진 바구니의 크기는 얼마나 될까? 두말할 것도 없이 작은 바구니였다. 바구니가 있어서 다행일 정도라고 해야겠다. 글쓰기를 배우면서 나는 내 바구니가 조금씩 커가는 것을 경험했다. 〈한책협〉에서는 단순히 책 쓰기만 가르치지 않는다. 글쓰기를 통해 큰 꿈을 꾸게 했다. 그리고 그 큰 꿈을 담을 수 있는 의식을 키우도록 했다.
그 과정에서 나는 조금씩 바뀌어갔다. 예전에는 남의 말 한마디, 행동 하나에 많이 흔들렸다. 잠자리에 들기 전까지 온갖 상념에 빠지곤 했다.

이제는 타인의 말과 가치관은 중요하지 않다. 내게 아무런 영향도 주지 않는다. 왜냐하면 내 의식이 커지고 성장했기 때문이다. 그만큼 여유가 생겼다. 이제는 내 마음의 소리만 들린다. 내 꿈과 소망으로 꽉 찬 내 안의 소리.

글쓰기를 하면서 나는 매일 내 안의 거인을 깨운다. 이른 새벽 눈을 뜨자마자 맞이하는 30분 정도의 시간은 나와 접속하는 귀한 시간이다. 글쓰기를 시작하고 만들어진 습관이다.

오늘 어떻게 지낼 것인지, 내가 아픈 데는 없는지, 내가 얼마나 특별하고 사랑스러운 사람인지를 확인하는 시간이다. 그리고 내가 무엇을 원하는지 알아보는 시간이다.

글쓰기를 통해 내 소망을 선명하게 그릴 수 있었다. 그 소망들은 버킷리스트에 모두 담겼다. 그리고 나는 그 버킷리스트를 이미지화하여 꿈 보드에 붙여놓았다. 그렇게 나는 성공자의 생각과 습관을 내 것으로 만들어갔다. 날마다 내 꿈은 이루어지고 있다.

23
___

이도규

약력 : 마케팅/자기계발/동기부여 강연가 및 작가, 창업 컨설팅, 사춘기 청소
년 부모 상담사, 〈VAEGA academy〉 대표, 마케팅1급자격증

저서 : 『사람들이 줄 서는 매장의 영업 비법』

66

내 인생을 걸작으로
만들어준 글쓰기

99

"과거를 자랑하지 말라, 옛날이야기밖에 가진 것이 없을 때 당신은 처량해진다. 삶을 사는 지혜는 지금 가지고 있는 것을 즐기는 것이다."
– 윌리엄 셰익스피어(1564 ~ 1616, 영국 극작가)

아마도 나의 글이, 어떤 사람에게 영향을 줄 것이라는 간절한 마음을 담아서 작성합니다. 그리고 나는 2권의 책을 집필한 작가입니다. 하지만 이 원고의 시작은 이틀째 8줄을 넘어서지 못하고 계속 지웠다, 적었다를 반복하고 있습니다. 부디 저의 간절한 마음이 여러분에게 가 닿기를 바라면서 그저 의식의 흐름대로 글을 적기로 마음먹었습니다.

〈한책협〉의 대표, 출판계의 구루이자, 저의 스승이신 김태광 작가님이 이 원고를 보고서, 저를 꾸짖지 않을까 걱정되지만 그래도 이 책을 구매할 여러분의 간절한 바람과 절박한 상황, 절실한 현재를 누구보다 잘 이해하기에, 저의 이야기를 있는 그대로 전할까 합니다.

다소 글이 어렵거나 내용이 뒤죽박죽이라도 왕따에 우울증과 불면증, 신경안정제에 빠져 살던 제가, 서른이 되기까지 책 한 권 읽지 않던 제가 쓰는 글이 좋아봐야 얼마나 좋겠습니까. 그래도 저는 최선을 다해서 글을 적고, 진심을 전하는 것으로 의미가 있다고 생각합니다. 부디 너그러운 마음으로 이해하시고, 필자가 전하고자 하는 진심이 어떤 걸지, 글쓰기가 어떻게 인생을 바꿔준다는 건지 잠시 여러분 마음속의 불신과, 세상과 타협하느라 복잡해진 머릿속 스위치를 잠시 꺼두시고 이내 온 마음을 온전하게 비워 계산적이지 않고 단지 마음으로 작성하는 저의 글을 있는 그대로 봐주십시오.

....

"비틀거리던 나를 힘들게 지켜주던 널~ 바라보지 않았지. 그렇게 사랑이 온지 몰랐어. 기대어 울기만 했잖아. 그런 내 눈물이 너의 가슴으로 흘러 ~ ♪" (bobo – 늦은 후회 중)

내가 어릴 적에 가장 즐겨 불렀고, 많이 들었던 노래의 가사이다. 지금 다시 들어도 어찌나 슬픈지, 학창 시절 여자친구와 노래방을 가면 항상 불러 달라며 번호를 눌러 선곡하기도 했는데, 이 노래를 불러주던 그 여자아이

나를 사랑하게 되는 자존감 회복 글쓰기 훈련

의 마음은 어땠을까? 지금 생각하면 그저 손발이 오그라들 뿐이다. 20대 초에 만나던 여자친구의 책 한 권, 『꿈꾸는 다락방』을 읽으면서 들었던 생각은 어릴 적 나의 연애가 슬픈 노래 가사처럼 끝난 것은, 내가 즐겨 듣고 부르던 슬픈 노래들 때문이 아니었나 싶었다.

사실 이 책은 자기계발 서적이며, R=VD라는 공식으로 '생생하게 꿈꾸면 이루어진다.'는 메시지를 담고 있는데, 책에 대한 개념이 없고, 그저 까불거릴 줄만 알던 나는 그마저도 나의 연애 이야기로 해석했다. 그만큼 나는 책과 거리가 멀었고 그저 당장의 감정과 생각에 집중하며 살았다. 이 책을 선물해준 여자친구는 중국으로 유학을 가게 되었고, 우리는 이내 이별하는 듯하였으나, 6년 후, 한국에서 우리는 다시 만났고 『꿈꾸는 다락방』에 대한 이야기를 하며 결국 서로의 마음이 서로를 끌어당겼다며 좋아했다.

본 책에서 이야기를 다 담기에는 내용이 길어 중략하고, 결론만 이야기하면, 우리 둘은 아주 좋지 않게 이별했다. 정말 아침 드라마에 나올 법한 모든 상황이 현실로 나타났고, 이내 나는 친구와 여자를 모두 잃었다. 왜 이런 상황이 벌어졌을까, 아무리 생각해도 나는 이해가 되질 않았다. 그렇게 또 허무한 세월을 보내며 방 청소를 하던 중에 첫사랑 누나와 주고받았던 편지를 읽으며 추억팔이를 하고 있었다. 그리고 한쪽 구석에 처박혀 있던 『꿈꾸는 다락방』 책을 발견했고 오랜만에 꺼내들어 책을 읽기 시작했다.

그제서야 나는 모든 것들이 이해가 갔다. 내가 주고받았던 편지들은 모두 행복한 듯 슬픈 이야기들로 구성되었고, 간절한 듯 구슬픈 내용이 가득했다. 그리고 나를 아침 드라마 주인공으로 만들어준 그 여자친구의 입장과 내 친구의 입장도 이해되었다. 말로는 설명할 수 없고 복잡하고 미묘한 둘의 관계를, '결국 둘의 간절함이 나보다 컸구나.' 생각하게 되었다. 그러니 마음이 한결 편안했다.

남들과는 다른 방법이긴 하지만, 내가 처음으로 글쓰기의 힘을 믿게 된 계기는 나의 연애사로 시작되었다. 내가 편지를 적어 간절히 바란다며 세상에 보낸 러브레터들이 쌓이고 쌓여서 나의 현실로 돌아온 것을 받아들일 수밖에 없었다. 그렇게라도 나를 이해시키고 합리화해야만, 내가 살 것 같았다.

그 후로 나는 내가 원하는 사랑 이야기를 글로 적기 시작했다. 작은 연습장에 적거나, 스마트폰 메모장에 적어 캡처하고 인스타그램과 페이스북에 업로드했다. 얼마 지나지 않아서 믿기지 않는 일은 또 일어났다. 정말 내가 어릴 적부터 그려오던 나의 이상형, 내 첫사랑과 매우 닮은 사람을 만나게 되었고 나는 첫눈에 빠져 3개월을 쫓아다녔다. 결국 우리는 연인 관계로 발전하여 결혼을 이야기하기도 했지만, 이별하게 되었다. 그 이유는 무엇일까 생각해보면, 그 친구는 항상 가정사에 대한 불안을 가졌고, 항상 내게 투덜대곤 했다.

결혼을 생각하던 우리에게 그녀의 불안은 점점 우리를 멀어지게 만들었고 항상 말과 메시지로 내뱉던 부정이 현실로 나타난 것이 아닐까? 둘만 있으면 참 좋고, 둘만 생각하면 이처럼 더 잘 맞을 수 있을까 싶었다. 그리고 아직도 그녀를 만날 때만큼 누군가와 마음이 잘 맞고 재미난 적은 없었던 것 같다. 우리를 이별하게 만든 것은, 결국 간절한 바람 때문이었다.

"가슴이 시키는 그 일을 하라."(김도사, 『자본 없이 콘텐츠로 150억 번 1인 창업 고수의 성공 비법』, 위닝북스)

사람들은, 가슴이 시키는 일을 행동으로 옮기는 방법에 익숙하지 않다. 그것을 깨닫고 행동으로, 실천으로 옮긴 사람들은 성공자의 인생을 살아간다는 것을 수많은 책과 성공자들의 이야기로 알 수 있다. 하지만 사람들은, 그들의 이야기를 그저 '운이 좋았겠지.', '빛 좋은 개살구' 정도로 생각하고 넘겨버린다. 하지만 필자는 우주의 법칙, 끌어당김의 법칙, 글쓰기의 법칙 등에 대해서 성공을 주제로 하지는 않았지만, 연애, 사랑을 주제로 해서 느껴보았기 때문에, 뒤늦게 책을 읽고 자기계발을 시작했어도 누구보다 빠르게 성장하고 있다.

책을 쓰겠다고 다짐한 지 딱 21일 만에 출판사와 계약을 해서, 첫 책이 출간되는 기적을 경험했다. 내가 이토록 길게 나의 연애사를 이야기한 이유는 처음부터 막연하게 글쓰기의 힘에 대해서 믿게 된 것이 아니라, 나도 처음에는 그것들을 그냥 책 속의 문장 그 이상으로 생각하지 않았다는 것을 말하고 싶기 때문이다. 그저 좋아하는 여자친구의 호감을 사기 위해 책을 읽었고, 그 속에서 의미 있는 문장을 꺼내어 공감대를 형성하기 위한 수단에 불과했다.

하지만 아픔을 겪고, 이별을 경험하며, 다시금 꺼내든 책에서 모든 것을 이해하게 되었고, 그렇게 나의 글쓰기가 시작되었다. 책에서 이야기하는 '100번 적기', '매일 외치기' 등과 같은 어색한 행동이 아니라, 그저 내가 하고 싶은 연애 이야기를 글로 적었고, 이내 그 연애는 현실로 나타났다.

하지만 다음 문제는 끌어당김의 법칙에 있었다. 내가 사랑하고, 나를 사랑한다던 그 친구의 부정적인 생각과 시선은 우리 관계로 끌어당겨졌고, 이내 서로를 좋아하고 사랑했으나 이별하게 된 것이다. 그렇게 나는 우주의 법칙과 끌어당김의 법칙을 연애로 경험했고, 이내 글쓰기의 법칙까지 '사랑 타령'으로 경험했다.

아마 이 글을 읽고 있는 여러분들도 필자와 같은 경험을 한 적은 없는지 생각해보면, 분명히 있을 것이다. 그냥 가볍게 여기고 넘기지는 않았는지, 그저 우연으로, 운수 좋은 하루로 여기지는 않았는지, 재수가 없다며 가볍게 넘기지는 않았는지 생각해보면 분명히 스스로가 끌어당긴 일들이었음을 알게 될 것이다. 그렇다면, 가슴이 시키는 일을 하기 위해서 필자가 선택한 방법은 '글쓰기'였다.

일기를 쓰는 것은 필자에게 그저 어색하고 귀찮은 일만 같았기에, 일기를 쓰거나 손 아프게 '100번 적기'는 하지 않았다. 단지 내가 하고 싶은 말과, 바라는 이상들을 곰곰이 생각하고 그것을 최대한 구체적으로 적었다. 심지어는 그날 그 상황의 온도와 습도까지도 상상하고 그것을 그대로 글로 적었

나를 사랑하게 되는 자존감 회복 글쓰기 훈련

다. 그리고 정말로 첫눈에 반한 그 친구를 만난 날은, 벚꽃 날리는 봄날에, 햇빛이 쨍쨍하며 바람은 서늘한 최고의 날씨였다.

그리고 책을 쓰겠다고 다짐하며, 매일 작가가 되는 일을 상상하며 내 주변을 하나, 둘 바꾸어갔다. 매일 긍정으로 대화하는 〈한책협〉 카페에서 활동하며 축복을 선물하고, 축복을 선물받으며 의식을 높였고, 지치거나 힘이 들 때면, 이미 성공한 사람들의 이야기를 듣고 보면서 또 그것을 나의 이야기로 만들곤 했다. 그러자 21일 만에 출판사와 계약을 하는 기적을 경험했다. 심지어 내가 먼저 연락을 한 것도 아니고, 출판사에서 먼저 연락이 왔고, 계약금 100만 원을 받고, 인세를 받게 되는 말 그대로 '진짜 작가'가 된 것이다.

15살 어린 나이에 가출해 방황하던 청소년은 친구들과 선배들 사이에 왕따로 낙인찍혔고 평범하지도, 순탄하지도 못했던 유년 시절을 지나, 어렵게 입학한 대학교를 뒤로한 채 선택했던 군인이라는 직업, 그리고 찾아온 우울증과 조울증 끝에 제대를 선택하고 반신 화상을 입으며 죽음의 문턱을 넘나들었다. 제대하고서 빚을 갚느라 하루 3시간, 4시간 자며 영업, 정수기 필터 교체, 대리운전, 단편 칼럼 작성, 최대 4가지의 일을 하며 정말 밑바닥을 뚫고 지하 끝 바닥에서 살았다.

그러나 그 지하에서도 내가 놓지 않았던 것은 글쓰기였다. 작가가 되겠다는 꿈은 32살이 되어서야 생겼다. 하지만 나는 항상 글을 쓰는 작가였다. 글로 나를 위로하고, 글이 나를 꿈꾸게 했다. 글은 나의 희망을 현실로 만들어주었고 이내 글은 나를 작가로 만들어주었다. 나만 내가 작가인 줄 모르고 살아온 것이다. 대학교도 졸업하지 못한 내가 '작가님'이라는 호칭을 듣게 되는 기적 같은 일은 결국 글쓰기의 힘을 통해서 현실이 되었고 나의 삶과 인생을 통째로 바꾸어놓았다.

정말 인생 나락의 끝에서 술주정뱅이 고객들에게 굽신거리며 5천 원, 6천 원 받았던 나도 성공했다. 그러니까 여러분도 할 수 있다고 꼭 말하고 싶다. 글을 쓴다는 것을 너무 어렵게 생각할 필요 없다. 그저 내일 삼겹살을 구워 먹고 싶다면, 그것마저도 적어보기 바란다.

"내일 저녁 지글지글 삼겹살에 구운 마늘 한 점 올려, 깻잎 한 장, 상추 한 장, 거기에 당귀 이파리 3개만 얹어 큰 쌈 한입 먹으면 좋겠다."

아침은 삼각김밥, 점심은 회사에서 주는 밥, 저녁으로는 어제 대리운전하고 남은 잔돈에 따라서 700원 삼각김밥, 3천 원 순대 한 봉, 6천 원 된장/김치찌개를 먹었다. 운 좋게 주말에 잔돈이 하나도 없이 1만원으로 딱 맞아 떨어지면, 7천 원 영계통구이를 먹고 다음 날 아침 삼각김밥과 육개장 사발면을 먹었다. 당시 필자에겐 나름의 힐링이었다. 그때 삼겹살이 너무 먹고 싶어서 적었던 기억이 난다.

사실 하루쯤 먹을 수 있는 삼겹살이었는데, 지금 와 생각해보면 어찌나

나를 사랑하게 되는 자존감 회복 글쓰기 훈련

그 삼겹살 사먹는 돈이 아까웠을까, 너무도 간절했던 삼겹살 먹는 모습을 글로 적었다.

그리고 빚을 다 갚은 날, 삼겹살을 혼자서 6인분은 먹은 것 같다. 그러고 배탈이 나 병원에 가기도 했다. 그때마다 나를 지탱하게 한 것은 글쓰기였다. 그땐 그것들이 나를 성공으로 이끌 거라 생각하지 못했지만 지금은 분명히 알고 있다. 내가 적은 모든 것들이 내게 현실로 일어나고 있다는 것을.

24

이샛별

약력 : 수학학원 강사. 행복한 수학 공부를 할 수 있도록 '티칭'보다 '코칭'을
해주는 선생님

66

나는 글쓰기로
오늘도 격하게 행복하다

99

"가치 있는 목표를 향한 움직임을 개시하는 순간
당신의 성공은 시작된다."
– 찰스 칸슨 –

결혼 8년차 두 아들의 이쁜 엄마, 한 남자의 섹시한 아내. 대한민국 엄마
들의 흔한 자기소개다. 나 또한 그 흔한 엄마들이기에 자기소개가 별반 다
르지 않았다. 엄마라는 카테고리에서의 인간관계에는 한계가 있다. 조동 모
임(조리원동기 모임)이나 문화센터 모임이 있다. 문화센터 수업이 끝난 후
아이들을 유모차에 태운다. 근처 제일 가깝고, 아이가 있어도 눈치 보지 않
고, 커피 마실 수 있는 장소를 물색한다.

처음 보는 엄마와는 아이가 같은 나이에 같은 수업을 듣는 다는 공통점뿐

이다. 이 단순한 공통점은 단순하지만 단순하지 않다. 육아를 해본 사람들은 알 수 있다. 그 개월 수의 아이를 키우면서 할 이야기는 무궁무진하다. 분유는 언제까지 먹는지, 이유식은 시작했는지, 요즘 이유식은 어떤 걸 먹이는지, 배달 이유식은 어디가 좋은지, 몬테소리, 조기영어 난리던데 교육은 어떤 것들이 좋은지 등등 많은 정보들을 공유한다. 아이의 이야기를 시작으로 탐색하듯 어떤 빨대컵을 쓰는지, 어떤 기저귀가방을 메는지, 아이 옷은 어떤 걸 입히는지 등도 보며 서로를 살핀다. 그렇게 몇 번의 수업 후 만남을 통해 나와 통하는 사람과 인간관계가 만들어진다.

어색하고 뻘쭘한 걸 극도로 싫어하는 나도 그때는 너무나 자연스럽게 그 무리에 동화된다. 지금 생각해보면 몇 달 동안 집에서 말이 통하지 않는 아이와 있는 것이 답답했던 것 같다. 말할 상대가 필요했던 것 같다. 나는 남편과도 야식 먹으며 대화를 자주하는 편이다. 하지만 한편으로 사회적 동물로서 나도 사회의 한 무리라는 인정을 받고 싶었다.

아이가 조금씩 자라면서 어린이집이나 유치원 모임, 학교 모임 등 주변에서 흔히 만나는 사람들로 엄마들의 인간관계는 확장되어간다. 물론 이런 모임들을 하찮게 여기며 이야기하는 것은 아니다. 다만 엄마들과 이야기를 나누다 보면 안타까울 때가 있다. 엄마들 중에는 결혼 전 화려한 경력을 갖고 직장생활이나 사업이나 전문직 일을 하던 사람들이 많다. 그리고 다들 큰 꿈도 있었다. 하지만 결혼과 육아라는 현실적인 벽 앞에서는 주변의 도움 없이 나의 꿈을 펼치며 경력을 이어가기란 너무 힘든 일이다.

일을 하고 싶어 직장을 구한다 한들, 어린이집이나 유치원을 보낼 때는 종일반으로 보내며 일을 유지한다. 그러다 아이들이 1학년이 되면 학교도 일찍 끝나고 부모의 손길이 필요하기에 다시 벽에 부딪힌다. 이때 독하게 마음을 먹지 않는 한 다시 일을 그만두게 된다. 그렇게 3,4년이 흐르면 엄마들의 나이는 마흔을 향해 간다. 그때 다시 직장을 구할 수도 있지만 대부분의 엄마들은 현실에 안주한다. '내가 지금 나가서 얼마나 벌겠어.', '남편이 벌어오는 월급으로 알뜰살뜰 살림 잘하자.', '일하는 엄마보다 집에 있는 엄마가 아이에게 정서적으로 좋다는데 집에서 아이 잘 키우자, 그게 돈 버는 거다.' 이렇게 합리화를 한다.

나 또한 그래왔다.

나는 15년 넘게 수학학원 강사 일을 해왔다. 결혼하고 첫 아이 임신 중에도 일을 했었다. 2014년 첫아이를 출산하고 2016년 둘째 아이를 출산했다. 남편이 육아를 많이 도와주어서 사실 나는 육아가 많이 힘들지 않았다. 오히려 아이와 계속 붙어 있으며 즐거웠던 기억이 많다. 여담이지만 이때 남편은 많이 힘들었는지 육아 우울증이 왔다. 지금은 괜찮다. 이 책을 빌려 항상 고맙다고 말해주고 싶다. 가만히 쉬는 걸 싫어하고 쉬지 않고 무언가를 배우는 걸 좋아한다. 임신 중에도 외국어 공부도 하고 천연비누, 천연화장품 만들기노 배웠다. 이런 내가 아이를 낳고 집에서 아이랑만 지내는 시간이 길어지다 보니 좀이 쑤시기 시작했다. 둘째 아이가 돌 무렵부터 어린이집을 다녔다. 그리고 나는 집에서 공부방을 시작했다. 2년 정도 열정적으로 했다. 그러다 코로나19 유행으로 공부방을 잠시 휴업하였다.

쉬는 동안 이번엔 뭘 해볼까? 그런데 내 마음이 이전과는 달랐다. 열정도 많이 식고 무언가를 배우는 데 겁도 나고 돈도 들고 귀찮기도 하였다. 나이는 30대 중반을 넘어가고 고민이 많이 되었다. 그냥 안주하고 싶기도 하였다. 많은 엄마들도 나와 비슷할 것이라 생각한다. 그때 카페, 블로그 등을 기웃거리다 우연히 내 눈에 들어온 것이 있었다. 〈한책협〉이었다.

"성공해서 책을 쓰는 것이 아니라 책을 써야 성공한다."라는 슬로건으로 책 쓰기를 가르치시는 김태광 대표님이 계셨다.

잠시 생각해보니 나는 자기계발의 시간 동안에는 인풋의 시간을 주로 가졌던 것 같다. 그런데 정말 중요한 건 아웃풋이었다.
'그래, 나도 책 한번 써보자. 못 먹어도 GO다!'
무작정 5주차 책 쓰기 수업에 등록하였다. 1주차에 책 제목이 만들어졌다. 2주차에 장 제목과 꼭지가 만들어졌다. 4주차 수업이 지난 지금 나는 공동 저서에도 참여 중이며 『수학을 잘할 수밖에 없는 수학 공부법』(가제)이라는 책을 쓰고 있다. 카페 활동도 함께 하면서 새벽 필사를 시작한 지 한 달이 넘어간다. 저녁형 인간인 나는 아침이 너무 버겁다. 하지만 새벽 기상을 매번 실패하던 이전의 나와는 다르다. 지금은 '책을 쓴다.'는 목표가 생겼다. 그리고 나의 멋진 꿈들이 있기에 새벽 기상이 무겁지만 웃을 수 있는 이유다. 마음이 이전에 없던 긍정 에너지들로 꽉 찼다. 그러다 보니 아이들에게도 좋은 에너지가 전달되어 화도 덜 내게 되고 세상을 바라보는 시각도 달라지기 시작했다. 부정적인 말들보다는 긍정적인 말들, 긍정적인 생각들

나를 사랑하게 되는 자존감 회복 글쓰기 훈련

을 위주로 한다.

　어느 순간 나는 작가의 삶을 살고 있다. 이뿐만이 아니다. 학원 강사였고 공부방을 운영하던 나의 꿈은 기껏해야 학원 하나 운영해보는 것이었다. 하지만 지금 나의 꿈은 단순한 학원 원장이 아니다. 책을 출간한 이후 하고 싶은 일이 너무 많이 생겼다. 15년 넘는 시간을 아이들과 소통하면서 쌓아온 나만의 노하우와 경험들로 1인 창업가, 코치, 강연가, 학원 원장이 되어 사람들에게 선한 영향력을 주는 사람이 되고 싶어졌다. 또한 정말 이룰 수 있는 자신감도 생긴다. 이는 하루 한 꼭지, 두 꼭지씩 책을 쓰며 나 자신을 돌아보는 책 쓰기가 주는 영향이라 믿는다.

　책을 쓰면서 느끼는 가장 큰 변화 중 하나는 나를 돌아보는 경험이다. 이 경험을 통해 누구의 경험도 보잘것없는 경험이란 없으며 모두의 삶은 값진 삶임을 알게 되었다. 여러분의 삶도 소중하고 남들에게 영향력을 줄 수 있는 멘토가 될 수 있다. 빛나는 당신의 삶을 응원한다.

　책 쓰기를 시작하거나 망설이는 많은 분들에게 이야기해주고 싶다. 책 쓰기의 첫발을 내딛는 나도 이렇게 많은 변화를 몸과 마음으로 느끼고 있다. 그냥 평범한 인생을 실 것인가? 아니면 한번 멋진 인생을 살아볼 것인가? 나는 후자를 적극 추천한다. 변화는 간단하다. 책을 한번 써보는 것이다. 이 하나의 행동을 시작으로 정말 많은 것이 변할 것이다.

25

이성서

약력 : 경남대 음악교육과 학사, 동기부여가

책 쓰기를 통해
인생 2막을 열었다

나는 어렸을 때부터 악기 배우는 것을 참 좋아했다. 그래서 학교에서 장래희망을 조사하면 항상 1순위 연주자, 2순위 음악 선생님이라고 써서 냈다. 매년 똑같았다. 나는 내가 음악에 소질이 있다고 생각했고, 연주하는 것이 너무 좋았다. 그렇게 나는 악기들과 어린 시절을 보냈고, 내 나름대로 음악을 즐겼다.

나는 대학 졸업 후 직업 군인인 남편을 만나 결혼했다. 결혼 후 나는 아이들에게 피아노도 가르치고, 연주도 하며 내가 원하는 생활을 해나갔다. 내가 하는 일에 자부심을 가지고 있었다. 결혼을 하고도 내가 하고 싶은 일을 할 수 있어서 너무나 만족스러운 생활을 했다.

어느 날 남편이 잘 하고 있던 군 생활을 그만두고 새로운 일을 하고 싶다는 말을 나에게 했다. 그 말 한마디로 인해 우리 부부의 인생은 확 바뀌어버렸다. 남편은 일을 그만두어도 남편이 원하는 새로운 일을 시작하면 그만이었지만, 나는 지금까지 배우고 해왔던 음악들을 한 순간에 잃어버리는 상황이 생겼다. 그렇지만 나는 남편의 뜻을 존중해주고 싶었다. 한 번 사는 인생, 원하는 일 하며 후회 없는 인생을 살게 해주고 싶었다. 내가 연주를 해서 행복하다고 느끼는 것처럼 남편도 남편이 원하는 일 하며 행복을 느꼈으면 했다.

남편의 일을 위해 우리는 아예 새로운 곳으로 이사를 하게 되었다. 이사하게 된 나는 당장 악기를 할 수 없는 상황이 되었다. 나의 선택으로 인해, 나의 음악은 한순간 저 멀리 사라져버렸다. 나에게서 멀리 사라져버린 음악을 보며 "나는 이제 무엇을 해야 하지?"라는 생각이 가장 먼저 내 머릿속을 가득 채웠다. 앞으로 100세 시대라고 하는데, 이제 내 나이 27살밖에 안 됐는데 무엇을 해야 할지 막막했다. 결혼했다고 인생이 끝난 것도 아닌데, 정말 아무것도 하지 않으면 "결혼하면 인생 끝이다."라는 말을 인정하는 것 같아 무슨 일이라도 해야 했다.

음악을 할 수 없는 나의 모습을 보고 있으니 정말 내가 할 수 있는 일이 없는 것 같아 절망스러웠다. 더 무서웠던 것은 음악 말고는 딱히 하고 싶은 일이 없다는 것이었다. 내 삶에 생명력이 없어졌다. 목표도 없어졌고, 꿈도 없어졌다. 내 삶이 점점 무기력해져 갔다. 남편은 직업 군인을 전역하고 나름대로 하고 싶은 일을 찾아 열심히 행동했다. 처음 도전하는 일이라 더 많

나를 사랑하게 되는 자존감 회복 글쓰기 훈련

이 노력했다. 힘들어도 하고 싶은 일을 해서 그런지 쓰러지지 않았다. 행복해 보였다. 나와는 정반대의 삶을 살았다.

일을 하며 행복해 하는 남편을 보며 나도 내 아까운 인생 이렇게 살면 안 되겠다고 다짐했다. 그 후로 나는 나의 새로운 꿈과 목표를 찾기 위해 생각하는 시간을 갖기 시작했다. 내가 무엇을 좋아하고, 무엇을 원하는지, 앞으로 어떤 사람으로 살아갈지 생각했다. 이러한 생각을 하고 있을 때 갑자기 남편이 책 한 권을 들고 내 옆에 다가왔다. 김태광 · 권동희 작가의 『새벽 5시 필사 100일의 기적』이라는 책이었다. 1년에 책 10권도 안 읽을 만큼 책 읽기를 좋아하지 않는 나에게 준 책은 필사책이었다. 이 책은 짧은 문장으로 이루어진 책이지만, 책 내용이 한 문장 한 문장 깨달음이 담겨 있는 책이었다.

하루하루 필사를 하며 나의 생각과 의식이 점점 변하기 시작했다. 짧은 문장의 글로 이루어져서 책 내용에 집중하기보다는 나의 내면을 더 생각할 수 있는 시간과 깨달음을 얻을 수 있는 시간을 갖게 되었다. 나는 남편이 준 책을 필사하면서 내가 원하는 것들을 하나씩 발견하게 되었다. 그리고 내가 어디에 초점을 두고 살아갈 것인지도 알게 되었다.

하루는 내가 조용히 글을 쓰고 있는데 남편이 책장에 꽂혀 있는 책 하나를 꺼내어 나에게 주었다. 그 책은 김태광 · 권동희님의 『부와 행운을 끌어당기는 우주의 법칙』이라는 책이었다. 나는 이 책을 읽으며 스토리와 메시지에 감동과 깨달음을 받았다. 특히 권동희 작가님의 부분을 읽으며 '어떻게 자신의 힘든 이야기를 이렇게 잘 드러낼 수가 있을까?'라는 생각을 하면서 작가님이 책에 자신의 이야기를 하고 메시지를 전달한다는 것이 너무 멋있게 느껴졌다. 그래서 이렇게 멋있는 작가님들을 꼭 한번 만나보고 싶었다. 남편은 김태광 작가님과 권동희 작가님을 만나러 가보지 않겠냐고 나에게 물었다. 그 말을 들은 나의 마음은 너무 설레고 두근거렸다.

나는 필사책에서 얻은 깨달음을 토대로 노트에 나의 생각, 감정, 느낌들을 써 내려가기 시작했다. 짧고 간단하게 적어 내려갔다. 짧은 글이라 쓰는데 오래 걸리지 않았다. 하루에 10분 정도면 충분했다. 글쓰는 10분 동안은 온전히 나에게 집중할 수 있는 시간이 되었다. 온전히 나의 내면과 대화 할 수 있는 시간이었다. 하루 10분 글을 쓰며 나의 내면과 대화하는 시간을 가지니 나의 내면을 알아가고, 스스로 나의 내면과 감정을 다스릴 수 있는 힘을 키우게 되었다. 나는 나의 생각과, 나의 속마음을 글로 표현하는 것이 점점 더 좋아지기 시작했다. 처음에는 10분이면 충분했지만 점점 시간이 늘어났다. 짧은 기간이었지만, 나도 모르는 사이에 저절로 글쓰기 훈련이 되고 있었다.

나는 글을 쓰면서 나의 마음에 치유와 회복이 되고 있다는 것을 느꼈다. 나의 글을 쓰는 것은 아무 형식을 갖추지 않고 내 마음대로 내 이야기를 쓸 수 있다. 나는 나의 글을 쓰며 나 자신에게 화도 냈고, 위로도 했고, 응원도 했다. 글을 쓰면서 부정적이었던 글과 생각이 점점 긍정적인 글과 생각으로 바뀌기 시작했다. 아무것도 할 수 없는 사람에서 무엇이든 할 수 있는 사

나를 사랑하게 되는 자존감 회복 글쓰기 훈련

람으로 변화되었고, 아무것도 할 수 없다고 말했던 사람이 지금은 무엇인가 하고 있다는 생각을 들게 했다. 아무것도 할 수 없는 사람에서 할 수 있는 사람으로 변하기 시작했다.

나는 필사책과 우주의 법칙을 통해 책이 점점 좋아졌고, 이제는 나의 이야기를 해보고 싶었다. 그래서 나는 "나도 다른 사람처럼 책을 쓸 수 있을까?"라는 생각이 들었다. 나는 그때부터 책 쓰기 특강을 신청해서 듣게 되었고 3주차부터는 책을 쓰기 시작하였다. 책을 쓰고 있는 나는 지금 무엇이든 할 수 있는 사람이 되었다는 것을 증명하게 되었다. 내가 책을 쓰고 있을 줄은 생각도 못했다. 책을 쓰고 싶다는 생각을 행동으로 옮기니 책 쓰기를 하고 있는 나의 모습을 보게 되었다. 그리고 책을 쓰니 내가 마치 대단한 사람이라도 된 것 같은 생각이 들었다. 나에게 책을 쓴 작가라는 이미지는 너무나 대단한 존재였기 때문이다. 내가 무엇을 해야 할지 고민하던 때와는 완전히 달라진 나의 생각과 모습을 보며 자존감이 점점 높아진다는 것을 느꼈다.

나는 지금 개인 저서로 결혼생활에 대한 이야기를 책으로 쓰고 있다. 책을 쓰면서 누군가는 나의 책을 보며 동기부여가 되고, 힘을 얻고, 위로받을 수 있는 책이 되었으면 좋겠다는 생각을 한다. 누군가는 아무에게도 말할 수 없는 어려움을 가진 채 살아간다. 아무에게 말할 수 없을 때 한 권의 책을 통해 위로받을 수 있고 변화될 수 있다고 생각한다. 이제는 나의 책을 통해서 한 사람의 인생에 도움이 되는 사람이고 싶다. 내가 김태광 작가님, 권

25_이성서_책 쓰기를 통해 인생 2막을 열었다

동희 작가님의 책을 읽고 내 인생에 생명력을 불어넣은 것처럼 나도 나의 책이 누군가의 인생에 큰 도움과 힘이 될 것이라고 믿는다.

나는 책을 쓰면서 감사한 것이 너무 많이 생겼다. 무엇보다 감사한 것은 내가 책을 쓰면서 나의 인생 2막을 그릴 수 있게 되었다는 것이다. 얼마 전까지만 해도 나는 아무것도 하고 싶지 않은 생명력을 잃은 사람이었다. 하지만 책 쓰기를 통해서 나의 인생에 또 다른 생명력을 불어넣었고, 하고 싶은 것도, 되고 싶은 것도 너무 많아졌다. 나는 내가 하고 싶은 일을 찾아서 너무 기쁘고, 내가 할 수 있는 일을 찾아서 기쁘다. 나에게 꿈이 생겼고, 목표가 생겼다.

나는 책을 써서 작가가 되어 나의 인생 2막을 멋지게 열 것이다. 죽어 있는 사람이 아닌 생명력을 가지고 힘차게 살아가는 사람이 될 것이다. 그리고 내가 도울 수 있는 사람들, 나의 조언과 메시지가 필요한 사람들에게 메신저의 역할을 하는 사람이 되고 싶다. 말 한마디로 사람을 죽일 수도 있고 살릴 수도 있다. 책도 마찬가지이다. 좋은 책은 죽어가는 사람을 살릴 수 있는 힘이 있다. 나는 사람을 살리는 책을 쓰는 사람이 될 것이다.

마지막으로 나의 인생에서 힘없이 방황하던 나에게 지금껏 해보지 못한 새로운 생각들을 할 수 있게 해주시고, 새로운 길을 알려주시고, 새로운 길을 걸을 수 있도록 동기부여 해주신 〈한책협〉의 김태광 대표님과 권동희 대표님께 이 자리를 빌어 감사한 마음을 전한다. 내가 두 분을 만나지 못했더라면 아마 아직도 방황하고 있는 삶을 살아가고 있었을지도 모른다. 내 인생의 2막을 함께 열어주신 분이시다. 언젠가 두 분께 내가 성공한 메신저의 삶을 살아가고 있는 모습을 보여드릴 수 있는 사람이 될 것이다. 나는 내가 성공한 메신저가 될 것이라 믿는다.

26

이종혁

약력 : 한온시스템 팀장, 독서 애호가로 다독 수행 중

저서 : 『고수는 알고, 초보는 모르는 직장생활 성공비법』, 『의욕 없던 삶이 다시 두근거리는 하루 10분 글쓰기의 힘』(공저)

자존감이 높아지니
다른 사람을 더 배려하게 되었다

작년부터 이어져 오고 있는 코로나로 우리 일상이 변하고 있습니다. 외출할 때 마스크를 챙기는 건 기본이 되었습니다. 내가 몸담고 있는 회사에서도 많은 변화가 있습니다. 주기적인 환기, 실내에서도 마스크 쓰기, 손 자주 씻기 등 직장도 분주합니다. 모두가 변화를 느끼지만 나는 최근 더 특별한 변화에 적응하고 있습니다. 책을 읽고, 글을 쓰며 작가로 자존감이 향상되는 경험이었습니다. 이 이야기를 풀어가고자 합니다.

'참 다행이고, 감사하다'라고 내 자신에게 얘기합니다. 지금은 직장에서도 변화가 있습니다. 이전과 다르게 주 52시간 법 적용으로 퇴근 시간이 빨라졌습니다. 이후 여가 시간을 어떻게 효율적으로 사용해야 하는지 준비가 되어 있지 않았습니다. 몇 년 전 같으면 '사기계발을 위해 어떤 것을 해아 하는데…' 하며 생각만 하고 시행하지 못했습니다. TV를 보거나 산책으로 시간을 보냈습니다. 우연한 계기가 있었습니다. 회사 임원께서 1년에 100여 권을 독서한다고 권하였습니다. 평소에 40~50권을 보았지만 쉽지 않은 일이었습니다. 특히 독서할 시간을 확보하기가 조금 어려웠습니다. 그래서 100권의 독서는 어렵다고 생각했습니다. 같은 시기 코로나로 근무가 줄었습니다. 남는 시간을 책 읽기에 도전했습니다. 너무 좋았습니다. 독서에 한번 빠져드니 시간이 아까웠습니다. 그렇게 변화가 시작되었습니다. 많은 시간을 확보한 건 마치 보물을 찾은 듯한 느낌이었습니다. 주말 토, 일요일 새벽 시간을 활용했습니다. 새벽 독서라고 있습니다. 좋아하는 그윽한 커피 한잔과 독서의 바다에 빠지는 시간은 행복이었습니다. 지금은 그 시간이 자판을 두드리는 글쓰기로 바뀌었습니다. 회사에서 보고서 쓰기, 메일 쓰기로 매일 글을 씁니다. 하지만 책을 쓰는 작가로 나에게 글쓰기 재주가 있으리라고는 상상하지 못했습니다. 글을 쓰며 나의 자존감이 충만함을 느낄 때가 있습니다.

첫 번째는 나의 책을 보고 내용이 너무 좋다고 얘기할 때입니다. 금년 1월에 나의 저서『고수는 알고, 초보는 모르는 직장생활 성공비법』이 출간되었습니다. 직장인 자기계발 서적입니다. 평소에 내가 25년 직장생활을 하며 겪었던 얘기입니다. 때론 아쉽고, 좌충우돌하면서 먼저 시행착오를 겪으며 배운 내용입니다. 동료들, 지인들이 내용이 좋다고 칭찬한 내용입니다. 특히 '20:80 법칙으로 자기 주도하기', '디테일하게 배려하기', '숫자에 강해야 한다'는 내용입니다. 내가 더 자존감이 상승하는 계기가 되었습니다. 사실 책을 집필하는 동안 경험을 바탕으로 원고를 쓰지만 창작이 쉽지 않았습니다. 이후 더 공부하려 많은 책을 읽는 중에 유명 작가들의 책에서 유사한 내용이 나올 때가 많았습니다. 나의 글에 내가 더 놀랐습니다. 누구도 알 수 없는 나만의 기쁨이었습니다.

두 번째는 내가 선한 영향력을 주고 있을 때입니다. 회사의 배려로 회사 소식지에 나의 책을 소개하는 자리가 있었습니다. 회사 독자 동료들에게 글을 쓰는 게 묘한 기분이 있었습니다. 후배 중에 K가 있습니다. 다른 부문이고 평소 일하는 업무가 겹치지 않아 관계가 있지 않았습니다. 하루는 K로부터 메일을 받았습니다. 용기를 내서 메일을 보내는데, 팀장님 책 소식을 듣고 구입해서 읽었다고 했습니다. 참 도움이 많이 되었고 감사하다는 내용이었습니다. 몇 번 답신을 통한 내용 공유가 있었습니다.

어느 날 문득 출근길에 K를 만나야겠다고 생각했습니다. 아니나 다를까 K가 할 말이 많았습니다. 나를 기다리고 있었습니다. 소심한 성격에 용기를 내지 못한 것입니다.

"팀장님, 아침 10분 생각하기를 통한 일일 계획 실천을 하고 있습니다."
"그래! 하루가 알차다는 생각이 들지 않아?"
"네, 그렇습니다. 혼란이 없어졌고, 또 퇴근 때 정리하는 습관이 생겼습니다."

이렇게 말하며 잘 적용해보고 있다고 했습니다. 다른 사항으로 보고 업무가 매우 힘들다고 했습니다. 그래서 두괄식 보고를 코칭했습니다. 이후 두괄식 보고 스킬을 적용하면서 어려웠던 보고에 조금 자신감이 생겼답니다. 보고 내용이 좋아졌다는 얘기를 팀장님에게 들었답니다. 이 이야기가 나의 동기인 K의 팀장에게 전해졌는지 동기로부터 K가 많이 자신감이 생겼다는 얘기를 들었습니다. 무엇보다 '내가 원했던 후배들에게 선한 영향력을 주고 있구나.' 하면서 자존감이 높아짐을 느꼈습니다. 한편으로 어깨가 무거워졌습니다.

　세 번째는 나를 작가로 대우해줄 때입니다. 사실 1월에 책이 나와서는 나도 많이 들떠 있었습니다. '나도 작가구나.' 하지만 직장에서 현업에 바빠서인지 2달 정도 지나면서부터는 일상으로 돌아왔습니다. 그 사이 나의 책은 제가 살고 있는 평택 관내 서점 및 도서관에 이미 배포되었습니다. 하루는 지인이 도서관에서 우연히 내 책을 본 모양입니다. 미처 연락하지 못한 지인이었습니다. 처음엔 저하고 '동명이인'인가 보다 했답니다. 도서관에서 내용을 읽다가 긴가민가해서 전화했다고 했습니다. 예상하지 못한 지인은 놀람과 축하를 전했습니다. 내가 작년에 창작이라는 이름으로 고생한 일이 모두 녹는 듯했습니다. 비슷한 일이 몇 번 있었습니다. 학교 후배가 교보문고에서 선배님 책을 보았다고 했습니다. 내가 책을 출간해서 서점에 내 책이 있는 건 당연한 건데 말입니다. 하지만 평소 책과 멀리한 후배로서는 많이 놀랐답니다. "책을 읽는 동안 저자가 내가 아는 이 선배가 맞는지 혼돈이 있었습니다." 후배가 전화로 축하를 전했습니다. 마지막에 고맙답니다. 요즘 자신이 게으르고 나태해졌다고 생각할 때 이 선배의 책을 보는 순간 많은

나를 사랑하게 되는 자존감 회복 글쓰기 훈련

자극을 받았다고 연거푸 감사함을 전하는 일이 있었습니다. '내가 누군가에게 이렇게 모범을 보인 적이 있었나.' 나에게 반문했습니다.

책을 많이 읽는다고 해도 글쓰기는 쉬운 일은 아니었습니다. 책 쓰기 과정 중에 관점을 달리하여 사고하는 공부가 있습니다. 가령 처음 책의 도입부는 작가 관점입니다. 작가는 왜 이 책을 쓰려고 하는가? 작가의 상상력으로 독자를 끌어들이는 연습입니다. 또 다음은 독자 관점입니다. 독자 입장에서는 왜 이 책을 읽어야 하는가? 독자로 하여금 이 책을 읽도록 만드는 것입니다. 이런 관점을 달리하며 글을 쓰는 연습이 있습니다. 이후에 실제 사물을 보거나, 직장에서 현상을 파악할 때 좀 더 깊이 있게 사고하는 능력이 향상되었습니다. 특히 사람들과 대화를 하거나 회의를 할 때 변화가 있었습니다. 통상적인 상황에서는 내 주장이 강하여 내 얘기를 중심으로 말하는 경향이 있었습니다. 그래서 닉네임이 후배들은 '독촉'이라고 부정적인 이미지로 나를 기억하고 있었습니다.

어느 순간부터 상대방의 관점에서 생각하는 사고가 생겼습니다. 상대의 생각을 읽으려 노력하니 스스로 공감을 가지는 일이 많아졌습니다.

어느 날 후배 Y가 "팀장님, 무슨 일 있으신 거 아니지요?"라고 했습니다. "갑자기 왠 뚱딴지 같은 얘기야?" 하니 그냥 농담으로 넘겼습니다. 후배의 이후 얘기는 이랬습니다. 최근에 제조 공정에서 까다로운 불량이 발생되어 조사한 사항이 있었습니다. 평소 같으면 불량 건이라 매우 민감하게 대응하셨는데, 이번 건은 차분하게 원인 조사 및 내용을 파악하시는데 변화가 있는 것처럼 느꼈다는 것입니다.

"팀장님, 요즘 많이 착해진 것 같아요. 예전하고는 조금 다른 거 같은 데…."
"요즘 책을 좀 많이 읽어서 인문학적 수양이 좋아졌나!"

나는 이렇게 말하며 얼버무렸습니다. 하지만 내 마음속에는 자존감이 많이 높아짐을 느꼈습니다. 글을 쓰며 상대에 대한 관점을 달리 보니 내가 많이 성장하고 있다고 생각했습니다. 마음의 여유가 생기는 것 같기도 했습니다. 사고의 깊이가 더 깊어지고 넓어진 것으로 생각됩니다.

이러한 나의 마음속의 변화가 밖으로 일부 표현되는 것으로 생각합니다. 그 내면에는 자신감이 자리를 차지하고 있지 않나 생각합니다. '내가 어떻게 책을 써. 주제넘게 시작한 거 아니야?' 하고 한참을 혼자 되뇌이던 시절이 있었습니다. 한 번도 가보지 않은 도전을 하게 되었습니다. 출간을 통해 희열을 알았고, 남들이 부러워하는 눈길도 보았습니다. 하지만 무엇보다 나 자신의 소중한 가치를 알게 되었습니다. '하면 된다'는 자신감도 가지게 되었습니다. 도전해서 내가 만족하는 결과인 책 출간을 이뤘습니다. 이것이 나의 자존감을 높이는 가장 큰 요소였습니다. 내가 큰 재화를 얻은 것도 아닙니다. 하지만 책을 통해 내 마음의 아량이 넓어졌습니다. 잘 웃게 되었습니다. 일의 즐거움을 다시 알아가는 중일까요? 회사에서의 생활이 재미있어졌습니다.

나를 사랑하게 되는 자존감 회복 글쓰기 훈련

내가 이런 관점으로 자주 보게 되니, 자존감이 낮은 사람들이 보이기 시작했습니다. 다른 사람들과 관계가 약하고, 자신을 낮게 보며 부정적으로 생각하는 이가 많습니다. 결과나 과정에 떳떳하지 못하고, 남과 비교하려고 합니다. 후배 G가 눈에 보였습니다. 의기소침해 있고 방어적 대화를 하고 있었습니다. 꼭 십여 년 전 저의 모습과 유사했습니다. 아직 적극적으로 코칭하지는 못했습니다. 그러나 이런 후배들을 돕고 싶습니다.

지금 생각해도 잘했다고 생각합니다. 평범한 직장인이 책을 출간하는 게 쉬운 일은 아닙니다. 원고 과정도 어려움이 있었습니다. 그래서 도전이라 생각했습니다. 어려움 뒤라 그럴까요? 작가가 된 후의 자존감은 무엇과도 비교하기 어려운 가치였습니다. 특히 '다른 사람의 입장에서 생각하기'는 나에게 너무 큰 가르침을 주었습니다. 책 쓰기가 아니었으면 상상하지 못했을 마음의 아량이 넓어졌습니다. 사람의 욕심은 끝이 없다고 하지요. 작가가 된 뒤에 자존감이 높아졌습니다. 다른 사람을 한없이 배려하게 됨을 감사하고 있습니다. 앞으로는 배려를 통해 더 높아지는 자존감 상승을 상상해봅니다. 모두 마음의 넓이를 바다 같이 넓혀보면 어떨까요?

27

이창순

약력 : 선한 영향력을 끼치는 동기부여가, 자기계발 작가, 가정행복 코치, 펜션 운영자, 발효곶감 전문가

저서 : 『결혼 생활 행복하세요?』, 『버킷리스트 23』(공저), 『의욕 없던 삶이 다시 두근거리는 하루 10분 글쓰기의 힘』(공저)

콘크리트 벽보다
더 단단해진 자존감

당신의 자존감은? 나의 자존감은 상당히 낮았다. 나는 자존감이 낮아 상처를 많이 받는 편이다. 신기하게도 지금은 자존감이 콘크리트 벽보다 더 단단하다. 글쓰기의 힘은 대단하다. 생각 글을 쓰고 책을 출간한 이후에 세상에 대한 의식이 달라졌다. 물론 세상이 나를 대하는 자세도 달라졌다. 내가 변화하니 세상도 변했다. 의식이 달라지면서 나의 자존감도 함께 달라졌다.

당신은 글을 써보았는가? 나는 10년 전부터 글을 써왔다. 블로그에 나의 일상을 기록해왔던 것이다. 언젠가는 책을 내야지 하는 생각을 갖고 있었다. 위기는 기회라고 코로나19 시국에 위기를 극복하고 기회를 잡았다. 책쓰기를 할 수 있는 기회를 잡게 되었다. 〈한책협〉이라는 곳을 찾있다. 그곳에서 지금은 책 쓰기 코칭의 특허까지 획득한 책 쓰기 코치 구루 도사님을 만났다. 바로 〈한책협〉의 김태광 대표이다. 사람들은 김도사라고 부른다. 그분에게 책 쓰기 과정을 수강했다. 책 쓰기 과정을 수료하고 원고 집필을 했다.

처음에는 책의 주제를 정했다. 그 다음에 책 제목을 정했다. 이후에 장 제목과 꼭지 제목을 정했다. 글의 얼개가 그렇게 짜여졌다. 김도사님으로부터 의식 개혁을 할 수 있는 도서를 추천받았다. 경쟁 도서도 추천받아 읽었다. 생각과 사례를 교차적으로 배열하면서 글을 썼다. 매일 하루 1시간 이상을 글을 썼다.

나는 왜 글을 쓰려고 했을까? 글은 나의 역사가 된다. 글은 헝클어진 마음을 정리해준다. 글을 쓰면 생각이 바로 선다. 글을 쓰면 필요한 것과 불필요한 것이 정리된다. 글을 쓰면 생각의 근육이 단단해진다. 때로는 생각의 근육이 부드러워진다.

책을 출간하고 달라진 점이 많다. 의식이 달라졌다. 주변의 대접이 달라졌다. 조금만 건드려도 스르르 무너지던 자존감이 콘크리트 벽보다 더 단단해졌다.

나의 의식은 책을 쓰면서 많이 달라졌다. 신에 대한 의식과 우주에 대한 의식, 종교에 대한 의식, 부에 대한 의식, 꿈에 대한 의식 등이 달라졌다. 의식이 달라지니 꿈이 400개나 생겼다. 의식이 달라진 계기는 책을 쓰면서부터였다. 코치님은 책을 쓰려면 의식 개혁이 이루어져야 한다고 귀에 딱지가 않도록 반복하여 이야기했다. 코치님으로부터 의식 혁명에 대한 책을 추천받다. 그 책을 읽으면서 '나는 신이다'란 의식이 견고해졌다. 우주라는 창조 공간도 명령하면 나에게로 온다는 것을 의식하게 되었다. 부정적으로 인식되었던 부자에 대한 의식이 긍정적으로 바뀌었다. 이러한 의식이 바뀌면서 꿈에 대한 의식도 달라졌다. 꿈에 대한 의식이 달라지니 꿈이 400개 생겼다.

　나는 400개의 꿈을 찾았다. 그 꿈이 하나씩 실현되어가고 있는 요즘, 제일 신난다. 2020년은 꿈을 캐내는 해였다. 내가 하고 싶은 것과 되고 싶은 것, 가지고 싶은 것을 모두 캐냈다. 우주는 내가 명령하면 끌어다준다. 부정적인 것을 말하면 부정적인 것을 끌어다준다. 긍정적인 것을 말하면 긍정적인 것을 끌어다준다. 무엇을 필요로 하면 필요한 것을 끌어다준다. 결말의 관점에서 꿈을 꾸면 꿈을 이루게 해준다. 이미 실현된 것이 있지만 실현되지 않은 것이 많다. 2021년에는 50개의 꿈이 이루어질 것이다. 나의 꿈은 다 이루어질 것이다.

　나는 책 쓰기 과정에서 배운 것으로 결론의 관점에서 400개의 꿈을 찾았다. 그 꿈들을 정리했다. 꿈은 하나씩 이루어지고 있다. 사람은 왜 세상에 왔을까? 꿈을 이루려고 왔다. 꿈 목록을 만들이 책상 앞에 붙여놓있다. 보이는 곳마다 붙여놓았다. 가방에도 넣고 다닌다. 지갑에도 넣었다. 휴대폰에도 저장해놓았다. 수시로 꿈들을 들여다본다. 하나씩 이루어지는 것을 보면 재미있다. 나의 생각으로 꿈이 이루어지는 않는다. 급하게 이루어지는

217

27_이창순_콘크리트 벽보다 더 단단해진 자존감

것도 있다. 서서히 이루어지는 것도 있을 것이다. 적절한 때에 이루어진다고 생각한다. 중요한 것은 꿈을 놓지 않는 것이다. 작가의 꿈이 실현되었다. 베스트셀러의 꿈도 이루었다. 요즈음은 꿈 목록에 있던 자동차를 갖게 되었다. 이전 의식으로는 중고차를 사겠지만 변화된 의식으로 새 자동차를 구입했다. 꿈은 그렇게 이루어지고 있다.

당신은 세상에서 어떤 대접을 받는가! 책을 쓰고 달라진 또 하나는 세상의 대접이다. 내가 달라지면 세상도 달라진다. 내가 세상에 대한 의식을 달리 하니 세상도 나를 달리 본다. 세상은 나를 작가로 대접한다. 가족이 나를 달리 대접한다. 친척들이 나를 작가로 대접한다. 친구들이나 단체 활동이나 소모임 활동하는 곳에서도 대접이 다르다. 책을 쓴 것을 아는 모든 사람들의 대접이 다르다.

날마다 글을 써서 책을 출간하니 세상의 대접이 달라졌다. 남편과 딸, 아들, 형제들이 나를 부르는 호칭이 달라졌다. 가족은 물론, 친구들이나 단체 회원, 모임, 마을사람, SNS의 인연, 고객들이 작가님이라고 한다. 책이 출간된 것을 아는 사람들이 나를 대하는 태도가 달라졌다. 한낱 주부였고 펜션 주였으며, 곶감 생산자인, 마을주민을 작가로 대해준다. 책 쓰기가 얼마나 힘든데 하면서 대단하다고 한다. 존경한다고 한다.

방송국에서 출연 요청도 많이 온다. 14년여 동안 11회나 방송에 출연을 했다. 처음에는 종편방송국에서 출연 요청이 왔다. 차츰 지상파 방송국에서도 왔다. KBS2와 KBS1, EBS, MBC에 출연을 했다. 때가 맞지 않거나 방향이 맞지 않아 성사가 안 된 곳도 많다.

　당신은 가족에게 어떤 대접을 받는가? 가족으로부터 대접을 받는다는 것은 참으로 힘든 일이 아닐까? 나의 단점을 많이 알고 있으니 말이다. 그럼에도 불구하고 우리 가족은 나를 대접해주었다. 남편은 내가 책을 출간한 이후부터 작가로 대접해준다. 요즈음은 예쁜이라고 부른다. 아이들도 엄마를 대단하게 여긴다. 글을 쓰는 데 필요한 의자도 사준다. 작가에 걸맞는 옷도 필요하다며 사준다. 친구들도 대단하게 여긴다. 축하금도 보내온다. 자랑스럽다고 전화도 온다. 책도 선물하겠다고 구입해준다. 시댁 식구들에게 대접받는 일은 흔하지 않을 것이다. 우리 시댁 형제분들은 너무도 장하다고 한다. 함께 활동하는 단체의 회원들이나 소모임을 하는 사람들도 너무도 대견해한다. 어떻게 책을 썼냐며 귀하게 여겨준다. 부러워들 한다. 관공서에서도 알아보고 작가님 오셨냐고 대접해준다. 우리 면의 면장님은 얼마나 좋아하시는지 모른다. 작가님이라고 다른 사람들에게 자랑을 많이 하신다.

　독자가 민박에 오기도 한다. 책을 정독하고 와서 대화를 원한다. 모르고 왔던 민박 고객님도 책을 출간하였다고 하면 대번에 작가님이라고 한다. 나의 삶의 이야기를 듣고 싶어 한다. 어떤 날은 자정까지 이야기를 나누기도 한다. 많은 도움이 되었다고 좋아한다. 이렇듯 가족은 물론 친구, 친척, 고객, 나를 아는 모든 사람들의 대접이 다르다.

마지막으로 한 가지 달라진 나의 자존감은 콘크리트 벽보다 더 단단하다. 이같이 단단한 자존감은 글을 쓰는 과정에서 비롯되었다. 나의 자존감은 나로부터 출발한다. 과거의 나의 자존감은 어느 정도나 되었을까? 자존감이란 사전적 정의는 다음과 같다.

'자신에 대한 존엄성이 타인들의 외적인 인정이나 칭찬에 의한 것이 아니라 자신 내부의 성숙된 사고와 가치에 의해 얻어지는 개인의 의식을 말한다.'

결국 자기 자신이 자신을 존중하여야 한다는 것이다. 자기 자신이 자기를 존중하는 것이 우선이라고 생각한다.

나는 자존감이 상당히 낮았다. 낮은 자존감으로 많은 부분에 있어 긍정적이지 못했다. 그래서 남편과 다투면 늘 상처를 받았다. 별스럽지 않은 일로 다투다가 상처를 받는 일은 일상사였다. 그토록 낮았던 자존감이 어떻게 콘크리트 벽보다 더 단단해졌을까? 꿈을 이루는 과정에서 내가 원하는 것을 얻을 수 있다는 확신을 가졌다. 나는 해낸다고 날마다 확언을 한다. 하고 싶은 것을 하며 살 수 있다는 희망을 품었다. 되고 싶은 것을 이루기 위해 공부도 한다. 가지고 싶은 것을 가지기도 한다. 내가 스스로 의식을 변화하는 데 집중한다. 꿈을 이룬다.

꿈을 이루는 과정에서 자존감이 단단해진 것 같다. 사람들은 누구나가 자

나를 사랑하게 되는 자존감 회복 글쓰기 훈련

기가 원하는 것을 하면서 살고 싶어 한다. 나도 마찬가지다. 하고 싶은 것을 할 때 자존감이 올라갔다. 내가 원하는 것을 이룰 수 있다는 희망은 자존감으로 발전한다. 이전에는 사소한 일로 다투고 사소한 일로 상처받았다. 요즈음은 남편하고 다투는 일이 좀 있어도 상처를 받지 않는다.

콘크리트 벽보다 더 단단한 자존감은 하루 1시간 글쓰기로 가능하다. 글쓰기는 훈련이 필요하다. 매일 글쓰기 훈련을 하면 글쓰기가 가능하다. 책을 낼 수 있는 기회가 된다. 자존감이 회복되는 기회도 잡을 수 있다. 글을 쓰면 의식이 달라진다. 세상의 대접이 달라진다. 가족은 물론, 지인들의 대접도 달라진다. 글쓰기로 자존감이 단단해진다. 책을 출간하면서 생긴 400개의 꿈은, 나의 자존감을 콘크리트 벽보다 더 단단하게 했다. 의식이 달라지고 주변의 대접이 달라지는 글쓰기의 힘은 대단하다. 콘크리트 벽보다 더 단단하게 하는 자존감 회복이 가능하다. 하루 1시간 글쓰기를 해보자. 자존감을 회복하고 싶은 분들에게 글쓰기를 적극적으로 추천한다.

28

이혜영

약력 : 영어 공부에 관심 많은 두 아이의 엄마, 의사, 작가

글쓰기로 나의 일상이
빛나게 되다

어릴 적 내 기억에 어른의 삶이란 자유이고, 내 마음대로 선택할 수 있는 것이었다. 실제 어른의 삶이 이렇게 바쁜 일상 안에서 쳇바퀴처럼 흐르며 그날의 책임을 다하고, 끊임없는 결정을 하며 시간을 보내는 삶인 줄 몰랐다. 일상 속에서 언제나 예상 밖의 일들이 불쑥 찾아온다. 복잡하고 크고 작은 문제들에도 놀라지 않고 덤덤하게 처리해야 그 다음 바쁜 일정을 소화할 수 있기 때문에 점점 나의 감성선은 무뎌지고 단순해졌다. 작은 문제에 오래 시간을 지체하거나 감정이 불쑥 튀어나와 컨트롤이 안 되면 그 다음 내가 신경 써야 할 줄 서 있는 문제들은 지체되거나 구멍이 나버리니까.

친구들과 어울려 놀던 아무것도 모르던 시절의 소소했던 일상의 즐거움, 학기별 시험의 짜릿했던 긴장과 시험 후의 해방감, 내입 시험, 의사 고시,

인턴, 레지던트 때 바쁜 시간들. 열심히 노력해서 얻었던 성취와 기쁨들. 지금 떠올려보니 그 길을 걸었던 시간 동안이 가장 다이나믹한 시간이었다는 것을 지금에서야 알았다. 그 당시 어린 나는 불확실한 미래와 내가 결정할 수 없었던 상황들에 불만이 많았었던 것 같은데, 그때 나는 크고 작은 사건들로 고민하며 시간을 보내며 그저 '어서 이 모든 것을 마치고 어서 안정적인 어른의 세계로 들어가고 싶다.'라고 생각했었다.

드디어 그렇게 기다리던 어른의 세계에 진입한다. 누구에게도 허락받지 않고 온전히 내가 책임지는 세계는 조용하고 평온했지만 늘 분주하고 피로한 것 같다.

"자식은 몸 밖의 심장이에요."

영화 〈주디〉의 초반에 나오는 주디 갈란드의 첫 대사다. 작년에 이 영화를 보았을 때 내 가슴에 콕 박힌 대사이다. 작년에 코로나 때문에 모든 학교와 학원이 셧다운 된 상태에서 집에 아이들을 두고 출근한 나의 마음을 이 대사가 한마디로 표현해준다. 출근을 하면 내 몸의 일부를 놓고 나온 느낌으로 기저에 불안함이 깔렸고, 뭔가에 오래 집중하기 어려웠다. 퇴근 후 집에서는 늘 검사실에서 보내올 콜을 받아 해결해야 하기 때문에 점점 영혼은 분리되어가는 느낌이었다. 겉에서 보는 일상은 규칙적이고 평온하고 안정 그 자체였지만, 난 분 단위에 맞춰 내게 주어진 일을 하나씩 클리어하며, 밤이 되면 피곤에 쩔어 너덜너덜해진 상태로 잠이 들었다.

나를 사랑하게 되는 자존감 회복 글쓰기 훈련

아이들과 함께하는 시간이 예전보다는 길어졌지만, 늘 정신은 분리된 상태로 온전히 집중하지 못하고 "엄마, 나 좀 봐줘."라고 하면, "잠깐만, 엄마 판독해야 돼. 기다려. 잠깐만." 이런 대화가 일상이었다. 아들은 서운한 표정으로 "알았어…" 하고 자기 방으로 들어가곤 했다.

바쁘게 하루를 보냈는데 내가 뭘 했는지 기억할 수 없고, 아이들과 함께 있지만 아이들의 예쁜 말과 행동이 눈에 들어오지 않는다는 것을 자각한 어느 날, 글을 써야겠다는 생각이 문득 들었다. 왜 그런 생각을 했는지 모르겠다. 나는 원래 글이라고는 그 흔한 SNS에도 잘 올리지 않았다. 가볍게 시작하자는 마음으로 블로그에 올리는 글은 맨날 똑같은 일상이다 보니 똑같은 얘기를 시간의 순서대로 쓰는 것의 반복이었고 무엇보다 나는 솔직하게 글을 쓰는 것이 어려웠다. 직장에서 나의 감정을 드러내 보이면 좋을 게 하나도 없다는 걸 경험으로 알게 된 상태에서 제일 어려운 것이 일기 같은 글쓰기였다. 누가 사무적인 글을 재미있게 읽겠는가?

요즘 인터넷 세상에서는 나 같은 엄마들을 위한 글쓰기 수업이 많았다. 10분 글쓰기 모임, 독서 모임 등등 개인이 주최하고 단톡방을 개설하여 인증하는 형식들이었다. 그런 수업에 한번 참여해본 적이 있었는데, 어떻게든 하루에 짧게나마 글을 쓰게 된다는 장점이 있있지만 그 역시도 역시 노드나 메모의 형태로 흩어져버려 그 이상의 만족감이나 성취감을 주지 않았다.

그러다가 책을 써야겠다는 생각을 별안간에 해버린 거다. 아무리 기억

225

하려고 해도 지금은 무슨 경로로 내가 〈한책협〉에 흘러들어오게 되었는지 (?) 기억이 나지 않는다. 어쨌든, 어느 날 유튜브 알고리즘의 안내로 김도사님 유튜브 채널까지 오게 되었고 책을 쓰면 인생이 바뀐다는 카피에 혹해서 〈한책협〉 카페에 가입하게 되었다. 그냥 내 일상이 단조롭고 무미건조하고 잠이 부족했던 터에 뭔가 에너지 몬스터 같은 고용량 카페인을 부어 넣겠다는 시도였다. 그리고 책 쓰기 과정에 참여하게 되었다. 적지 않은 투자였기 때문에 처음에는 심장이 뛰고 내가 괜한 일을 저지른 게 아닌가 며칠 결정 후에도 고민스러웠다. 난 그다지 모험을 즐기는 타입의 사람도 아니었기 때문이다.

〈한책협〉에서는 책 쓰기 과정을 하면서 눈에 보이지 않은 꿈을 시각화시키기 위해 필사를 시킨다. 사실 내 주변의 의사들은 과학을 하는 사람이기 때문에 의식이라든가 에너지라든가, 눈에 보이지 않은 형태를 이론으로 만들어 믿는 시크릿류의 책을 좋아하지 않는 사람들이 많다. 아주 예전에 론다 번의 『시크릿』을 읽었을 때 간절히 원하는 것을 쓰고 바라면 이루어진다는 그녀의 주장이 약간 허무맹랑하다는 생각도 들었었다. 그러나 〈한책협〉 글쓰기 과정에 참여하는 많은 작가님들이 글쓰기를 통해 사람들이 자신의 바람을 실제로 이루어나가는 모습들을 보며 사람들의 사고와 행동을 변화해나가는 모습을 경험할 수 있었다. 매우 신기하고 중요한 경험이었다.

책 쓰기 과정에서는 글쓰기를 습관화하기 위해 서로의 과제에 서로 응원하는 댓글을 남기고, 규칙적으로 본인의 과제 상황을 보고해야 한다. 이렇게 의무적으로 글을 써야 하는 장치와 상황을 도사님께서 많이 만들어놓으셨는데, 난 과제를 남겨두는 성격이 못 되어 최대한 과제를 완수하려고 노력했고 그런 과정에서 그렇게 어려웠던 글쓰기가 만만해지는 것을 느꼈다. 다른 사람들의 글을 보는 것도 도움이 된다. 같은 주제로 나와 다른 생각을 풀어낸 글을 읽으면서 사고의 폭이 넓어지기도 한다. 내 글을 읽고 다른 사람의 반응을 보면 내 글이 더 의미있어진다는 생각이 들었다. 어쨌든, 글이란 누군가에게 읽혀지기 위해 존재하는 것이니까. 이런 소통을 통해 내가 세상과 연결되어 있다는 걸 확인할 수 있고 이런 피드백이 글쓰기를 즐겁게 해주었다.

책 쓰기 과정 커리큘럼은 오랜 코칭 경험으로 김도사님께서 고안한 방법인데 체계적이고 효과가 크다. 글을 하나도 쓸 줄 모르고, 독서력이 뒷받침되지 않아도 책을 쓸 수 있게 만들어진 가이드라인이라고 생각한다. 주마다 주어지는 과제가 너무 쉽지도 과하지도 않았고 나는 주마다 과제를 완수함으로써 스스로 성장한다는 성취감을 느낄 수 있었다. 김도사님은 특유의 직설적이고 솔직한 화법을 사용한다. 그것은 작가들을 성장시키려는 진심이 있기 때문이다. 그런 그분의 코칭 아래 많은 사람들이 글쓰기로 자신의 삶을 긍정적으로 변화시키고 있다.

그저 순수한 마음으로 책을 써보고 싶다는 소망으로 시작한 책 쓰기 과정이었는데, 그 과정에서 기대하지 못한 것들을 얻었다. 소소하게는 일단 글을 써야 했기 때문에 쓸 소재를 확보하기 위해 늘 스쳐지나갔던 일상을 유심히 바라보기 시작했다. 그날의 날씨와 스쳐지나간 나무와 풀과 바람과 아이들의 웃음소리와 직원들과의 대화, 남편과의 농담들이 내 굳어 있는 감정선을 건드리기 시작했다. 늘 칙칙했던 일상에 색이 더해지기 시작했다. 당연하게 생각했던 것들이 새롭게 다가와 글로 남겨두어야겠다는 생각이 들면서 나의 시간들이 온전히 마음에 담겼다. 머릿속을 꽉 채우던 느낌과 생각을 글로 표현하고 대화를 나누게 되자 묘한 시원함을 느꼈다. 머릿속이 비워지고 한결 편안해지는 것 같았다. 글을 쓰면서 내가 답답해했던 벽 하나를 넘은 느낌이다.

지금 생각해보면 글을 쓰는 데 가장 방해가 되었던 것은 글에 내 감정을 솔직하게 담아내기 어려웠던 부분이었다. 내 글을 읽을 다른 사람의 시선을 너무 의식한, 일종의 자기검열 때문이기도 했고, 또 이러한 글쓰기가 익숙하지 않았기 때문일지도 모른다. 어쨌든, 이런 부분들이 하나씩 극복되면서 솔직한 감정을 글로 드러내는 것이 아무렇지 않아졌다. 그리고 나의 소소한 일상을 어떻게 재미있고 섬세하게 글로 표현할 수 있을까를 고민하게 된 것, 내가 글쓰기로 얻은 수확이다.

다시 말하지만, 그저 순수한 마음으로 책을 써 보고 싶다는 소망으로 시작한 책 쓰기 과정이었다. 하지만 이제는 사람들에게 좀 더 공감을 주는 글을 잘 쓰고 싶다는 욕심도 생겼다. 늘 남의 얘기라고 생각했었는데 나에게도 도전정신과 새로운 소망이 하나씩 생겨난다. 다음에는 어떤 주제로 글을 써보고 싶다는 구상도 하게 되고 앞으로 나올 책을 아이에게 보여주며 자랑

나를 사랑하게 되는 자존감 회복 글쓰기 훈련

도 한다. 나의 생각과 내가 살았다는 증거를 글로 남긴다는 것은 정말 멋진 일이다. 사실 내 일상이 변한 건 아무것도 없다. 늘 수면은 부족하고 아침부터 밤까지 분 단위로 움직이며 내게 주어진 문제들을 클리어하며 하루를 보낸다. 여전히 이곳저곳으로 옮겨다니며 영혼이 분리된 상태로 살아간다. 하지만 글을 쓰기 시작함으로써 좀 더 힘이 생겼다. 쳇바퀴의 중력에 끌려가는 것이 아닌, 팽팽하게 내 중심을 잡고 끌고 가는 느낌으로 내면의 변화가 일어났다. 앞으로 글쓰기가 더 내 삶 안에 들어오고 축적되면 더 큰 힘이 생길 것이라고 믿는다. 덤으로 나는 더욱 빛날 나의 일상을 기대해본다.

29

정두리

약력 : 자기계발 작가, 퍼스널브랜딩, 독서습관 코치, 동기부여 강연가, 독서
콘텐츠 크리에이터

저서 : 『삶의 무기가 되는 독서 습관』

글쓰기로 과거의 나를 위로하고
상처를 극복했다

인생에서 기회는 세 번 찾아온다고 한다. 언제 어떤 방식으로 찾아올지는 아무도 모른다. 이미 그 기회가 찾아왔는데 놓쳤을 수도 있다. 우리는 언제까지 살아 있을지 끝을 알 수 없다. 나는 글쓰기로 그 세 번의 기회 중에 한 번의 기회를 얻었고 놓치지 않고 움켜줬었다. 그렇게 찾아온 변화들을 기쁘게 맞이하는 중이다.

글쓰기가 가져다 준 변화들 중에 가장 큰 영향은 나를 일으켜 세우는 중심축이 비로소 형성되었다는 것이다. 과거의 내 인생은 중심이 '나 자신'이 아니었다. 다른 사람이 선택해주는 것이 훨씬 편했다. 살아가는 내내 등에 '슬픔이'라는 감정을 달고 살았다. 성인이 되고서도 나는 '슬픔이'의 그림자가 등에 붙어 다녔다. 오히려 책임져야 할 상황이 늘어나면서 슬픔이의 크기가 더 커졌을 것이다.

고등학교를 졸업하면서 대학을 가야 할 이유도 몰랐고, 그다지 재밌어 보이지도, 멋있어 보이지도 않았다. 그렇다고 다른 꿈이 있는 것도 아니었다. 당시에는 시간을 허투루 보내고 싶었다.

삼 남매였고 연년생이었기에 대학 등록금도 걱정되었다. 그렇지만 부모님의 대학 진학을 꺾을 만큼의 소신도 없었다. 선택해주는 것에 익숙했다. 그 선택 속에서 내가 자유롭게 할 수 있는 것을 찾는 편이었다.

'나는 왜 선택하는 것이 힘들까?'

이 물음을 가슴 속에 품고 있었다. 원인을 알 수 없는 상처였다. 선택을 해야만 할 때마다 '넌 왜 이런 것도 몰랐니?'라며 나를 탓하며 상처에 상처를 거듭했다.

이런 나의 물음이 답을 찾았다. 글을 쓰면서, 책을 쓰면서 상처들이 치유가 되었다. 나는 과거에 중심축이 없던 사람이라는 사실을 인정하게 되었고, 인정을 통해서 '괜찮다.'라고 객관적으로 위로할 수 있게 되었다.

책을 쓰면서도 많이 회피하였다. 나에게 미안했다. 내 삶에 예의를 다하지 않았다는 사실이. 그렇게 합리화하면서 보내왔던 순간들에 대해서 미안했다. 그러나 그런 나를 위로할 수 있는 것도 '나 자신'이라는 사실 또한 받아들이게 됐다.

중심 없는 삶은 자신감 없음으로 번졌고 '꿈'이라는 것도 없었다. 직업이 변변하지도 않았고 돌파할 수 있는 추진력이 없었다. 총체적 난국이었다.

'나를 드러내는' 것이 어려웠다. 나의 감정이 어떤지도 몰랐고 타인에게 맞춰주는 편이 더 쉬웠다. 가족들도 주변 지인들에게도 그렇게 관계를 맺었다.

하루는 언니와 드라마를 보며 이런 대화를 했다.

"나도 저 드라마 주인공처럼 이것저것 다 갖고 살고 싶다."
"너의 인생의 주인공은 너야. 네가 주인공처럼 살면 되는 거야."
'치…, 나는 저렇게 도와줄 사람도 없잖아.'

이 멋진 드라마 속에서 나올 법한 대화를 하면서도 속으로는 환경을 탓하고 있었다. 생각이 이러하니 비난받는 것이 두렵고 돌파할 수 있는 힘 또한 나오지 않았다. 당연히 주변에 도움을 요청하는 법이 없었다. 혼자서 모든 것을 결정하고 가야 하니 때때로 실패하며 절망감이라는 감정의 늪에 빠졌다.

글을 쓰면서 이제는 깨달았다. 실패했을 때 주변에 도움을 요청하는 것도 건강하게 지내는 방법 중 하나라는 것을. 나를 드러내는 것에 두려움이 없었다. 어떤 생각을 하면서 멋지게만 보여야 한다는 강박관념도 무너뜨리게 되었다. 완벽주의자임을 인정하게 되었다.

이제는 사랑으로 나를 돌보고 있다. 이려운 상황이 오면 자언스럽게 도움을 요청하고 그 고마움에 보답하기 위해서 나도 도움이 될 수 있는 사람으로 성장시켰다. '어른아이'의 모습이 성숙한 어른의 모습이 되었다. 다른 사람의 인생이 부럽지도 않고 내가 없는 것에 배 아파하지 않게 되었다. 내 안

233

의 가치를 발견한 덕분이다.

글을 쓰면서 자연스럽게 내가 할 수 있는 것들과 좋아하는 것들이 나왔다. 나는 어떤 인생을 살아갈까? 전혀 궁금하지 않던 내 미래가 궁금해지기 시작했다. 그래서 과거의 나에게 계속해서 질문을 했고 그럴수록 또 다른 멋진 모습이 있음을 발견해갔다.

왜 그런 생각을 갖게 되었는가?
어떤 순간의 트라우마가 남았는가?
그 감정이 현재까지 이어지는가?
무엇이 나를 힘들게 만들었는가?
그렇다면 나는 무엇을 좋아하는가?

질문들이 답을 찾을수록 퍼즐이 맞혀지기 시작했다. 눈치를 보던 내가 긍정적이고 자신감 넘치는 사람이 되었다. 사랑으로 삶을 대하기 시작했다. 월급 180만 원 받던 계약직 직장인으로 살 때는 직업을 말하지 않았다. 자랑스럽게 먼저 이야기하는 직업이 생겼다. "나는 작가입니다."라고 당당하게 이야기한다. 나는 현재 '삶의 무기가 되는 독서 습관'이라는 주제로 개인 저서를 집필 중이다. 출판사와 계약하면서 저서가 나오는 순간 나의 위치가 뒤바뀌고 있었다.

얼마 전에 한 면접 현장에서 느꼈다. 평소에 면접을 보면 얼굴을 쳐다보지 않고 고개를 숙이며 자기소개 1분가량을 듣는 면접관들의 모습이 일반

나를 사랑하게 되는 자존감 회복 글쓰기 훈련

적이었다. 그러나 내가 자신감을 갖는 순간 자연스럽게 정리된 내 생각들과 "작가로 책을 집필 중입니다."라고 힘 있게 말하게 되었고 그 순간 면접관들이 고개를 들어 나의 이야기에 집중하며 들어주었다. 그들이 행동변화에는 나의 자신감이 한몫했다.

또한 '감사하다'는 마음이 절로 나오게 됐다. 글을 쓰면서 하루 500번씩 '감사합니다. 사랑합니다.'를 외쳤다. 그리고 감사한 순간을 열 가지씩 생각했다. 긍정적인 부분만 바라보기 시작했다. 말로 부정적인 에너지를 보내기 시작했다.

'버스가 제 시간에 와서 감사합니다.'
'저에게 관심 갖고 신경써주셔서 감사합니다.'
'저 사람은 바쁜 일이 있나 보네. 안전하게 운전하겠습니다.'
'너를 기다리는 동안에 책을 보고 예쁜 꽃을 구경하는 시간을 벌었어. 고마워.'
'나는 매일 모든 면에서 조금씩 나아지고 있다.'

이런 생각들을 반복하고 늘려갈수록 불평, 불만들은 줄어들었다. 그런 말들이 오히려 불편해졌다. 긍정 에너지는 긍정적인 순간을 끌어당겨졌다. 말이 주는 힘을 느끼게 되었다. 그래서 지나가는 말로라도 부정적인 메시지는 주지 않도록 조심하며 말하게 된다.
긍정적인 사고가 생기니 웃음도 더 많아지고 밝아졌다. 오랜만에 만난 친

235

구도 느끼는지 '더 자신감이 생겼다. 보기가 좋아졌다.'라고 말한다. 모든 순간에 대한 확신이 생기니 내려놓을 줄을 알게 되었다.

글쓰기가 즐겁고 부모님에게 자식 자랑을 할 수 있는 건수를 올려주게 되었다. 출판 계약이 되자마자 가족 단톡방에 알려주었더니 대단하다면서 신기해하신다. 표현은 안 하시지만 뿌듯해하시는 것이 느껴진다. 나를 맞이하는 인사말이 '딸'에서 '작가님'으로 변경되었다.

과거의 자신감 없고 무기력하게만 살면서 죽을 날만 기다리던 무가치한 생각들이 전부 사라졌다. 그런 나의 상처를 치유하는 방법을 제대로 배우니 세상이 밝아 보인다. 다시 태어났다.

애써 겸손하려고 노력하고 예의를 갖추려고 겉모습을 치장하던 순간들이 조금 버거웠다면, 이제는 가치 있는 것의 우선순위가 '나 자신'이 되니 무서울 것이 없다. 내가 갖고 있는 것을 드러내면서 다른 사람의 것도 인정할 수 있게 되었다. 이후에 내가 무엇을 갖게 되든지 '나는 해낼 수 있고 그럴 자격이 충분하다.'는 사실을 알고 있다. 자존감이 지하 10층에서 지상 100층으로 껑충 뛰게 되었다.

결국 중요한 것은 내 안의 가치가 무한대인 것을 깨우치는 과정이었다. 제대로 의식 성장하는 법을 배우게 되었다. 〈한책협〉에서 나를 마주하게 되고 김도사 스승님께서 제대로 사는 방법을 일깨워주셨다. 인생 2막을 살 수

나를 사랑하게 되는 자존감 회복 글쓰기 훈련

있도록 해준 생명의 은인이신 분이다. 나의 삶이 충만해짐이 매일 느껴진다. 좁쌀만 하다고 여겼던 인생이 광활한 우주 속에 분명하게 있어야만 할 사명이 있다고 알게 되니 나의 존재가 명확해졌다.

　이런 의식 성장이 가져올 앞으로의 미래가 어떤 삶일지 꽤 기대가 된다.

30

정미연

약력 : 평범한 직장인이자 주부, 한의원에서 10년 넘게 간호조무사로 근무

저서 : 『내가 원하는 것을 제대로 선택하는 법』, 『의욕 없던 삶이 다시 두근거리는 하루 10분 글쓰기의 힘』(공저)

> **"**

이제는 내 인생의 주인으로
살아가게 되었다

> **"**

나는 3남 1녀의 막내딸로 태어나서 어려서부터 부모님의 사랑을 많이 받고 자랐다. 아들만 셋을 주루룩 낳으니 엄마는 내가 또 아들일까 봐 지우려고 했다고 한다. 나는 어려서부터 부모님으로부터 엄하게 크지를 않았다. 성격이 온순해서 착하다는 말을 많이 들었다. 초등학교 성적통지표에 선생님이 하신 말이 "성격이 매우 온순함"이라고 적혀 있었다.

초등학교까지는 아버지께서 외국에 계셔서 아버지와의 추억은 많이 없다. 엄마 밑에서 자라다 보니 야단맞거나 꾸중을 들으면서 크지 않았다. 아버지 성격은 마음을 잘 표현하시고 사람들 좋아해서 남들한테 대접을 잘하셨다. 형제 중 큰오빠가 아버지 성격을 닮으셨고 둘째오빠, 막내오빠, 내가 엄마의 성격을 많이 닮았다.

239

초등학교 다닐 때부터는 엄마가 항상 일하시니 학교 다녀오면 집 안 청소하고 밥을 해놓기도 했다. 동네분들에게 딸이 야무지다는 말을 들었다. 자라면서는 어른들이나 친구들에게 착하다는 말을 많이 들었다. 인상이 참 좋다는 말도 많이 들었다. 성격이 내성적이다 보니 사람들 앞에서 내 생각을 제대로 표현을 못 해봤다. 친구들이나 사람들 얘기를 들어주는 편이었다. 학교를 졸업하고 사회생활을 하니 아는 사람이 부탁을 많이 하였다. 학교 친구가 찾아와서 돈을 빌려달라고 하는데 거절을 못 하고 빌려주었다. 오래 전 있었던 일이라 빌려준 돈을 받았는지 기억은 없다.

은행에서 첫 근무를 하였다. 그때 당시 시골에서 은행에 취업했으니 주변에서 부러움을 받았다. 그리고 아는 사람들이 돈을 빌려달라는데 거절을 못 하고 빌려주게 되었다. 어떤 분은 내 이름으로 대출해서 빌려주기도 했다. 그때는 사람들이 부탁을 하면 들어줘야 되는 줄 알았다. 부모님이나 형제 친구에게 이럴 때는 어떻게 해야 하는지 물어보지도 못하고 혼자 결정으로 돈을 빌려주게 되었다. 고민이 있거나 스트레스 받는 일이 있으면 주변 사람들에게 상담하는 방법도 몰랐다.

결혼하고 나서 아들 딸 낳고 그럭저럭 사는 것 같았지만 남편과 사이가 나빠졌다. 마음을 기대고 의지할 데가 없을 때 아들 친구 엄마를 알게 되어 친하게 지내게 되었다. 아들 친구 엄마는 이혼하고 애들 둘하고 살고 있었다. 나에게 잘해주고 친절하였다. 마음을 나눌 데가 없었던 나는 자연히 아들 친구 엄마와 친하게 되었다. 애들하고 먹고살아야 하니 곱창 가게를 해

나를 사랑하게 되는 자존감 회복 글쓰기 훈련

야겠다면서 나에게 돈을 빌려 달라고 하였다. 또 거절을 못 하고 빌려주고는 아직도 받지 못하고 있다. 몇년 전 친구 언니가 부탁하여 다단계에 투자했다가 회사가 없어져서 빚만 남는 상황에 처했다.

　이처럼 나는 사람들이 부탁하는 것에 거절을 못 해서 내 삶이 힘들어진 것 같다. 지금은 나이가 들다 보니 어느 정도 깨닫고 지혜롭게 살아야겠다고 생각한다. 하지만 20~30대는 착하게 사는 기준이 없다 보니 사람들 말을 다 들어줘야 하는 것 같았다. 착하게 사는 사람들의 공통적인 고민인 것 같다. 다른 사람의 말을 거절하지 못해 불편한 상황을 만들어버리고 지나치게 믿어서 손해를 보거나 배신을 당하고 나서 후회하기도 한다.

　누구나 인생을 살다 보면 힘들고 어려운 일들이 일어난다. 나는 마음이 힘들 때 하나님 말씀을 묵상하였다. 성경 말씀을 묵상하면 마음이 단단해지고 희망이 생겼다. 기도하면 마음이 편안해졌다. 하나님을 알지 못했다면 우울증에 걸렸을 수도 있었다. 무슨 문제가 있거나 힘든 일이 있을 때 구역 식구들끼리 기도하였다. 같이 기도해주는 동역자들이 있어 힘이 되었다. 그러나 내 삶이 변하거나 삶이 발전이 없는 것 같아 힘들기도 하였다.

　그러다 우연히 유튜브를 통해 김도사님을 알게 되면서 책을 쓰게 되었다. 김도사님은 작가이면서 책 쓰기 코칭을 하신다. 25년 동안 250권의 책을 쓰고 10년 동안 1,100명의 작가를 배출하였다. 그동안 성공하고 싶어 얼마나 많은 노력을 하셨는지 알 수 있다. 대단하시다. 훌륭하시다. 많은 사람들은 열심히 일하고 노력하여야 성공한다고 생각한다. 하지만 김도사님은 생각, 의식을 강조하셨다. 의식이 전부라고 하셨다. 우리의 의식에서 성공에 대한 목표가 정해지지 않으면 성공하기 힘들다고 하셨다. 우리가 적는 버킷리스트는 모두 이루어진다고 하셨다. 처음 책을 쓰면서 내가 과연 책을 다 쓸 수 있을까 하는 의문이 왔었다. 나는 책 쓰기 코칭을 받을 수 없는 상황이었지만 책을 쓰고 싶은 열정이 있으니 코칭을 받을 수 있었다.

나도 내 자신에게 이런 열정이 있는지 몰랐다. 소심하고 남 앞에 나서는 것을 못하던 내가 책을 쓰겠다는 마음으로 분당까지 김도사님을 찾아가서 물어보고 등록을 했다는 것이 믿어지지 않았다. 아마도 돈에 대한 목마름이 었던 것 같다. 나도 김도사님처럼 성공하고 싶은 강한 열정이 있었다. 무엇보다 책을 쓰면서 꿈이 생겼다는 것이다. 평범했던 내가 부자가 될 수 있고 내가 갖고 싶고, 원하는 것, 어떤 사람이 되고 싶은지가 현실로 다가온다는 것이다. 미래가 보이지 않고 암울했던 책 쓰기 전과 달리 지금은 희망으로 가득 차 있다. 버킷리스트를 작성하여 매일 읽어보고 상상을 한다. 이 얼마나 행복한 일인가?

책을 쓰는 동안에는 행복했다. 처음에는 어떻게 써야 할지 막막했지만 써 갈수록 마음이 풍족하고 행복했다. 평소에 좀 게으르던 내가 책을 써야 한다는 마음으로 새벽까지 원고를 작성할 때도 있고, 피곤해서 잠들었다가도 새벽에 일어나서 원고를 작성할 때도 있었다. 어떤 날은 생각이 안 나서 잠들었는데 깨어나서 생각이 날 때도 있었다. 원고를 쓰면서 마음이 기쁘고

242

나를 사랑하게 되는 자존감 회복 글쓰기 훈련

행복하였다. 낮에 일하면서는 원고 쓸 구상을 하면서 일을 하였다. 같이 일하는 직원에게 일하면서 무슨 생각을 하느냐고 핀잔을 받을 때도 있었다. 하지만 기분 나쁘지는 않았다.

살아오면서 우유부단했던 나의 삶에 확실한 목표가 생겼다. 목표가 생기니 살아가는 데 자신감이 생겼다. 배우자에게 기대지 않고 나의 삶을 살아갈 수 있다. 사람을 만나서 사랑하는 것보다 내 앞날을 바라보면서 일을 하고 싶다. 나를 힘들게 한 사람을 미워하고 원망, 불평도 해봤다. 하지만 힘든 삶이 있었기에 내가 노력했고 스스로 발전할 수 있었다. 나 살기 바빠 주변 형제를 돌볼 시간이 없었지만 조카들도 챙기고 싶다. 내가 성공해서 자녀, 조카들과 주변인들에게 본보기가 되고 싶다. 노후가 걱정되었지만 지금은 노후를 걱정하지 않는다. 다른 사람이 부탁하는 것에 거절하지 못했던 내가 내 일을 우선적으로 생각하고 좋게 거절하게 되었다.

직장에서도 순종적이었지만 너무 말없이 있으면 무시하는 경향이 있어 싫은 것은 표현을 한다. 하고 싶은 말이 있으면 말을 한다. 그렇다고 무조건 말 다하고 상대방을 배려하지 않는 것은 아니다. 그렇게 해야 상대방이 나를 존중해주는 것 같았다. 다른 사람 부탁을 들어주고 남의 인생을 살아주었지만 이제는 내 인생을 살아가련다. 지금은 나에게 금전적으로 부탁하는 사람이 없다.

작년 책 쓰기를 하면서 이제까지 느끼지 못했던 가슴이 뛰는 삶이 되었다. 이렇게 꿈에 부풀고 희망으로 가득 차는 삶은 없었다. 하나님을 믿으면서 항상 긍정적인 생각은 하였지만 또 다시 부정적인 생각이 들곤 하였다. 하지만 지금은 왜 부정적인 생각을 하면 안 되는지 이유를 알았다. 부정적인 생각이 들면 바로 생각에서 지우고 좋은 마음 미래를 생각하며 초점을 맞춘다.

   10년 이내에는 나의 버킷리스트가 다 이루어지고 부자로서 살아가지만 나보다 못한 사람들을 돕고 싶었다. 텔레비전에서 아프리카 불쌍한 아이들 방송 나올 때 항상 마음 한쪽이 아팠었다. 후원을 해야지 하면서 미루고 있다가 작은 후원금이지만 이번 달부터 후원을 시작하였다. 내가 여유가 있어서 하는 게 아니다. 마음이 있으면 무엇이든 할 수 있다고 생각한다. 지금은 미약하지만 내가 부자가 되면 아프리카 아이들 100명을 후원하겠다고 목표를 세웠다. 우리나라 미혼모 가정, 조손 가정, 불우한 청소년을 후원하고 싶다. 선한 영향력을 끼치고 최고의 동기부여가가 되고 싶다.

   이제는 내 인생의 주인으로 살아가게 되어 뜻깊은 인생이다.

30_정미연_이제는 내 인생의 주인으로 살아가게 되었다

31

정병묵

약력 : 경기도 광주 〈좋은 부동산 사무소〉 운영, 초등학교 4학년부터 조간신
문, 석간신문 배달로 20만 원 넘게 모아 중학교 진학, 강남대학교 부동
산학과 석 · 박사, 산업부동산 논문 다수 출간

저서 : 『부동산 투자 지금 해도 늦지 않다』, 『의욕 없던 삶이 다시 두근거리는
하루 10분 글쓰기의 힘』(공저), 논문 「공장매매의 의사 결정 요인분석」,
「원룸 소형주택 관리방안을 위한 요구도 조사」

66
글쓰기는 성공하기 위한
필수 조건이다
99

당신의 꿈은 무엇인가?

학교에서 열심히 공부해서 치열한 경쟁을 뚫고 서울 소재 대학교를 천신만고 끝에 입학하여 열심히 스펙 쌓아서 학교 졸업하고 하루 10시간을 도서관에서 공부하며 세월을 보내다가 한두 번 시험에 떨어지고 다시 절치부심(切齒腐心)하며 마음을 다잡고 하루에 도시락 두 개씩 준비해서 먹으며 와신상담(臥薪嘗膽) 끝에 공무원이 되고 공사에 입사해서 세상 사람들이 부러워하는 직업을 갖는 것이 꿈인가?

이렇게 정형화된 우리 사회의 보편적인 가치가 사회의 주류로 자리 잡은 지 오래된 현실에서 다르게 살아보라고 강요하기만도 사실 쉽지만은 않다. 그렇다고 해서 꼭 공부를 잘해야만이 사회에서 성공할 수 있다고는 생각하지 않는다. 보편적인 사고에서 벗어난다면 혹시 다른 길이 보일지도 모른다. 자신의 능력을 믿고 자신을 찾는 시간을 가지다 보면 자신의 한계라고 여겼던 많은 약점이 오히려 장점으로 승화될지도 모른다. 그렇다면 혹시 당신은 당신의 꿈이 아닌 부모님의 강요에 의한 당신과는 상관없는 악몽을 매일매일 열심히 꾸고 있는 것은 아닌가? 당신의 감정에 얼마나 충실하며 살고 있는지 되돌아볼 필요가 있다. 자신이 가장 잘하는 것이 무엇인지 찾아내고 그것 중에 가장 좋아하는 것이 무엇인지 발견한다면 당신 인생은 새로운 국면을 맞이하게 될 것이다.

나는 경기도 광주에서 공장 창고 임대 및 매매를 주거래 대상물로 하는 공인중개사 사무소를 운영하고 있는데 지금 산업 현장에서 특히 중소기업의 인력난은 어제 오늘의 얘기가 아니다. 중소기업은 일할 사람이 없어서 경영자들이 어려움을 겪고 있지만, 상대적으로 대기업은 젊은이들이 상당한 스펙을 쌓고 공부 내공을 가지기 전에는 입사하기조차 하늘의 별 따기만큼 어려운 것이 지금의 현실이다. 대기업에 입사하면 자신의 능력과 상관없이 큰 배의 부속품이 되어 한정된 역할을 할 뿐인 데 비하여 규모가 작은 중소기업에 가면 직책은 있지만, 역할은 구분 없이 모든 일을 배우면서 월급까지 받으면서 사업 경영 수업을 받을 수 있고 더 나아가 모든 기술적인 노하우를 체득해서 결국은 독립하여 사장님이 될 수도 있다.

직장인들은 자기의 시간과 노력을 사용자에게 제공하고 그 대가로 급여를 받을 뿐이어서 결국 사용자만 경제적 자유인으로서의 삶을 살아가게 되

나를 사랑하게 되는 자존감 회복 글쓰기 훈련

고 또한 사용자들은 자신이 만들어놓은 시스템에서 자신이 일하지 않아도 시스템이 작동하여 더 많은 부를 사용자에게 안겨주고 그곳의 직장인들은 사용자에게 인생의 핸들을 맡긴 채 부속품으로 살아가다가 자기의 주체적인 삶을 리드하지 못한 채 그 시스템에서 버려지고 나면 주체적으로 살아가는 방법을 배운 적이 없기 때문에 초보 운전자가 되어 많은 시행착오를 겪고 우왕좌왕하다가 대부분이 그다지 큰 부를 맛보지 못하고 생을 마감하는 것이 바로 전형적인 현대인의 라이프 스타일이다.

물론 안정적인 대기업과 입사 시 차이 나는 연봉이 선뜻 중소기업으로 인생을 시작하기가 내키지 않을 수도 있다. 하지만 젊은이들의 특권이 무엇인가? 젊다는 것은 많은 기회를 가지고 있다는 것이고 그 기회 중에는 무한한 가능성을 내포하고 있는 기회들이 분명히 있다. 젊은이들은 실패도 특권이다. 하지만 나이 50을 넘어서 실패하면 일어날 확률이 급격하게 줄어든다.

"실패는 성공의 전제조건이다.
빠르게 성공하고 싶다면 실패율을 2배로 높여라."
– 브라이언 트레이시 –

성공의 조건 글쓰기
교보문고에 가면 이런 문구가 있다. "사람이 책을 만들고 책이 사람을 만든다." 저자 역시 인생을 살아오면서 많은 정보를 책을 통해 취득하였으며 정제되지 못한 섣부른 인격 형성 부분을 책을 통한 간접경험으로 채울 수 있었다. 책은 우리의 상상력을 풍부하게 하고 말로는 표현하기 힘든 정교한 감정 전달을 글로써는 얼마든지 가능하다. 책 쓰기 팁은 책을 많이 읽어봐야 잘 쓸 수 있는 요건이 충족된다. 독서를 통한 지식의 저변을 풍부하게 가졌을 때 좋은 책을 쓸 수 있는 소재들이 차곡차곡 나의 책 서고에 쌓이게 된다. 필자 역시 박사 논문을 여러 편 써본 경험이 있다. 그렇지만 세상 사람들은 나의 논문을 아무도 주목하지 않았다.

하지만 내가 『부동산 투자 지금 해도 늦지 않다』로 대중 작가가 되었을 때 비로소 사람들은 나의 가치를 인정해주었으며 박사로서의 명예도 되찾을 수 있었다. 책을 출간하고 얼마 지나지 않아 〈리더스(Leaders)〉라는 월간 정론지에서 인터뷰 요청이 왔고 유명 아나운서가 진행하는 TV에도 출연한 바 있다. 내 속에 잠들어 있는 이때까지 한 번도 본 적이 없는 또 다른 나를 끄집어 세상에 펼쳐놓은 것이었다. 필자는 기꺼이 정론지에 원고를 투고하면서 내가 세상에 나온 또 하나의 특별한 이유를 나에게 선물해주었다. 학술 논문이란 이론적인 데이터나 사실관계에 바탕을 둔 학술지이므로 난해하고 대중이 이해하기란 쉽지 않다. 반면에 우리가 쓰고자 하는 책은 우리의 가슴과 정서에 기반한 감정의 자연스러운 표현이기에 세대와 계층을 초월하여 대중의 사랑을 받는 것이다.

당신의 자존감은 안녕하신가요?

자신만이 가지고 있는 세상에 하나뿐인 스토리를 저서로 엮어서 세상에 내보내면 그 분야의 전문가로서의 독보적인 지위와 메신저로서의 자존감은 덤으로 얻어질 것이다. 스토리가 빈약하다는 생각이 든다면 일상에서 찾아보라! 콘텐츠는 얼마든지 널려 있다. 요리를 잘하는 사람은 요리가 될 수 있고 결혼에 관심 있는 사람은 결혼이 특별한 콘텐츠가 된다. 자신만이 가지고 있는 스토리는 가장 독특한 것이고 이 세상에서 둘도 없는 소중한 경험이며 이런 것을 활자화해서 책으로 엮고 그 책을 읽고 감명을 받고 혹 세상에 남아 있기가 가치 없다고 생각하는 희망 없는 누군가의 인생이 변화되었다면 얼마나 가슴 뛰는 일이겠는가! 더는 자신의 인생 이야기를 값어치 없는 이야기라고 가치를 폄훼하지 말자.

당신이 하찮다고 느끼는 당신의 일상이 어쩌면 베스트셀러 글감의 소재가 될 수 있다는 믿음으로 시작해보라. 어떤 일에 빠져보고 그 일을 시작했다면 절대로 포기하지 마라! Never Give up! Never Give up! 당신의 뜨거운 가슴 한쪽에 웅크리고 있는 단 한 번도 빛을 보지 못한 꿈을 시도도 하지 않고 포기하려고 하는가! 스티브 잡스도 젊은 시절 이사회와의 갈등으로 자신이 창립한 회사에서 쫓겨난 적이 있다. 그렇지만 실패의 피드백을 거울삼아 화려하게 컴백했던 일화는 너무나 유명하며 단 한 번이라도 실패를 경험하지 않은 성공자들은 이 세상에 한 사람도 존재하지 않는다.

필자 역시 초등학교 입학 전에 부모님이 이혼하고 혼자서 초등학교에 입학했고, 아버지가 중학교에 가지 말라고 했으나 초등학교 4학년부터 새벽 신문 배달하고 학교를 파하고 석간신문을 배달해서 돈을 모아서 중학교에

251
31_정병묵_글쓰기는 성공하기 위한 필수 조건이다

진학했다. 나는 한순간도 대학을 졸업하지 않겠다는 생각을 한 적이 없었다. 그러한 믿음이 지금의 나를 만들었고 어려서의 고생이 지금의 밑거름이 된 것은 분명하다. 나는 웬만한 어려움은 어려움이 아니라고 생각했고 세상에 안 되는 일보다 되는 일이 훨씬 많다고 확신했다. 그래서 군대도 남들이 어렵다고 생각하는 특수부대에 6년간 복무했다. 복무하면서도 정신은 항상 육체를 지배한다는 굳은 신념으로 군 생활을 즐겁게 완주했다.

세상은 잃는 것이 있으면 반드시 얻는 것이 있다. 가난했기에 겸손할 수 있었으며, 약자 앞에 교만하지 않을 수 있었고 돈의 소중함을 깨우칠 수 있었으며 성공의 달콤함을 반드시 쟁취하고자 노력했다.

지금 당신의 어려운 상황을 잘 안다. 그렇지만 여기서 힘을 내어 단 한 발자국이라도 좋으니 앞으로 나가자. 절대 뒤로 가지 마라! 앞으로 나가지 않는다면 항상 제자리다. 넘어진다고 실패하는 것이 아니라 넘어진 뒤에 일어나지 않아서 실패하고 마는 것이다.

"실패자들은 자신이 성공에 얼마나 근접했는지 알지 못한 채
포기하고 만다."
— 토머스 에디슨 —

성공이라는 단어에 항상 따라붙는 것이 바로 부와 명예이다. 행복이란 가지고 싶은 것과 원하는 것의 줄다리기라는 생각을 한다. 부와 명예는 행복

의 조건에서 없어서는 안 될 중요한 요건 중의 하나일 것이다. 어느 설문 조사에 의하면 서울 시민의 40.1%는 돈이 행복의 가장 중요한 요소라고 답했다고 한다.

"돈이 얼마나 있으면 당신은 행복하나요."라고 물었더니 10~50억 원 사이의 돈이 있으면 행복할 것 같다고 한다. 희망 평균 돈의 크기는 21억 원 정도이며 이 액수는 대한민국 상위 3%의 기준 자산과 비슷하다는 통계가 나왔다. 자신이 간절히 원하는 것을 얻었을 경우 행복지수는 상승하지만, 얼마간의 시간이 지나고 나면 언제 그랬냐며 금방 쾌락에 적응하고 만다. 사람은 망각의 동물이자 현실에 적응하는 능력이 뛰어나기에 금방 잊어버린다. 우리는 흔히 무엇을 원하는지 잘 모르고 있다. 내가 무엇을 원하는지 알아야 하고 그것을 했을 때 행복해한다. 이처럼 행복을 발견하지 못한다면 그 답을 책에서 찾아보는 것도 하나의 방법이다. 내가 관심 있는 분야의 책을 차분히 정독하다 보면 분명히 행복해진 자신의 모습을 발견할 수 있을 것이다.

지금 우리 사회는 부의 양극화로 인해 상대적 박탈감이 자신을 스스로 자존감 낮은 사람으로 만들고 만다. 우리는 끊임없이 다른 이와의 비교를 통해서 행복해하기도 하고 스스로 불행한 사람이라고 낙인찍는다. 나보다 나은 사람과의 비교는 나를 한없이 초라하게 만들고 자존감 낮은 사람으로 만들기에 나보다 다소 위치가 아래인 사람을 돌아보면서 갈 수 있는 지혜가 요구된다. 돈이 인생의 전부는 아니지만, 우리가 밤잠 자지 않고 하는 걱정

대부분은 돈과 연관되거나 직·간접으로 영향을 미치는 일이 대부분이다. 돈을 벌 수 있으면서 나의 자존감을 높여주는 일을 찾는다면 얼마나 가슴 뛰는 인생이 되겠는가? 믿음이란 땅에 뿌려진 씨앗과도 같다. 자신 스스로 성공할 수 있다는 믿음은 굉장히 중요한 동인이다. 철저히 믿음으로써 점점 구체화되는 형상을 체험할 수 있다. 병에 대한 치유력 또한 마찬가지이다. 반드시 낫는다는 믿음만이 그를 구할 수 있다. 의술과 약은 보조 수단일 뿐이다.

이처럼 부와 명예, 성공이라는 달콤함을 영위하려 하면 끊임없는 자기와의 고독한 싸움으로, 때로는 지치고 힘에 부치고 음침한 사막을 혼자 걷는 것 같은 끝없는 외로움에 직면할 것이다. 하지만 그것을 자신이 지금 하는 일에 가치를 부여하면 지루함과 그 일에 대한 고통이 금세 즐거움으로 탈바꿈한다는 것을 발견할 수 있을 것이다. '태양을 향해 던지는 창이 가장 높이 올라간다.'라는 말이 있다. 무엇이든지 최고의 스승에게 배워야 하고 최고의 전문가에게 들어야 한다. 최고의 자리에 올라간다는 것은 힘든 일이다. 하지만 시도도 하지 않고 포기한다면 아무런 일도 일어나지 않는다.

당장 시작하자!

누구나 성공하고 싶어 한다. 그렇지만 방법을 몰라서 못 하는 경우가 대부분이다. 많은 성공한 분야의 전문가들과 자기계발 작가, 동기부여가들의 책이 시중에는 넘쳐난다. 무조건 읽어라! 그리고 느껴라! 나라고 해서 그 사람과 같이 되지 말라는 법이 있는가.

일단 어떤 일에 미쳐보자! 미쳐보고 판단은 나중에 하자! 독서를 통해서 자신만의 내공을 다지고 글쓰기를 통해 성공에 도전해보라! 성공해서 책을 쓰는 것이 아니라 책을 써야 성공한다는 〈한책협〉의 슬로건을 직접 경험해 보기를 강력하게 권한다. 나 역시 작가가 되기 전에는 한낱 보잘것없는 자칭 시골 지식인에 불과했다. 그렇지만 세상이 나를 알아주기 시작했고 나의 도전은 어디서 어떻게 끝날지 아무도 모른다. 나도 모른다. 이 세상이 멈출 때 나의 도전은 막을 내릴 것이다. 시작하는 당신이 분명 다음 해에 당신만의 필드에서 주인공이 될 것임은 두말하면 잔소리다.

32

최경선

약력 : 사업의 성공과 실패로 가장 가까운 사람들로부터 상처를 받고 우울증
과 좌절을 겪었으나 아픈 감정을 내려놓으며 빛이 되는 삶을 살고 있
다. 작가, 감정코치, 상담가, 동기부여가, 강연가

저서 : 『감정 내려놓기 연습』, 『나쁜 감정으로부터 나를 지키는 연습』(공저),
『의욕 없던 삶이 다시 두근거리는 하루 10분 글쓰기의 힘』(공저)

아픔을 딛고
결국 빛이 되었다

결국 나는 마지막 남았던 사업도 실패했다. 원인을 누구에게도 돌리고 싶지 않았다. 지친 영혼은 끝없는 고뇌, 아픔, 암울함, 우울증 그리고 대인기피증, 사회불안장애, 불안 등을 겪으며 혼자만의 세계에 갇혀 지냈다. 교회 권사님 및 목사님도 기피했다. 혼자가 오히려 편했다. 아무것도 하지 않으니 아무 일도 일어나지 않고 고치 속의 애벌레처럼 수년의 세월이 지나갔다. 그럼에도 나의 내면은 '너 마냥 왜 그러고 있나?', '원래 그런 사람이 아니었잖아?' 한다.

극도로 예민해진 밤이면 세운 두 무릎 사이에 가슴과 머리가 맞닿은 채 방 한구석에 웅크린 채로 지새웠다. 하얀 밤이 내게 준 극도의 피로감이 늘 나를 감쌌다. 아픈 감정을 달랠 길 없어 애먼 휴대폰에 매달려 보며 유튜브에 올라온 말도 안 되는 가짜뉴스까지 삽삽이 뒤지며 멍 때리는 시간을 보냈다. 그러다 언뜻 김도사라는 단어가 눈에 띄었다. 나는 '도사'라는 말에 묘하게 끌리며 열어보게 되었다.

지독히도 가난했던 집안에 태어나 말까지 더듬거렸단다. 학교 성적은 꼴찌에서 맴돌고 IQ도 좋지 않았다고 한다. 그런데 한 가지! 작가가 꿈이었다고 했다. 주변에선 비웃고 실패와 좌절을 거듭하는 아픔으로 자살을 몇 번이나 하려 했단다. 그런데도 7년 동안 글쓰기를 미치도록 하여 그토록 퇴짜 맞던 출판사들로부터 수많은 러브콜을 받아 지금은 150억 부자가 되었고 100평의 펜트하우스에 산다고 했다. 난 순간 곧바로 구독과 알람을 누르고 좀 더 연이어 자세히 봤다. 유튜브 아래 글들 중 〈한책협〉이라는 생소한 단어와 글쓰는 작가를 배출하는 코칭이라는 단어가 눈에 들어왔다. 예전에 글쓰기 좋아하고 책 읽기 좋아하던 시절의 설렘이 본능처럼 살아났다. 단숨에 〈한책협〉 카페에서 신천지 같은 새로운 세계를 보았다. '아니? 도대체 이게 말이 돼?', '작가가 아무나 되는 것이 아니지 않나?' 하며 고개를 좌우로 흔들어본다. 하지만 곧이어 그 속에서 한 줄기 빛이 내 속으로 들어왔다.

자아를 찾아서 길을 나선다

그 이후 끝없는 나에 대한 물음, 고뇌, 성찰 그리고 의문의 과정을 거치면서 〈한책협〉에서 김도사에게 코칭 받으며 책을 쓰게 되었다. 겉으로 표현하지 못한 어둠 속에 존재하던 나는 글쓰기를 배우고 불과 한 달 만에 개인 저서를 썼다. 나를 드러내는 작가로서 인생이 시작되었다. 독자에게 글을 쓰는 것이 아닌 바로 나 자신에게 썼다. 그동안 응고되었던 눈물이 폭포수처럼 터져나왔다. 하얀 밤을 지새우던 한이 뿜어져나오며 누에고치가 입에서

실을 뽑아내듯 신들린 듯 글을 썼다.

4주 동안 쓴 내 글이 투고와 동시에 쏟아지는 여러 출판사에서 연락이 이어졌다. 첫 번째 개인 저서 『감정 내려놓기 연습』이 한 달 반 만에 세상에 태어났다. 연이어 3개월 후 김도사님이 기획한 두 번째 저서 『나쁜 감정으로부터 나를 지키는 연습』이 세상에 태어났다. 내가 쓴 글이 출판 계약이 이루어져 계약금을 받아가며 제대로 된 글 쓰는 작가가 되었다. 탈고 교정을 보며 차츰 어두움이 사라지게 되고 희망이란 단어를 처음 떠올리게 되었다. 진정한 내가 보이는 것 같다. 진리 안에 안착하게 된 것 같다. 주변 누구에게도 글 쓰는 것을 말하지 않고 나만의 길을 찾아 나선 결과다. 지친 영혼의 끝없던 고뇌와 아픔이 사라져갔다. 자존감 자체도 모르며 암흑 속에 존재하고 있던 의식이 일깨워졌다. "마음만 있으면 누구나 작가가 될 수 있다."라는 김도사님의 말 한마디가 스위치를 켜줌으로 인하여 정말 제대로 된 작가가 된 것이다.

자존감이란 나 자신에 대한 존중을 뜻하나 나는 그러지 못했다. 때문에 다른 사람이 나에게 하는 말 몇 마디에 아픈 감정이 되었다. 주저앉아 그것이 전부인 줄 알고 그 감정에 휘둘리기만 했다. 나는 그 아픔에게 배운 것들을 잊지 않는다. 작가가 되게 만든 것도 어둡던 아픔이라고 생각한다. 책을 쓰며 그때 알았다. 나의 아픔을 드러내며 독자에게 글 쓰는 것이 곧 나를 위하는 것이라는 것을.
세상에는 완전히 좋은 것, 완전히 나쁜 것이 얼마나 될까? 아무리 좋아보여도 그 안에는 밖에서 볼 수 없는 어두움을 숨기고 있고, 정말 나쁜 것 같아도 숨겨진 좋은 것을 포함하고 있다. 나는 그리 많이 오래 살지 않았지만 칠십을 바라보며 경험이 많다. 아무리 위대해도 주변 상황이나 어떤 위기가 뜻하지 않는 일로 내몰릴 때가 있다. 결과만 보고 과정을 무시한다면 결과는 진정한 의미가 없다.

아픈 어두움은 고귀한 빛이 된다

작가로서 시작되는 아침이다. 몇 십 년을 맞이하였던 날과 어떻게 다르랴? 다르다. 무엇보다 의식이 달라졌다. 모든 것이 새롭고 감사하다. 예전부터 보던 똑같은 환경이 찬란한 빛으로 다가온다. 창문으로 비춰지는 아침 햇살이 온 전신에 전율을 느끼는 감성으로 다가온다. 편한 쉼에 감사하고 주어지는 하루에 감사한다.

'과연 내가 해낼 수 있을까?'라는 생각보다 할 수 있다고 말하는 사람이 좋다. 부정적인 생각에 사로잡힐 때도 있다. 그것을 긍정적으로 전환시키는 의도적인 능력도 필요하다. 의외로 나를 바꾸는 것은 나로부터가 아닌 경우가 많다. 대부분 자신의 의식과 각오가 자신으로부터 나와야 된다고 생각한다. 세상을 바꾸거나 나를 바꾸는 것이 작은 아이디어나 기회에서 나오는 경우가 많다. 별것 아니라고 나와 상관없다고 돌아선다면 그 기회는 다른 누군가가 잡을 수 있다. 실행하고픈 생각을 어디서 어떻게 활용해야 할지 실행해 옮기며 보완해가는 것이다. 거기에 꼭 필요한 것은 그런 힘이 있다는 자신을 믿는 믿음이다.

어두움이 빛이 되는 것은 헤르만 헤세의 『데미안』에 나오는 새의 알과 같다. 자연 순리의 어두움과 빛이 아닌 인간 내면을 드러내는 인위적인 실행이다. 아픔은 감추고 숨긴다고 없어질까? 그렇지 않다. 상처가 곪았다면 터트리고 도려내는 과정은 고통이 따른다. 그냥 내버려두고 싶은 심정으로 자신과 한 치의 양보 없이 치열한 싸움이 되기도 한다. 고통은 어느새 놀라울 정도로 의식화된 정의감이 불탄다. 바로 하고자 하는 열정이다. 고통의 시간이 남긴 새로운 삶이 주는 맛을 아는가? 지는 해를 따라오는 어두움을 바라보았다면 다시 떠오르는 찬란한 태양이 머지않았다.

당신의 삶이 지금 어두운 고통 속에 있다면 빛이 되는 소망으로 사소한 기회라도 놓치지 말기 바란다. 누구를 원망하고 자책하기보다 자신의 꿈과 희망을 갈구하라고 말하고 싶다. 자신을 믿는 믿음은 어떤 힘보다 스스로를 일으키는 큰 힘이 된다. 고통스럽게 온 밤을 새우게 만들었던 어두움도 찬란한 태양이 떠오르면 아무것도 아님을 알게 된다.

밝은 태양이 떠오를 날을 살아갈 준비를 하라. 꿈을 꾸라! 꿈을 실제처럼 만지고 체감하라! 그 꿈은 당신의 의식을 깨우며 짓밟혔던 자존감을 회복하게 하는 빛이 될 것이다. 딛고 일어나 감사하라. 더 원대한 미래를 펼치는 원동력이다. 고통의 아픔을 딛고 나면 한 번도 나를 떠나지 않았던 찬란한 빛을 발견하게 될 것이다.

261

33

최용일

약력 : S사 인사교육 담당, 네이버 카페 〈직장인영어코칭연구소〉, 네이버 블로
그 〈최부장의 영어이야기〉 운영, 직장인 대상 영어 코칭

저서 : 『나는 영어를 끝장내고 인생이 완전히 바뀌었다』, 『보물지도22』(공저),
『의욕 없던 삶이 다시 두근거리는 하루 10분 글쓰기의 힘』(공저)

> ❝
나의 자존감 회복의 전환점은
글쓰기였다
> ❞

내가 초등학교 3학년 때 어머니가 잠자고 있는 나를 흔들어 깨우며 내게 "네 여동생들하고 잘 지내고 있어. 엄마가 잠깐 다른 곳에 있다가 데리러 올게." 하며 집을 나섰다. 그러나 그 후 어머니는 다시 나에게로 돌아오지 않았다. 어머니가 집을 나가기 전만 해도 당시 아버지는 8톤 트럭 6대로 시멘트와 벽돌 등을 건설 현장에 운반해주는 잘 나가는 운수업체 사장이었다. 퇴근할 때면 쌀 포대 자루에 현금을 가득 담아서 돌아오곤 했을 정도로 돈을 잘 벌었다. 집도 서울 잠실의, 앞마당이 있는 2층짜리 단독 주택이었다. 그 정도로 풍족하게 살았다. 아버지는 또한 자가용으로 나를 학교까지 등교시켜주었다. 사업이 잘되자 아버지는 시골 친척들에게 큰 선물도 많이 했다. 그 모습을 보며 나도 크면 아버지처럼 사업가가 되어야겠다는 꿈을 가지게 되었다. 그러나 그린 꿈은 얼마 가지 못했다.

아버지가 손을 댄 고스톱이 도박으로 이어졌다. 도박으로 돈을 잃고 집에 들어오면 아버지는 어머니에게 폭행을 가했다. 집안은 쑥대밭이 되었다. 결국에는 도박 빚 때문에 트럭도 팔고 집을 팔아 서울 강북의 조그만 전셋집으로 이사 가게 되었다. 그리고 이사하는 그날 새벽에 어머니는 집을 나갔던 것이다. 그 후로 나는 힘든 청소년 시기를 보내게 되었다. 자존감은 완전 바닥으로 꺼지고 성격도 내성적으로 바뀌게 되었다. 아버지의 노름과 이어진 사업 패망, 그리고 어머니의 가출로 부모님은 이혼하게 되었다. 나와 여동생 둘은 조그만 슈퍼를 운영하는 어느 아주머니의 가게 뒷방에 얹혀살게 되었다. 그리고 그 모르는 아주머니는 새어머니가 되었고 엄마라고 불러야 했다.

사업가가 되어 부자가 되겠다는, 아버지로부터 비롯된 나의 꿈은 점점 멀어져갔다. 아버지의 도박은 내가 대학생 때까지도 계속 이어졌다. 나는 새벽 2~3시경에도 도박판으로 가서 아버지를 모셔 와야 했다. 그놈의 도박이 정말 무서운 존재라는 걸 나는 그때 뼈저리게 깨달았다. 내가 대학생이 되었어도 반지하 전셋집에서 살 정도로 형편은 나아지질 않았다. 새어머니도 마음고생을 많이 하셨다. 아버지가 젊은 시절에 도박에 빠지지 않았다면 지금쯤 매년 100억 이상 버는 사업가가 되었을 것이다. 나는 부자가 되려면 절대 도박에 손을 대서는 안 된다고 가슴 깊이 새겼다. 지금도 고스톱과 게임들은 할 줄 모른다. 친척분들의 얘기를 들어보면 사업을 같이했던 아버지의 친구분들은 모두 큰 부자가 되었다고 한다. 나는 부자들이 도박한다는 얘기는 들어보지 못했다.

나를 사랑하게 되는 자존감 회복 글쓰기 훈련

이렇게 어린 시절 경험으로 나의 자존감과 자신감은 바닥까지 내려갔다. 그러나 최근 책을 쓰고 출간하면서 나의 자존감은 회복되었고 오히려 전보다 더 큰 자신감과 큰 꿈을 갖게 되었다. 과거의 어두웠던 경험들은 오히려 나의 큰 자산이 되었고 변화의 디딤돌이라는 사실을 책을 쓰면서 느끼게 되었다. 책 쓰기는 그야말로 과거를 돌아보게 하고 새로운 인생을 살게 하는 큰 원동력이 되었다. 그런 경험은 아마 책을 쓴 사람들만 느껴볼 수 있을 것이다. 나의 마음을 아프게 한 여러 가지의 사건 사고, 인간관계의 원인은 다른 사람이 아닌 바로 나 자신이라는 사실도 깨닫게 되었다.

3년 전 영어를 매일 집중해서 공부했던 습관이 독서로 이어졌다. 직장생활을 하며 가끔 자기 계발 도서를 읽곤 했다. 그러나 어떤 목적이나 목표를 두고 책을 읽지 않았다. 그러다가 "이왕 독서하는 것 한번 제대로 해보자."라는 생각이 들었다. 그래서 마케팅 관련 추천 도서 중 340권을 선정했다. 그리고 1년 동안 읽을 목표로 부동산 관련 도서 100권도 선정했다. 부동산에 문외한이었던 나도 부동산에 관심을 두고 독서를 하게 되었다.

1년에 100권의 책을 읽으려면 일주일에 두 권은 읽어야 했다. 보통 책 한 권당 300페이지가 넘었다. 하루에 100페이지 이상은 읽어야 했다. 결국엔 매일 아침 출근 전부터 책을 읽기 시작해서 업무 시작 전, 점심시간, 퇴근 후에도 독서는 계속되었다. 그렇게 책 읽기를 3개월 정도 하니 책 읽는 것이 습관이 되었다. 독서를 처음 할 때는 눈이 매우 피곤했다. 점심 식후의 독서 시간은 특히 졸린 시간이었다. 회의실로 가서 서서 독서를 했다. 그것

265

33_최용일_나의 자존감 회복의 전환점은 글쓰기였다

도 습관이 되니 점심시간에 졸리던 현상이 없어졌다. 그렇게 독서를 반복할 수 있었던 건 부동산에 대해 몰랐던 사실을 알아가는 재미였다. 투자에 대한 간접 경험을 할 수 있게 된 것이다. 독서를 통해 성공한 사람들의 생각과 경험을 알게 된 것은 나에게 큰 감동과 재미를 선사했다. 그러다가 문득 책을 읽기만 하기보다 '나도 책을 한번 써보면 어떨까.' 하는 생각이 들었다. 성공한 많은 사람의 공통점 중의 하나가 책을 많이 읽는다는 것과 책을 출간했다는 것이다.

이제는 자기 계발의 끝판왕인 책 쓰기에 도전했다. 그동안 인풋만 있었던 나의 인생을 아웃풋 하고 있다. 많은 시간과 비용을 들여 공부하고 경험했던 것들을 이제는 필요로 하는 사람들에게 나누어주고 있다. 사람들이 희망과 꿈을 갖고 인생을 활기차게 살아갈 수 있도록 도움을 줄 수 있는 그런 책을 쓰기로 하고 실행에 옮기고 있다.

먼저 영어가 고민인 사람들에게 해외에서도 업무를 할 때 어려움이 없도록 해주는 영어 공부법에 관한 책을 썼다. 주식 투자에 실패하지 않도록 해주는 주식 공부법, 부동산 투자의 기본기 등 직장인에게 필수인 자기 계발과 재테크의 기본기에 관한 책들도 쓸 계획이다. 동기부여와 의식 혁신 책과 더불어 매년 한 권의 책을 써서 나의 남은 삶 동안 다른 사람들에게 도움을 주는 사람이 되기로 다짐했다.

삼성에 입사한 초기에 읽었던 자기 계발 도서 중에 구본형의 『익숙한 것과의 결별』, 『낯선 곳에서의 아침』, 『그대 스스로를 경영하라』는 나의 직장생활에 동기부여가 많이 되었다. 나도 이제는 힘들었던 순간들을 극복하고 성공한 나의 경험을 전달할 수 있게 되었다. 나의 책을 통해 나의 이야기가 인생에 도움이 될 수 있는 사람들이 분명히 있을 것으로 생각한다. 그동안 많은 책을 읽고 그 저자로부터 감동을 받고 용기를 내게 되었던 것처럼 나도 다른 이에게 용기와 희망을 전할 수 있는 그런 사람이 되었다.

내가 누군가에게 도움이 될 수 있다는 것이 인생을 살아가는 데 가장 큰 동기부여가 된다. 그리고 행복을 느끼게 된다. 책을 쓰고 나니 많은 주변 사람들이 놀라워했다.

"직장 다니며 어떻게 책을 쓸 수 있었느냐?", "영어 전공자도 아닌데 어떻게 영어에 관해 책을 썼느냐?" 등 놀라워하며 축하의 메시를 보내왔다. 친지분들은 "그동안 잘 살아줘서 고맙다." 등의 표현까지 했다.

책을 쓰고 출간하는 일이 집안에 큰 경사인 게 맞는가 보다. 그리고 책 출간하는 일이 많은 사람에게 인정받을 수 있는 길임은 분명하다. 그래서 책을 쓰고 나니 자존감이 높아지고 자신감도 생기며 새로운 인생의 도전 목표들이 속속 생겨나는 것 같다.

책을 쓰고 나니 직장 안에서 개구리 같은 삶이나 부속품 같은 삶에서 벗어나보겠다는 목표도 생겼다. 남은 인생을 좀 더 보람되고 행복하며 희망찬 일생으로 살겠다는 희망이 생겼다. 다른 사람들을 돕고 문제를 해결해주고 기쁨을 주며 살겠다는 비전이 생겼다.

책을 쓰는 것은 매일 다람쥐 쳇바퀴 도는 직장인에서 벗어나 스스로 변화하기 위해 가장 좋은 방법이다.

자신의 경험과 노하우에 관해 책을 쓰게 되면 전문가로 포지셔닝하게 된다. 내가 영어에 관한 책을 출간하니 많은 사람이 영어 전문가로 인정을 한다. 영어 전공자도 아닌데 말이다. 영어를 좀 더 잘해야겠다는 생각에 영어 공부도 계속하게 되었다. 전문가라고 해서 책 쓰고 끝나면 거기까지가 그 사람의 수준이 된다. 끊임없이 계속 연구하고 경험하고 실천하는 일이 전문가가 해야 할 일인 것이다. 직장인이라면 퇴직 전에 자기 분야에 관해 책을 출간해보고 퇴직하자. 자신의 분야에 관해 책을 쓰면 자존감과 자신감이 높아지고 인생에 큰 비전과 꿈을 갖고 살게 될 것임을 확신한다.

내가 영어책을 출간한 것은 많은 직장인에게 도움을 주기 위해서다. 영어로 인해 스트레스받고 시간을 들여 공부해도 발전하지 못하는 직장인들이 내 책의 공부 방법, 성공 경험담을 보고 동기부여 받고 영어에 성공하기를 바란다.

33_최용일_나의 자존감 회복의 전환점은 글쓰기였다

34

최지오

약력 : 워킹맘 13년차, 세 아이를 둔 직장인이자 작가, 현재 충남서부아동보
　　　호전문기관에서 근무 중

저서 : 『세 아이를 키우는 워킹맘의 행복한 육아 이야기』, 『버킷리스트 25』(공
　　　저), 『의욕 없던 삶이 다시 두근거리는 하루 10분 글쓰기의 힘』(공저)

❝
나는 글을 쓰고
자존감 있는 엄마가 되었다
❞

행복하기 위해 살아가는 것일까? 살기 위해 행복해야 할까? 닭이 먼저냐, 달걀이 먼저냐처럼 우열을 가리기 쉽지 않은 질문이다. 나의 워킹맘 여정에서도 위와 같은 의문이 많이 들었다. 내가 살기 위해 행복해야 하는 거지? 내가 행복해야 사는 의미가 있는 거지? 쉽게 결론을 낼 수 없는 질문으로 많은 생각을 하며 지내왔다.

작가가 되기 위해 전진하는 과정에서 나는 엄청난 행복감을 느낄 수 있었다. 내가 목표하는 지점을 향해 걷고 뛰며 한 곳을 바라보았다. 나의 책이 현실에 나타나는 상상만으로 행복은 넘쳐났다. 신기하게도 막상 책이 나오고 나니 오히려 행복감은 감소하는 느낌이 들었다. "이것은 무슨 상황이지?" 니는 담대했다.

얼마 지나지 않아 나는 알게 되었다. 책을 쓰는 과정이 책이 내 손에 쥐어졌던 순간보다 더 행복했다는 사실을. 책을 쓰는 과정에서 느낀 지속적인 행복감은 자존감이라는 녀석을 수면 위로 올려주었다. 그렇다. 행복의 반복 경험은 자존감의 필수조건이다.

아이들을 키우며 일을 하는 워킹맘의 삶에서 잘 키운 아이가 자존감의 무기라고 생각했다. 나는 열정 가득한 30대 시절, 공부 잘하는 아이로 키우기 위해 지식이라면 무엇이든 할 수 있는 기세로 살았다. 아이의 기준이 아닌 나의 기준으로 바보엄마로 정신없이 살았다. 열심히 살았어도 마음가짐과 방향이 달랐기 때문에 아이는 내 뜻대로 되지 않았다. 나의 자존감은 아이 즉, 외부 요인으로 인해 좌지우지 되었던 것이었다. 추락하는 자존감에는 날개가 없었다.

아이는 부모의 스승이라는 말을 깨닫게 되는 순간이다. 사람이 깨닫게 되면 생각이 바뀌어 행동에 변화가 생긴다. 나 또한 아이의 관점으로 위치를 이동하게 되었다.

나의 워킹맘 인생에서 행복은 생존과 같다. 생존에 절대적인 자원인 셈이다. 행복이란 녀석을 계속 두드리고 찾는 과정을 엄마이기 때문에 아이들과 함께 했다. 아이들을 키우는 데 힘이 들지 않는다는 것은 거짓말이지만 힘이 들더라도 행복은 느낄 수 있다. 왜냐하면 사람이라는 대상이기 때문에 대화하고 손잡고 사랑할 수 있는 것이다. 아이와 소통할 때 행복은 부산물로 따라온다. 나는 세 아이 엄마이기 때문에 행복의 부산물은 더 많았다. 행복한 경험을 더 많이 했기 때문에 나 자신이 모르는 사이에 자존감은 강해지고 있었다.

나는 책을 써야겠다고 결심하기 전까지 '나는 할 수 있는 일이 없어.'라며 나는 무엇이든 못 하는 사람으로 치부했다. 세 아이를 키우며 워킹맘으로 살아온 세월 동안 나는 변했다. '나도 할 수 있는 일이 있을 거야.'라고 말이다. 자존감 상승은 꿈을 찾고 실행에 이르게 하는 대단한 힘이 있다. 작가 김태광님의 '성공해서 책을 쓰는 것이 아니라. 책을 써야 성공한다.' 이 문구 하나로 행동하게 만들었기 때문이다. 이 문장의 위력은 실로 엄청나다. 나를 가슴 뛰게 하였고 그 열정으로 작가가 되었기 때문에 내가 가장 은혜 입은 명문장이다.

나는 책 쓰기 과정의 시작으로부터 2개월 만에 출판 계약을 이루었다. 주변에서는 기적이라고 하는데 내가 배운 〈한책협〉에서는 일상적인 일이었다. 나는 복이 많다는 것을 책 쓰기를 완성하고서야 알게 되었다. 책 쓰기 분야에 최고인 곳과 인연이 되었다는 것은 출판 계약의 결과가 증명해주기 때문이다. 내가 책을 썼다는 소식을 들은 친구가 있다. 어린 시절 글을 곧잘 썼기에 상도 꽤 받았던 친구이다. 그 친구에 비하면 나는 특출한 게 없는 아이었다. 친구 입장에서 쟤도 하는네 나라고 못 히겠냐는 생각으로 여러 곳에 문의했다고 한다. 친구는 나에게 대뜸 그랬다.
"지오야, 출판 계약하는 데 거의 1000:1이라는데 넌 대체 어떻게 한 거니? 정말 대단하다!"

"너 혹시 돈 주고 계약한 거야? 얼마 냈어?"

"아니. 난 계약금 받고 10% 인세 조건으로 계약했어. 원고 투고하고 계약하는 데까지 30분 내에 마쳤어."

책 쓰기로 특허까지 받은 〈한책협〉 시스템은 따라올 자가 없었다. 흉내는 낼 수 있을지라도 마인드 교육까지 무장하는 코칭은 글쎄다. 나에게 책 쓰기 과정이 결과물보다 더 행복했다고 하는 이유이다. 짜릿한 결과이지만 지속적인 즐거움은 과정에 있었다. 경험하지 않고는 공감할 수 없는 부분이다.

외부의 시선으로는 미쳤다고 할 수 있다. 어쩌면 맞는 말이기도 하다. 아무나 할 수 없는 책 쓰기를 평범한 사람이 2개월 만에 완성하려면 미쳐야 한다. 책 쓰기 과정의 행복에 미치니 짜릿한 결과를 경험한다는 것.

나는 '천재 작가 최지오'라는 어색한 닉네임을 사용하면서 진짜 천재 작가가 되었다. 딸아이의 핸드폰에는 '천재 작가 엄마'라고 저장되어 있다. 자녀가 인정하는 엄마가 된다는 것은 자부심을 가져도 충분하다. 엄마의 자존감 상승은 아이의 자존감까지 동반 상승하게 하기 때문이다.

자존감 있는 엄마의 모습은 아이들에게 할 수 있다는 용기와 자신감을 준다. '나는 잘 못한다.'는 부정의 감정에서 '나도 엄마처럼 할 수 있어.' 라는 긍정의 감정을 갖게 된다. 작가 엄마가 싸인해주는 책을 받는 아이들의 표정은 기쁨 가득하다.

나는 '엄마가 행복해야 아이가 행복하다'는 말을 경험을 통해 사실임을 알았다. 때문에 행복에 중독되어 자존감은 자동으로 상승된다.

"내가 많이 도와줄게요. 즐기면서 하세요."

책 쓰기 과정에서 많이 듣고 의지했던 따뜻한 메시지이다.

"엄마가 많이 도와줄게. 즐기면서 해."

이제는 내가 아이에게 전달하는 메시지가 되었다.

나의 부모님께서는 내가 출판 계약했다는 소식을 듣고 생각지도 못했다는 놀라움을 표하셨다. 부모님은 집안 사정으로 여상을 나와 방통대에서 공부한 딸이 가슴에 한이셨다. 한을 풀어드려야겠다는 소망은 항상 가슴 한편에 있었다. 집안에 박사보다 나은 자랑거리가 되었다.

작가가 되니 별 볼일 없는 사람에서 효도하는 딸이 되었다. 우리 민족은 배움의 서러움이 특히 많이 있다. 책을 쓰는 작가가 된다는 것은 박사 이상의 우러름을 받는다. 못 배운 서러움을 한방에 날리는 정말 대단한 책 쓰기 효과이다. 작가라는 호칭 하나가 추가되었을 뿐인데 겸손한 자존감은 내 삶의 주인공으로 제대로 살아가게 해준다.

주변에 박사 학위를 받은 사람이 있다. 아이 키우면서 주부로서 40대부터 대학교, 대학원을 공부하고 박사 학위까지 취득해서 현재 50대 후반이다. 연구소를 운영하는 소장이기도 하다. 몇 마디 대화 후 나에게 명함을 요구했다. 나는 명함 대신 책에 싸인을 해서 드렸더니 깜짝 놀라며 작가님이라고 우대해준다. 박사 학위를 따면서 책을 몇 권 쓰고도 남을 사례들이 많은데 시간이 없어서 못 쓴다는 것이었다. 오히려 어떻게 책을 썼냐며 물어온다. 박사와 작가와 위치는 이렇게 달랐다. 나는 박사 이상의 학위를 40대에 취득한 결과나 다름없다. 2년도 아닌 2개월 만에.

　자존감 상승의 요인은 여러 가지가 있다. 주부, 회사원, 사업자, 학생, 강연가 총 망라해서 작가만큼 강력한 요인은 없는 것 같다. 때문에 책을 쓰기 위해 얼마나 많은 사람들이 도전하는지 아는가. 자존감 상승을 위해 작가라는 꿈은 누구나 꾼다. 제대로 배우고 시간을 단축하지 못한다면 자존감은 오히려 추락한다는 사실을 기억하자.

　나의 자존감 상승은 의식 변화로 제대로 배운 결과이며 가장 소중한 시간까지 선물 받았기 때문에 가능했다. 진정한 나의 모습을 마주하며 책을 썼다. 내가 얼마나 가치 있는 사람인지 사랑하는 마음도 자연스럽게 자라났다.

　첫 번째 책을 썼기 때문에 두 번째 책도 자신이 있다. 전혀 두렵지 않다. 예전처럼 나는 못 하는 엄마가 아니다. 이제는 당당하게 외친다. 도전하는 엄마이자 실행으로 결과를 내는 작가 엄마라고.

34_최지오_나는 글을 쓰고 자존감 있는 엄마가 되었다

35

태재숙

약력 : 9년간의 주부, 10년간의 사업가, 임대사업자, 현재는 부동산 컨설턴트 겸 작가

저서 : 『부동산 투자는 최고의 부업이다』, 『임장의 여왕이 알려주는 부동산 투자 전략』(공저), 『보물지도20』(공저), 『의욕 없던 삶이 다시 두근거리는 하루 10분 글쓰기의 힘』(공저)

"

방황하던 삶에서
진짜 나를 찾게 되었다

"

스스로 표현된 나의 모습은 언제나 '을'이었다. 난 그런 존재인 줄 알았다. 그래서, 어떤 기회가 와도 먼저 의사표현해본 적 없고 먼저 앞서 나간 사람 뒤에서 적절한 의사 표현의 절충안을 찾아 나의 의사인 양 내비치며 따라가 기에 바빴다. 그렇게 살던 중 사업의 규모가 상위 0.001%에 든 큰 사업가인 가까운 친척의 배려로 사업권을 받아 우리 부부는 사업을 하게 된다. 그때, 난 생각한다. "하늘은 스스로 돕는 자를 돕는다."라는 말을 위안으로 삼으 며 열심히 사업에 전념한다. 그래서, 직장생활인이 단시간 내에 벌 수 없는 규모의 돈을 벌게 된다.

그렇게 9년이란 세월이 흐른다. 지금에 와서 보면 4년은 밑 투자 기간이 었고 5년은 수익을 창출한 시간이었다. 그때는 과거와 같은 삶은 완전히 졸업했으며, 지난날의 힘들고 경제적으로 어려운 시간은 영원히 졸업한 줄 알았다. 모든 게 달라졌다. 이미 중산층 이상의 라이프 사이클에 접어들었음을 감지한 현실이었다. 집이며, 자동차를 사고 싶으면 다 살 수 있는 형편이었다.

그리고 나의 시간을 돈으로 사서 얼마든지 활용할 수 있는 형편이었다. 그런 생활이 영원할 것 같았던 상황이 심한 파도를 만나게 된다. 우리 집의 생활 변화를 지켜보던 가까운 지인이 접근하면서, 모든 현실이 파괴되고 만다. 그들이 원하는 동업 제의로 인해 우리는 사업을 접을 수밖에 없게 된다. 동업보다는 자유를 택하는 현실은 생각보다 처절했다. 아무런 방향성을 잡지 못한 채 피해의식과 함께 3년을 칩거 아닌 칩거를 하면서 깊은 수렁에 빠지게 된다. 어느 날, 이러다 죽겠다 싶어 가벼운 운동을 하게 된다. 아파트 주변을 돌다가, 규칙적인 운동을 해보자는 생각에 새벽 시간에 헬스장에 나가 시간을 보낸다. 러닝머신에서 워킹을 3개월 정도 하다 보니까 걷는 시간 동안 조금씩 어두웠던 마음이 밝아지면서, 시선을 나에게로 돌리게 된다.

나는 피해자인 입장에 서서 상대편과의 관계를 돌아볼 점은 없는가? 나는 그들 앞에 한 점 부끄럼 없이 당당하고 떳떳한가? 입장 바꿔 생각해보면 그들도 나에게 할 말이 많았을 거란 생각이 들면서, 폐업 시점까지가 나의 사업 기간이었음을 인식하게 된다. 그럼, 지금부터 화려한 과거를 잊고 나의 삶을 살자~~~! 난 누구이며, 난 무엇을 잘하는가? 자신에게 질문을 되

나를 사랑하게 되는 자존감 회복 글쓰기 훈련

뇌며, 길을 찾아 떠난다. 그러다 유튜브에서 김도사님의 썸네일에 끌려 1일 특강을 듣게 되었다. 그러면서 책을 쓰게 된다. 책 쓰기 전에는 책이 이런 효과인 줄 몰랐다. 지금까지 살아온 모든 결과는 내가 낳은 것이며, 나의 책임임을……. 난 언제나 문제에 맞닿을 때마다 책임자가 따로 있으며 난 피해자며 난 언제나 선한 자의 모습인 것처럼 자신을 스스로 위안 삼으며 살았다.

그런데, 책을 쓰면서 이 모든 나의 현실은 내가 낳은 결과이며, 내가 알든 모르든 내 모습이란 걸 알게 되었다. 책을 출판한다는 것은 온전한 자신을 들여다보고, 재정립하지 않으면 글이 나오지 않는 것이 책 쓰기이다. 이 엄청난 사실을 일깨워주며 책이 완성될 수 있도록 의식을 자극해주는 작업을 최고의 책 쓰기 코치, 김도사님께 받았다. 나는 내가 책을 쓴다는 것부터 생각해보지 않았다. 그러나 직접 책을 출간하고 보니 책 쓰기야말로 자기계발의 최고봉임을 알게 되었다. 그 이유는 자기 자신과 정직한 대면과 순수한 만남이 이루어지지 않고는 절대 책을 완성할 수 없는 작업이기 때문이다. 내가 누구이며, 이 세상에 태어난 이유며, 내가 해야 할 일을 정확히 일깨워주는 작업이 책 쓰기이다. 그리고, 내가 이 모든 것이 가능한 사람이란 걸 깨닫게 된다. 내가 꿈꾸는 것에 대한 제약과 걸림돌이 없는 존재임을 책을 출산하고 알게 된다.

책 쓰기는 인세를 받는 지식층의 경제활동으로 알고 있었던 것이 출간 전 나의 시각이었다. 그런데, 지금은 자기를 온전히 들여다보며 자신의 존재에 대해 알게 되는 중요한 작업임을 알게 된다. 우울증과 피해의식은 내가 나 자신을 스스로 가두는 '습'이며 '관'이라는 깨닫게 된다. 책을 출간한 날 지금도 기억이 생생하다. 나방이 나비가 되어 세상을 훨훨 나는 기분이었다. 내가 바라본 세상의 안경을 바꿔 끼는 느낌이었다. 그동안의 세상은 내가 바라본 세상의 이미지였다는 것을 깨닫게 된다. 나의 안경이 아닌 진짜 세상은 있는 그대로의 모습임을 알게 된다.

책을 쓰고 난 후 지금은 자신 스스로 '습'으로 길든 시각과 원래 그대로의 모습을 하나하나 구별해나간다. 때론, 자신의 안경을 통해 얻은 시각은 바로 알아차리고 안경을 재빨리 벗게 된다. 책을 쓰고 나서 세상 바라보는 시각이 얼마나 자유롭고 편안해졌는지 모른다. 나만의 안경 없이 있는 그대로 본연의 모습을 바라볼 수 있는 시각은 실생활에 엄청난 변화이다. 지금 이 순간의 상황과 일에 대해 알아차리고, 모든 의사 결정을 내가 한다. 나로부터 일 시작과 마무리를 하게 된다. 그리고 나의 인생 주도권을 남의 의사결정에 빼앗기지 않는다. 그것을 알게 된 게 가장 큰 변화이다. 우리 부부가 했던 사업도 의사 주도권의 주인이 나임을 명확히 인지했더라면, 지금의 결과를 낳지 않았을 것이다.

그러나 지금은 안다. 내가 의사 결정권의 주인임을 깨닫게 해주려고 오늘의 현실이 펼쳐졌다는 것을……. 만약 책을 쓰지 않았다면 이 진리를 깨닫지 못하고 지금도 정처 없이 끝 모를 방황의 길은 계속되었을 것이다. 하던 사업의 길을 잃고서, 난 나 자신을 찾게 되었다. 지금은 이 모든 것을 일깨워준 책 쓰기의 위대한 힘을 확신한다. 그러므로 제대로 된 코치를 만나서 한 번에 다 이룬 것이다. 책도 쓰고, 나 자신도 찾게 되고 말이다. 인간관계, 시간, 환경으로부터 완벽한 자유를 얻었다. 내가 주도적이며, 모든 것은 나로부터 시작되고, 끝도 내가 맺는다. 예전처럼, 즉 책 쓰기 전처럼 체면상, 시간과 돈을 써야 하는 일은 졸업하게 되었다. 그리고 인간관계도 경제활동을 위한 관계는 필요치 않다.

모든 것을 나의 프로그램 안에서 알아차림으로 한 발 한 발 내딛는 삶의 방향으로 전환되었다. 지금도 안다. 그동안의 습관으로 자신이 길들여진 부분이 많음을 말이다. 그러나 그 순간 바로 아차, 하며 하나하나 바로 수정하며, 알아차리고 다시 자신을 붙잡는다. 책을 쓰고 나서, 신체적인 나이와 무관하게 정신이 새로 깨어난 느낌이다. 사회적인 제도에서 바라본 학력가나, 재력가, 직위자에 대한 거리감과 차별화가 무너진 점도 큰 시각의 변화이다. 이젠 어떠한 직위나, 재력도 나 자신을 찾지 못한 상태에서의 결과물은 사상누각이란 것을 경험을 통해서 안다. 그래서, 가장 우선시되어야 하는 것은 내가 누구이며, 나를 찾는 것이다. 그것의 최고봉은 책 쓰기임을 자신 있게 경험을 통해서 말할 수 있다. 나는 개인적으로 재테크에 관심이 아주 많다.

그래서, 폐업 후 있는 돈을 묻어두자는 마음으로 부동산 투자를 하게 되었다. 그러면시 한 멘토를 알게 되었다. 그 멘토를 만나 지금은 사업 때보다도 더 자산 형성을 이룬 상황이다. 그 멘토가 너무 멋있었다. 이유는 자신이

가야 할 길을 정확히 알고 있어 보였고, 고객을 끌기 위해 비굴해 보이지 않았다. 그리고 실력이 있었다. 자신의 과거 모습과는 대조되는 부분이 너무도 멋져 보였다. 지금에 와서 보니, 그분처럼 자신이 되고 싶었던 것임을 알게 된다. 이미 앞서간 멘토는 이미 책도 여러 권 출간했고, 강의하고 있었으며, 자신의 정확한 콘텐츠로 경제활동을 하고 있었다. 그런데, 지금에 와서 보니 내 모습이 멘토와 같다. 그래서 얼마 전에 멘토에게 그간 출간한 책을 건네주며 그간 예기를 하니 깜짝 놀라셨다. 알게 되었다. 내가 닮고 싶었고 하고 싶었던 부분임을……. 이제는 하늘 같았던 멘토에게 동지애를 느끼며, 함께할 수 있는 마음! 이 모든 것이 책을 쓰면서 향상된 내면이다. 책 쓰기는 이토록 엄청난 사회적 단계를 끌어올리는 작업이다.

표면적으로는 그렇고 내면적으로는 사회적 신분 상승의 위치나 자리가 나와 격차가 큰 단계가 아니며, 나도 가능한 존재라는 것을 깨닫게 해주는 작업이다. 책 쓰기 전에는 전혀 생각해보지 못했던 일이다. 자기계발의 최고봉임을 다시 한 번 더 강조하고 싶다. 책 읽기를 얼마만큼 해야 가능한지는 모르겠으나, 책 쓰기는 누구나 가능하며, 단 시간 내에 엄청난 의식 고양을 불러일으키는 작업임을 자신 있게 말할 수 있다. 난 스스로 이해하지 못한 부분은 남의 말을 믿고 쉽게 따르지 못하는 성향이다. 그런 자신이 책 쓰기를 통해 단시일 내에, 한순간에 일어난 의식 변화에 스스로 놀랄 뿐이다. 이 엄청난 변화를 이 책을 읽는 독자 한 사람이라도 나처럼 책 쓰기를 통해 깨닫고 의식 상승을 이룬다면, 난 이 책의 소임을 다했다고 본다.

내가 이 자리에 서 있고, 느끼고, 깨닫는 것을 알아차리며, 나의 시간을 컨트롤한다면 완벽한 자기 삶의 주인으로 사는 증거이다. 부자이건 가난한 자이건 자신의 성장이 이루어진 삶은 행복한 삶이다. 성장 없는 삶은 행복할 수 없다. 책 쓰기는 자신의 성장을 동반한 가장 나다운 삶으로 이끄는 최고의 지름길임을 말한다.

자신을 찾는 방법은 한 가지만 있는 것은 아닐 것이다. 다양하며 정답은 없다. 그러나 경험상 가장 단시일 내에 가장 완벽하게 나를 찾는 방법의 하나를 책 쓰기로 꼽는다. 용기를 냈다면 도전해보길 바란다. 주변에서 답을 찾지 말고 내면에서 암시하는 메시지에 귀 기울여, 진정한 자신을 발견하고 행복하고 축복 받은 삶의 주인이 되시길 기원한다.

36

___

한예진

약력 : 홍익대학교 교육대학원 석사, 1인 출판사 〈예진북스〉 대표
저서 : 『오늘은 기적이고 선물입니다』, 『버킷리스트24』(공저), 『의욕 없던 삶이
다시 두근거리는 하루 10분 글쓰기의 힘』(공저)

66

나 자신을 있는 그대로
인정하게 되었다

99

어린 시절 기억을 더듬어 생각해보니 10명의 대가족이라 우리 집은 항상 시끌벅적했다. 밥상을 두 개로 나눠 밥을 먹어야 했고, 언니들이 많은 막내 딸이었던 나는 항상 몸에 맞지 않는 헌 옷만을 물려 입었다.

너무나 일찍 소중한 아버지를 잃은 상실감에 대한 슬픔으로 구멍 뚫린 상 처받은 마음을 안고 살았다. 아버지를 대신해 어머니는 밤낮으로 돈을 벌기 위해 많은 고생을 하셨다. 부모와의 상호작용은 신뢰나 불신의 태도로 세 상을 보는 것을 결정하기 때문에 아이의 자존감 형성에 영향을 크게 주지만 나는 그 누구에게도 돌봄을 받을 수 없는 환경이었다.

소통하는 말이란 시간과 감정 상태 변화로 왜곡되어 변하는 것 같아 공허 했다. 언어로 소통하기보다는 공기 중으로 사라지지 않기만을 바란 이유가 사랑하는 가족을 잃은 슬픔 때문이었다.

20대는 많은 실패의 연속으로 세상에 태어나지 말았어야 할 존재인 것처럼 눈물이 펑펑 났다. 긍정보다 부정적인 생각에 얽매여 스스로를 존중하지 않았다. 고통스러웠지만 죽고 싶은 것이 아니라 잘 살고 싶었다.

어른이 되어 취미로 그림을 배우러 다녔다. 화실과 책을 읽을 수 있는 도서관은 나에게 최고의 안식처였다. 도서관의 수많은 책들도 그림처럼 소중한 멋진 작품처럼 보였다. 그림은 감상하는 것만이 아닌 직접 그리기도 하는데 책을 쓴다는 생각은 미처 하지 못했다. 책은 읽는 것도 좋지만 쓰는 것은 훨씬 더 좋다는 것을 뒤늦게 깨닫게 되었다. 제조업 시대가 지나고 현재 4차 산업 시대에 살고 있기에 리더를 키워야 하지만 아직도 공교육은 노동자를 키우는 교육에서 벗어나질 못하고 있다. 책은 성공해서 먼 훗날 죽기 전에 꼭 한 권 쓰는 것이 아니다. 글을 쓰면 자신을 인정하고 우주적 관점으로 나의 중요한 세계관을 넓혀 최고의 리더가 될 수 있다.

자존감이 낮은 나는 다른 사람의 인정이 더 필요했기 때문에 나를 이해해 주는 사람들에게 의지를 많이 했다. 그러면서 상처도 받았다. 그 상처들은 나를 성장시켰고 의존하지 않기 위해 내가 가장 잘 하는 것을 찾아 불필요한 것들을 벗어버리고 싶었다. 자유로운 영혼으로 살기 위해 노력했다. 하지만, 밑바탕에 깔린 결핍으로 인정받고 싶은 욕구 때문에 자유로울 수 없었다. 내가 원하는 삶이 아닌 주위에서 기대하는 방향으로 살았지만 혼란스러웠다.

대학에서 행정학을 전공한 나는 행정고시 공부를 위해 1년 6개월을 서울

고시원에 살았다. 낮에는 학원비와 생활비를 벌기 위해 아르바이트를 했고, 저녁에는 학원과 독서실을 다니며 공부를 했다. 하루 24시간이 모자랐다. 먹고사는 것에 치우쳐 감정을 솔직하게 표현하지 못하고 감정을 억누르며 보냈다. 3평 정도밖에 안 되는 고시원에서 아무리 발버둥을 쳐봐도 나아지지 않는 생활로 괴로웠다.

인간이 소멸되어가는 삶은 그 어떤 것으로도 보상할 수 없기에 책만이 유일한 위로이자 보상이 된다. 삶을 사유하고 성찰하며 탐구하는 가장 좋은 방법은 글쓰기이다. 니체는 "아무것도 이루지 못했을지라도 자신을 항상 존귀한 인간으로 대해야 한다"고 했다. 글쓰기로 소중한 보물들을 발견하는 내 존재의 의미를 찾기 위한 모든 과정이었음을 그대로 수용하게 되었다.

대한민국 헌법 제 10조에는 "모든 국민은 인간으로서의 존엄과 가치를 가지며, 행복을 추구할 권리를 가진다. 국가는 개인이 가지는 불가침의 기본적 인권을 확인하고 이를 보장할 의무를 가진다"고 인간의 존엄성 및 행복을 추구할 권한을 명시하고 있다. 행복을 추구할 권리는 있지만 스스로 그 행복을 잡아야 한다. 사람은 무엇인가를 소유하면 더 많이 갖고 싶어 하는데 이것은 사회적 상호 작용으로 비교를 느끼면서 또 다른 결핍을 낳기도 한다. 좋은 집과 멋진 차를 사고 원하는 직장을 다닌다고 그 행복이 오래가지 않는 경험을 했다. 행복은 추구한다고 외부에서 얻어지는 것이 아니라 내가 느끼고 발견하는 것이다.

평정심을 잃지 않게 해주는 글쓰기가 나에 대한 성찰과 성장으로 오늘을 잘살 수 있게 하는 용기를 주었다. 이제는 배움의 욕망으로 가득 채워 새로운 길로 나아갈 인생의 지도를 그려 새롭게 나아간다.

누군가 이유 없이 나를 싫어해도 그것은 나의 문제가 아니라 문제라고 바라본 그 사람의 문제이다. 소중한 나의 마음을 깨달아야 쓸데없는 불행을 멈출 수 있다. 꼬리에 꼬리를 무는 복잡한 생각으로 길을 헤매며 단순한 삶이 뜻대로 되지 않아 지푸라기라도 잡고 싶은 심정으로 〈한책협〉을 처음 방문했다. 김도사님은 대한민국 최초로 출판 가이드 시스템 특허 취득을 하시고 경험이 많으신 분이다. 내공이 많으신 책 쓰기 코치님을 만나 책을 쓰고 작가로 다시 태어났다. 복잡했던 나의 삶이 매우 단순해졌고 해결되지 않은 일들이 해결되었다. 누구에게나 삶의 주인이 될 힘을 갖고 있으며 최선을 다하는 삶, 그것이 나의 삶을 아름답게 한다.

글쓰기는 시간을 연주하는 연주가와 같다. 과거와 현재 그리고 미래를 연주하는 시간 연주자이다. 나는 밝은 빛이 나는 멋진 사람이며 누구에게 사랑받기보다 먼저 스스로 사랑할 줄 아는 사람이 되었다. 그리고 스스로 가장 믿어주는 사람이 되어 에너지가 좋아진다.

자신에게 가장 훌륭한 스승은 자기 자신이다. 자신이야말로 자신을 가장 잘 알고 자신만큼 자신을 격려해주고 존중해주는 스승은 없다. 타인과의 비교와 평가보다는 자신의 독특한 장점을 찾아 자신을 있는 그대로 인정해야 한다. 부모는 아이가 가치 있는 사람이라는 것을 알 수 있도록 도와줘야 하듯 성인이 된 나는 글쓰기를 통해 스스로 가치 있는 사람으로 성장할 수 있었다.

알베르 카뮈는 "행복이란 우리가 시간을 들여 열중하는 모든 것이다."라고 하였다. 자신을 있는 그대로를 인정하면 세상에서 가장 소중한 나와 늘 함께할 수 있다. 세상에서 가장 소중한 나를 인정하는 것을 배우고 주도적으로 결정할 때 나의 삶이 바뀐다. 90년대에는 이모티콘 대신 현실에서 대화를 하며 저마다 다양한 표정을 지었지만, 문자와 이모티콘으로 소통을 하는 세상으로 변했다. 글은 마음과 마음을 연결해 소통을 하고 그 소통은 더욱 멋진 미래를 만들 수 있다.

다른 사람을 미워하는 사람은 악한 사람이며, 자기 자신을 미워하는 사람도 악한 사람이다. 나의 가치를 내가 하찮게 여겨 소중한 나를 스스로 인정하지 못했지만 글을 쓰고 내면의 모든 감정들을 인정하게 되었다.

자신의 가치를 높게 평가하는 사람은 남의 인정을 갈망하지 않듯이 있는 그대로 나를 소중하게 인정해주는 것만으로도 충분하다. 나를 잘 모르는 사람들의 말에 휘둘리며 상처받지 말고, 소중한 나의 인생은 그 누가 아닌 나를 위해 살아가야 한다.

하늘의 별은 많지만 태양은 하나이다. 나를 인정하지 못했을 때 수많은 별 중에 하나인 줄 알았다. 나의 존재와 자아를 드러낸 글쓰기로 수많은 별이 아닌 오직 하나뿐인 태양이 나 자신임을 발견할 수 있었다. 그 어떤 것과 비교할 수 없고 위로가 필요 없는 나는 세상에서 가장 소중한 존재이다. 글쓰기로 성장해 나 자신을 있는 그대로 인정하게 되어 삶이 단순해지고 여유롭고 풍요로워졌다.

37

해인

약력 : 유아교육 전공, 상담심리 공부, 중년의 성장통을 주제로 하는 시니어
　　　작가

저서 : 『중년 이후에 깨달은 내 인생의 소중한 것들』, 『버킷리스트25』(공저),
　　　『의욕 없던 삶이 다시 두근거리는 하루 10분 글쓰기의 힘』(공저)

이제야 내가 소중한
사람이라는 것을 알게 되었다

어느 날부터인가 이제는 새벽에 책상에 앉아 자판을 두드리고 책을 읽고 필사를 하고 이런 모든 일이 자연스런 일상이 되었다. 책을 출간하고 나니 나에게 자연스럽게 의식의 변화가 찾아왔다. 이제는 사물을 보는 눈조차도 달라진 느낌이다. 아파트 현관 입구에 있어서 해마다 맡던 라일락 향기조차도 나에겐 예년과 다른 느낌이어서 잠시 발걸음을 멈추고 향내를 음미해보기도 한다. 이런 향기를 작가라면 어떻게 표현을 할까 아니면 어떤 느낌으로 받아 들여야 하지? 좀 더 나은 시선이 있어야 하지 않을까 하고 작가적인 고민(?)을 하는 달라진 모습에 혼자 웃는다.

얼마 전 지방에서 올라온 남편의 절친이 굳이 저녁을 사준다 하여 나갔더니 멀리서 보이는 데도 큰소리로 "어이, 작가 *선생*" 히기에 깜짝 놀라 왜 놀리냐고 웃었지만 이제 진짜 작가가 되었다는 실감이 났다. 남편이 얼마나 자랑을 했는지 몇몇 친구가 초등학교 동창회에 꽤 큰 책값을 기부를 하여 동창들에게 읽어보게 하겠다니 참으로 민망할 마음이 들 정도였다.

어떤 후배는 시키지도 않았는데 와이프가 수원 중앙 도서관에 희망도서 신청을 하여 비치해 놓았다며 밴드에 사진을 올려놓으니 민망함과 감사함이 한꺼번에 밀려왔다.

그저 열심히 사는 엄마로 아내로 할머니로 충실하게만 살아왔다. 매일매일 너무 충실한 내 모습 뒤에 감춰진 나의 욕망을 드러내고 싶어 글을 쓰고 작가가 되고 싶었다. 그러나 나는 할 수 있는 게 아무 것도 없었다. 그때 내 앞에 나타나신 분이 천재 코치 김도사님이다. 참으로 인연이란 알 수 없는 곳에서 우리를 끌어당기고 있다고 받아들이고 있다. 끌어당김의 법칙 또는 유인력이라는 말도 알지 못했던 내가 이런 대단하신 분을 만나 그리 오래도록 꿈꾸던 작가가 단기간에 되었다. 원하고 원하니 하나님께서 이루어주신 마법같은 감사한 일이라고 생각한다.

지금은 하루하루가 별빛처럼 아름답다. 가족들도 이제는 내가 작가라는 사실을 자연스럽게 받아들인다. 며칠 전에는 조카를 통해 큰오빠가 책 쓰는 데 애썼다며 용돈을 보내주셨다. 깜짝 놀라 전화하여 다 읽으셨냐고 물으니 틈틈이 다 읽었다며 재미있게 잘 썼다고 칭찬해 주셨다. 작아서 미안하다는 말씀하셨지만 꽤 큰 금액이기도 하고 그 마음이 나에겐 너무 큰 가치로 다가왔다. 늘 마음의 빚이 있는 큰오빠에게 조금이라도 부모님께 못 한 효도를 한 기분이었다.

작가가 되고 생각해보니 나는 늘 내가 먼저가 아니었다. 늘 양보만 하고 내 것을 강하게 주장해본 적이 없었다. 어릴 때부터 착하다, 순하다는 말을 듣고 사니 거기에 익숙해진 내면의 의식 때문에 큰소리를 치거나 자신감 있게 나서지 못하고 늘 소심하고 오래 생각하고 결국은 나를 위한 것이 아닌 주변 사람들을 위한 결정을 하고 살았다. 나만 참으면 되지 하는 게 일상사였다. 하지만 글을 쓰고 내 자신을 돌아보면서 내 자신이 얼마나 소중한 사람인지 알게 되었다.

기억 저편의 부모님과 형제들과의 추억, 친구들과 자라온 과정들을 더듬어오면서 결국 내 삶의 주인공은 나라는 것을 알게 되었다. 그 누구도 대신해줄 수 없는 삶을 살아내고 지금도 하루하루를 열심히 살아내는 내가 얼마나 대견한 사람인지 알게 되었다. 즉 자존감이 생긴 것이다. 지난 주 손주들과 서점 나들이를 했다. 혹시 내 책이 있으려나 하는 기대감이었다. 없어서 실망한 게 아니라 이 책 많이 팔릴 테니 가져다 놓으라며 큰소리로 말하는 당당한 내가 되어 있었다. 예전 같으면 상상할 수 없는 내가 된 것이었다. 작가라는 말은 안 해도 마음속에 자부심이 생기고 내 스스로 높아진 자존감에 나도 놀랄 지경이었다.

이 책 저 책 들춰보다가 다른 책을 사고 책 도착하면 연락 달라는 말을 하

295

고 돌아서는데도 마음이 기쁘기까지 했다. 손주들에게 책 오면 다시 오자고 약속을 하고 오니 둘 다 다시 온다는 말에 좋아라 한다.

생각지도 못한 마음의 변화가 곳곳에서 일어나고 있다. 지난주는 시골에서 모처럼 꽃밭을 정리하다가 산 밑을 내려다보니 세상이 달라 보였다. 작년에 보던 모습이 아니었다. 작년 수해로 그동안 정성 들여 가꾸어온 밭이 돌밭이 되어 모든 걸 다시 시작해야 하는 남편은 한숨이 저절로 나오겠지만 내 눈에는 새로운 세상처럼 보였다. 맑고 푸른 하늘 아래 펼쳐진 너른 밭과 한눈에 보이는 산 밑의 세상이 새로운 시작을 알리는 희망의 대지처럼 느껴졌다. '그래. 우리 인생이란 이런 거지 별게 있나. 넘어지면 다시 일어나고 매일매일이 새로운 나날처럼 기쁘고 감사한 마음으로 살면 되는 거지.' 하면서 새로운 마음이 싹트고 있었다. 푸릇푸릇 돋아나는 새싹들과 나날이 푸른빛이 더해지는 나무들을 보면서 나도 저 잎들처럼 새로운 내 인생을 만들어가기에 부지런해지자 하는 각오까지 더하게 되었다.

실로 내가 작가가 되고 난 후 이렇게까지 달라지는 내 모습과 내 의식의 변화가 놀랍기까지 하다. 얼마 전에는 남편에게 "아무래도 내가 큰 작가가 될 거 같아. 박완서 씨처럼." 했더니 대꾸를 안 한다. 그래서 "갑자기 내 마음 속에 노벨 문학상이 떠올랐어." 했더니 갑자기 큰소리로 웃는다. 그때는 왜 그랬는지 느닷없이 내 맘속에 그런 마음이 생겨서 한 소리였다. 작가가 되니 큰 꿈을 꾸는 철없는 마누라가 어이가 없어 웃는지 지금도 알 수는 없다. 무슨 뜻이냐 물으면 듣는 대답이 신통치 않을 거 같아 일부러 묻지 않았다. 내가 생각해도 지금도 웃음이 난다. 하지만 나는 이런 나의 의식의 흐름을 이어가려고 한다. 지금은 황당하고 말도 안 되는 헛소리처럼 들릴지라도 내 마음의 의식을 따라가다 보면 무엇이라도 되지 않을까 하는 기대가 생겨서이다. 이 모든 것이 우리 도사님의 〈기적 수업〉, 〈의식 수업〉을 매일매일 읽으면서 생긴 나의 의식의 변화이다.

이제는 내 스스로 빛을 발하는 별이 되었다고 생각한다. 그래서 별빛처럼 아름다운 삶을 살고 싶다. 나는 늘 누군가의 도움 없이 내 인생을 만들고 살아왔다. 앞으로도 나는 그렇게 살 것이다. 내 자신을 소중히 여기며 나를 위한 인생을 살기에 나이 들었다고 주저앉지 않을 것이다. 이틀 전 친구와 오랜만에 통화를 하게 되었다. 그렇게 세상과 소통하기를 원했지만 자신은 이대로 살다 죽겠다기에 백세 시대이니 아직은 멀었다 해도 요대로 살다 죽겠다는 말에 더 이상은 의미가 없어, 그래 그것도 네 선택이니 건강만 잘 지켜라 하고 끊을 수밖에 없었다. 내 의식과 친구의 의식이 너무 다르니 끊고 나서도 마음이 착잡하고 안타까웠다.

그래도 나는 내가 하고 싶고 원하는 일하며 나를 성장시켜나갈 것이다. 지금의 내 나이 이제 예순을 넘겼다. 이제 시작이다. 앞으로 이십 년 삼십 년 일할 수 있다. 매일 같은 날인 줄 알았다. 그러나 나는 책 쓰기 전과 책 쓰기 후로 내 인생이 달라졌음을 느낀다. 매일 책을 읽으면서도 목적 없이 그저 읽는 게 좋았다면 이제는 어떤 문구를 보더라도 새로운 느낌과 마음을 느낀다. 책을 쓰는 저자는 이 한 문장을 쓰기 위해 얼마나 많은 고심을 했을 거며 어떤 마음으로 썼을까 하는 궁금증이 생기기도 한다. 그리고 읽은 것은 바로 메모하거나 머릿속에 담아두려 하지 않고 바로 실행하고 싶은 마음까지 든다. 저자의 지혜와 노하우라는 생각이 들어서이다. 이렇게 전에는 읽고 지나쳤던 것들이 새롭게 나에게 다가온다. 모든 것이 나에게는 의미가 있어졌다. 마음속에 울컥울컥 올라오는 삶에 대한 의욕도 새로운 희망도 결국은 작가가 되고 나서 생긴 나만의 변화이다. 그저 늙어가는 것이 아니라 조금씩 익어간다는 노랫말도 예사로 들리지 않음은 그만큼 마음의 여유가 생겼다는 것처럼 느껴졌다. 전에는 등이 휠 것 같은 삶의 무게라는 노랫말에 동감했다면 이제는 익어가는 인생살이에 동의하는 내가 된 것도 작가가 되고 난 후의 변화이다.

이제는 내 삶이 그저 그런 삶이 아니라 작가로서의 인생 2막이라는 생각에 잠을 설치기도 한다. 조금 나태해지는 내가 느껴지면 작가가 이러면 안 되지 하며 마음을 다잡는다. 조금 더 나은 내가 되고 싶어 한 발짝을 떼었다면 이제는 더 걸어야 한다.

오늘 아침 『새벽 5시 필사 100일의 기적』을 필사하면서 '세상은 딱 사람이 용기를 내는 만큼 기회를 준다'는 말이 가슴에 와 닿았다. 내가 나이를 무릅쓰고 용기를 내었기에 작가가 되었고 주변에 작가라는 인식을 주게 되었다. 시골집 아랫집에 사는 초등학교 선생님에게 남편이 와이프가 작가가 되었다며 책 한 권을 선물하니 갑자기 안색이 달라졌다는 말도 기분이 나쁘지 않다. 모든 것이 내가 만들어가는 환경이고 내 인생이라는 자부심과 함께 생긴 자존감에서 이제는 자신감까지 생긴 것이다. 오늘 새벽의 필사처럼 나는 용기를 내었고 나에게는 기회가 생겼다. 이제 나는 작가로서 내 인생을 살아갈 것이고 지금 살아온 날보다 살아갈 내 인생 2막이 설레고 기대가 된다. 진심으로 가슴이 뛰는 일을 하며 내가 원하는 삶을 만들기 위해 오늘도 나는 새벽에 일어나 기도를 한다. 기도를 한 후 『성경수업』, 『기적수업』, 『의식수업』을 읽는다. 그리고 "내 인생에 마법 같은 일이 일어나고 있어."라며 시작을 한다. 나는 내 삶의 주인공이다. 작가가 되고 난 후 이제야 내가 소중한 사람이라는 것을 알았다.

38

황서진

약력 : 어린이집 원장, 자기계발 작가, 사회복지학 박사 수료, 현 평가제 컨설
턴트.

저서 : 『생각의 힘을 키우는 슬로리딩』, 『버킷리스트25』(공저)

내가 어떤 사람인지
제대로 알게 되었다

" "

  나는 꿈이 뭔지도 모르는 어릴 때부터 '되고 싶은 게' 많았다. '꿈은 꿈꾸기만 하면 되는 건지', 아니면 '현실에서 실현되어야만 꿈이라고 하는 건지' 진지하게 생각하기도 전부터 꿈을 꿨던 거 같다. 초등학교 때는 『꿀벌 마야의 모험』을 읽으면서 섬세하고 디테일한 감수성을 글로 표현하는 작가의 삶을 동경하는 꿈, 멋진 드레스를 차려입고 관중을 사로잡는 오페라의 프리마돈나를 향한 꿈, 고 노무현 대통령처럼 어려움에 처한 이들을 변론하는 변호사를 향한 꿈, 국제사회에 도움을 주는 NGO의 모습 등… 많은 꿈들을 꿨다.

  이런 꿈들은 현실에서 내 자신이 자라는 만큼 나와 함께 거울이 되어 나를 비췄다. 이 거울의 모습은 내 자신을 객관화시키는 과정들에서 나 스스로의 선택에 의해서 이루어진 게 아니라, 타인의 평가 여부에 따라 결정되어진 속성들이다. 아마 내 자신이 단단한 자아를 가지지 못한 이유에서 기인한 것으로 추측된다. 여기에서 말하는 자아는 거울자아를 말한다. 거울자아란, 다른 사람들이 자신을 바라보는 모습 즉, 다른 사람들이 기대한다고 생각하는 나의 모습 일부분을 흡수하여 나의 자아상을 형성해가는 것을 말한다. 흔히 다른 사람들이 '외모가 잘났니 못났니? 태도나 행동이 불량하니 불량하지 않니? 성격이 좋니 좋지 않니?' 등 일상에서 무의미하게 내뱉는 말들을 통해 거울자아가 형성된다.

어릴 때부터 나는 주변 특히 가족들의 눈치를 많이 보면서 나 스스로의 자아상을 만들었다. 가족 특히 많은 형제들 틈에서 살아남기 위해 미움 받을 짓은 되도록 하지 않으려고 애를 썼다. 학교에서 보면 출석부를 통해 이름을 불러야지만 있는지 없는지를 알 수 있는 존재감 없는 사람처럼 집에서도 나는 존재감이 별로 없는 아이었다.

어쩌면 어려서부터 존재감 없이 주변인들의 평가와 인정에 목말라했던 것은 내 자신의 자아에 대한 올바른 이해 없이, 흐르면 흐르는 대로 나 스스로를 무방비 상태로 노출시켜서 그랬던 게 아닌가 싶다. 자라면서 긴 시간을 보냈던 가정, 학교의 잘못된 거울, 사회 구조적인 연결고리의 부재로 인해 나는 제대로 된 자아가 형성되기도 전, 거울자아에 매몰된 채 삶을 살아가도록 강요당했던 거 같다.

초등학교 4학년 때 학교 백일장 대회에서 글짓기 부문에서 최우수상을 받은 적이 있다. 백일장은 전교생을 대상으로 했으며, 그림 그리기와 글짓

나를 사랑하게 되는 자존감 회복 글쓰기 훈련

기 두 종목이 있었다. 나는 책 읽는 건 그런 대로 자신이 있었지만, 글짓기는 별로 흥미를 느끼지를 못해서, 그림을 그릴까 어쩔까 고민을 많이 했다. 그런데 초등학교 3학년 때 학교 대표로 그림 분야에서 경남도대회에 나가기 위해 열심히 반공 포스터를 연습했던 적이 있다. 그런데 대회를 며칠 앞두고 장마로 인해 학교 운동장이며 집이 물에 잠기면서 대회 출전을 포기했었다. 그때의 기억 때문인지 그림 그리기는 썩 마음이 내키지 않았다. 그 대신 책 읽는 건 해볼 만하다는 생각에 글짓기를 선택했다.

대회 당일 날 서둘러 글짓기를 마무리하고 제출했다. 그런데, 깐깐하고 무섭기로 유명했던 담임 선생님이 "서진아, 너 글짓기 참 잘하네~"라며 친구들 앞에서 큰소리로 칭찬을 해주시는 거였다. 꼭 '소 뒷걸음치다 쥐 잡은 격'으로 내심 찜찜한 마음도 들었지만, 어쨌든 학교에서 최우수상을 받게 되었다. 그때는 처음부터 글짓기를 좋아서 선택한 것은 아니더라도 친구들의 부러워하는 시선을 한 몸에 받음으로써 마음이 들떴다. 어쩜 글쓰기를 좋아하게 된 것도 그때부터인지 모른다.

학교 백일장에서 상을 받은 이후로 35년이 지났다. 어느덧 내 나이는 40대 중반을 넘어섰고, 직장의 오너도 되었다. 상을 받았던 그때의 나와 비슷한 또래의 딸도 있다. 살아오면서 수많은 일들을 겪고 인생에서 여러 변수들로 인해 상처도 받으며, 후회하는 일들도 많았다. 그중에서도 가장 아쉬운 점은 '글쓰기'를 좀 더 일찍 시작했더라면 하는 아쉬움이다. 반면 다행스러운 건 '시도를 해보지도 않고 가보지 못한 길에 대한 미련으로 남아 있던'

글쓰기를 지금이라도 실천함으로서 어엿한 작가라는 꿈을 이루었다는 것이다.

    영국의 위대한 극작가인 윌리엄 셰익스피어는 "너만이 너다."라는 명언을 남겼다. 이 말은 자신이 누구인지 자신의 존재 가치에 대한 통찰을 통해서만이 제대로 된 자신을 알게 된다는 것이다. 자신의 삶을 가치 있게 키워나가는 것은 다른 누군가가 휘두르는 평가에서 비롯되는 것이 아니라, 오롯이 자신의 있는 그대로의 모습을 인정하고 사랑하는 데서 비롯된다. 즉, 자신의 존재 가치, 존재감을 깨닫는 것을 말한다.

    존재감이라는 것은 자존감과 비슷한 말이다. 자존감이 낮은 사람들은 대부분이 자신의 장점보다는 단점에만 집착하여 타인의 시선에 민감하게 반응함으로써 타인에 의해 지대한 영향을 받는다. 상대방의 사소한 행동이나 말 한마디에도 의미 부여를 지나치게 하고, 상황 자체를 부정적으로 인식함으로써 괴로워하는 경우도 많다. 또한 이런 타인의 평가에 대한 두려움은 자기비하를 만들어 스스로에게 상처를 입히기도 한다. 자존감은 개인의 행복지수를 결정하는 데도 중요한 요인으로 작용한다. 나의 경우, 어려서부터 형제들 틈에 끼여 나 스스로의 목소리를 내는 데 서툴렀고, 제대로 된 사회 구조적인 연결고리의 부재와 학교 교육의 결과에 따라 우리의 모든 것들은 규정되고 강제되었다. 그러다 보니 나의 존재감마저 외부의 주관적인 판단에 의해 좌지우지되기도 했다.

글을 쓴다는 것은 '나 자신을 차분히 정리하는 작업'이다. 글을 쓰다 보면 살아왔던 날들을 되돌아보며 반성을 하는 시간이 되기도 한다. 그 과정들을 통해 과거에 누적된 채 헝클어지고 버려진 감정의 찌꺼기들을 정리하기도 한다. 어떨 때는 글을 쓰다가 혼자서 좋아서 막 웃기도 하고, 힘들거나 아팠던 경험들을 이야기할 때는 상처받은 가슴에 분수처럼 눈물이 솟구쳤다.

글쓰기는 이런 다양한 경험들을 글로 녹여내는 과정들을 통해, 내면에 남아 있는 헝클어진 감정들의 찌꺼기를 일정 부분 해소하게 한다. 또한 감정의 카타르시스를 느끼게도 했다. 내 속에 남겨진 오래된 감정의 찌꺼기들을 객관성을 띤 글로 옮기는 순간 감추고 싶었던 부끄러운 감정들은 어느새 객관적인 사실로 되살아났다. 자신을 객관화시키는 글쓰기 과정을 통해 주관적인 감정에서 벗어나 객관적인 시각으로 바라볼 수 있는 마음의 여유도 생겼다.

글을 쓰게 됨으로써, 비로소 내가 어떤 사람인지 알게 되었고, 타인의 시선에서 벗어나 홀가분하게 나 자신을 되돌아보는 계기가 되었다. 글을 읽는 것도 물론 중요하지만, 우선 자신에 대한 깊은 이해를 위해서는 다량의 책을 읽기보다는 조금이라도 글을 쓰는 것을 추천하고 싶다. 글쓰기만큼 자신에 대한 이해도를 높이고, 자존감이라는 키워드를 높일 수 있는 쉬우면서도 간단한 방법은 없다. 본인이 구상하는 스토리가 모여 새로운 글감으로 탄생되고, 글감을 통해 자신을 지탱시켜주는 내면의 자아에 단단함이라는 내공이 쌓여가게 될 것이다.

글쓰기를 통해 스스로 성장하는 만큼 꿈들도 함께 성장한다. 보통 성공한 사람들의 경우, 하나의 꿈을 향해 끊임없이 노력하고 세월이라는 변수 속에서 자신의 꿈이 단단해지면서 여물어지는 걸 보게 된다. 하지만 그렇게 특별하지 않은 보통의 사람들에게 꿈은 한 가지만이 아니라 꿈을 많이 가지고 있어야 한 가지의 꿈을 포기하더라도 다른 꿈을 향해 나아갈 수 있게 된다. 나 또한 작가, 화가, 강연가, 1인 창업가, CEO 등 많은 꿈을 가지고 살고 있다. 그 많은 꿈들을 통해 세상의 단면만이 아니라 더 넓은 세상을 꿈꾸며 삶의 통찰을 얻고자 노력하고 있다.

일론 머스크(Elon Musk)는 "미래를 예측하는 최고의 방법은 미래를 만드는 것이다."라는 멋진 말을 했다. 오늘을 살아가는 대다수의 사람들은 다가오는 미래를 앞서서 걱정만 한 채 경직된 사고를 고수한다. 이전에도 그래왔지만 우리의 미래는 지금 이 순간 어떤 선택을 하느냐에 따라 우리 스스로가 좀 더 창조적이며 힘찬 앞날을 만들 수도 있고, 그렇지 못하고 걱정인형 마냥 걱정을 떠안고 살아갈 수도 있다. '걱정인형이 되어 걱정인형처럼 살거나', '시도해보지 않았던 새로운 일들을 도전함으로써 새로운 미래를 꿈꾸는 삶을 살거나' 이는 오롯이 자신의 선택에 달려 있다.

나의 경우, 글을 쓰는 작가가 됨으로써 미약했던 존재감에서 벗어날 수 있었다. 또한 자존감의 회복을 통해 결심한 모든 일들은 이뤄낼 수 있다는 용기를 얻었으며, 내 꿈에 생명력을 불어넣음으로써 한 발자국씩 스스로를 변화시킬 수 있는 변화의 물결을 매일매일 경험하고 있다. 어차피 인생은 결혼과 마찬가지로 하고 후회하나 안 하고 후회하나 후회하기는 마찬가지다. 그럴 바에야 속 시원하게 하고 후회하는 게 낫지 않을까? 단연 선택은 지금 이 글을 읽고 있는 독자 개인의 몫이다.

39

황영민

약력 : 해군 잠수함 승조원 출신, 〈해군부사관취업진로연구소〉 대표, 베스트
　　　셀러 작가, 동기부여가, 청년 및 해군부사관에게 희망을 주는 메신저

저서 : 『김 하사는 어떻게 20살에 해군 부사관이 됐을까?』, 『의욕 없던 삶이
　　　다시 두근거리는 하루 10분 글쓰기의 힘』(공저)

66

자존감이 낮을수록
글쓰기를 하라

99

글쓰기와 자존감은 어떤 연관이 있을까? 어릴 때부터 나는 자존감이 낮은 편이었다. 스스로를 존중하기보다는 자아비판을 할 때가 많았다. 타고난 성향의 영향도 있다. 적성검사를 해보면 자기반성, 자아성찰 성향이 강했다. 그렇다 보니 긍정적이고 자신감 있는 태도보다는 수동적이고 방어적인 태도를 보이곤 했다. 이 같은 태도는 나의 내면과 외면의 모습 모두에 드러났다.

나는 어디서든지 있는 듯 없는 듯하며 매사에 자신감 없어했다. 그러다가 어떤 부정적인 경험을 하게 되면 자존감이 바닥을 치곤 했다. 낮아진 자존감은 쉽게 회복되지 않았다. 남들과 잘 어울리지 않고 말이 없던 나로서는 혼자만의 방법으로 자존감을 회복해야만 했다. 스스로 회복시킬 수 있는 방

39_황영민_자존감이 낮을수록 글쓰기를 하라

법으로 독서를 선택하여 꾸준히 독서를 해왔다. 책 속 인물의 삶을 보면서 내 삶에 적용시켜보며 마음을 다스리는 방법을 선택한 것이다.

30살이 되던 무렵 나는 '책을 써보는 것은 어떨까?'라는 생각을 하게 되었다. 글을 써서 세상에 나를 알리고 싶다는 마음이 든 것이다. 글을 써서 나를 세상에 드러내기 위해서는 용기가 필요했다. 친한 사람에게도 쉽게 말하지 못하는 이야기들을 글로 표현하기 위해서는 상당한 용기를 내야만 했다. 나는 글을 쓰기 시작하면서 생각, 즉 의식에 관한 독서를 하기 시작했다. 흥미 위주, 베스트셀러 위주의 독서와는 다르게 책을 읽을수록 의식이 확장되었다. 가장 큰 효과를 보았던 것은 필사 독서였다. 책의 내용을 내 손으로 필사하면서 생각이 정리되었다. 필사 내용뿐만 아니라 내 생각도 덧붙이게 되며 사고의 확장을 경험했다.

나는 항상 과거에 머물러 있는 사람이었다. 과거를 돌아보며 거기서 교훈을 얻고자 했다. 그러나 아무리 과거를 반성한다고 한들 나아지는 것이 없었다. 빨리 털어내고 미래를 바라보며 나아가야 했다. 과거는 지나간 과거일 뿐인데 거기에 계속 얽매여서 아파하고 있었던 것이다. 더 이상 이런 방식으로는 안 되겠다는 생각이 들었다. 내 안에 있는 틀을 깨고 밖으로 나가야만 했다.

글을 쓰기 전과 후의 나는 많은 변화를 경험했다. 가장 큰 것은 내 생각을 적극적으로 표현할 수 있게 되었다. 글을 쓰며 나의 과거를 털어냈다. 나의 밑바닥, 드러내고 싶지 않은 모습까지 글에 표현함으로써 나는 부끄러움이 없어졌다. 타인에게 나를 숨길 필요가 없어졌다. 내가 어떤 사람인지, 어떤 생각을 하는 사람인지는 나의 글에 드러나 있다. 사회적인 가면을 쓰지 않고 있는 그대로의 내 모습으로 살아갈 수 있는 용기가 생겼다.

글쓰기는 나의 성향을 180도 바꿔버렸다. 책 한 권에 내 생각을 가감 없이 쏟아내고 나니 과거를 돌아보지 않게 되었다. 정말 신기했다. 과거가 깨끗하게 정리가 된 것 같아 마음이 후련해졌다. 내가 겪었던 고통, 상처, 실수들도 더 이상 부끄럽지 않게 느껴졌다. 있는 그대로의 내 모습을 인정하게 된 것이다.

혹시 이런 경험 한 번쯤 있지 않은가? 어떤 사람이 아무리 옳은 말을 한다고 한들 그 말을 혼자만 외칠 때는 신빙성이 느껴지지 않다가 옆에서 다른 사람이 같은 이야기를 하면 그 말에 신빙성이 느껴지게 되는 경험 말이다. 얼마 전 나의 책을 읽으신 대학 교수님에게 연락이 왔다. 책을 잘 읽었다고 하며 해군 부사관 후배들을 돕는 일에 함께하게 됨을 격려하고 응원해 주셨다. 덧붙여 교수님이 학생들에게 잔소리처럼 하고 있는 말이 책에 모두 적혀 있어서 좋았다고 했다. 내가 쓴 글로 인해 교수님의 말에 힘이 실리고, 덩달아 나의 말에도 힘이 실렸다. 글을 씀으로써 누군가의 고독한 외침에 권위가 생기게 됨을 경험하며 보람을 느꼈다. 글을 쓰지 않았더라면 내가 아무리 많은 강연을 하고 다닌다고 해도 이러한 변화를 경험하지 못했을 것 같다. 글은 밀에 공신력을 불어넣어주는 역할을 했다.

지금 시대는 4차 산업혁명의 물결 속에 있다. 그리고 코로나19라는 전무후무한 바이러스 감염증 사태로 전 세계가 꽁꽁 얼어붙었다. 이제 사람들은 오프라인보다 온라인으로 소통하며 살아간다. 그동안 나는 SNS를 일절 하지 않았다. 무의미하게 재미거리만 찾게 되는 SNS를 하면서 SNS는 시간 낭비, 에너지 낭비라고 여겼었다.

글을 쓰기 시작하면서 생각이 바뀌었다. SNS를 통해 사람들과 생각을 공유하고 소통의 장으로 사용할 수 있음을 알게 되었다. 이제 남의 채널을 둘러보며 시간을 보내지 않는다. 나의 채널에 컨텐츠를 공유하고 이를 읽는 독자들과 소통하는 생활을 하게 되었다.

"아들, 방금 책 다 읽어봤어. 우리 아들 그동안 고생 많았네…. 읽으면서 마음이 짠하더라…."

나의 책을 읽으신 어머니의 전화를 받자마자 눈물이 쏟아질 뻔했다. 울음이 터질 것 같아 일부러 밝은 이야기를 하며 웃어넘겼다. 내가 쓴 책에는 부모님과 있었던 갈등에 대한 이야기가 3분의 1에 가까운 분량을 차지하고 있다. 사실 글을 쓰면서도 이런 이야기까지 써도 괜찮을지에 대한 의문이 들었다. '부모님이 불쾌하지 않으실까? 나를 싫어하게 되면 어떡하지?' 이런 생각이 종종 들었다. 그런 생각이 들 때마다 마음을 다잡았다. 나중에 어떻게 될지는 모르지만 지금 아니면 다음 기회는 없으리라 생각했다. 고등학교를 졸업할 무렵 진로문제를 두고 서로 상처를 주고받았던 이야기를 썼다. 30대가 된 지금까지 10년 동안 마음속에 묻어두었던 이야기를 모두 드러냈다.

나를 사랑하게 되는 자존감 회복 글쓰기 훈련

최근 아버지와 식사를 하며 책에 쓰인 이야기에 대해 대화를 나눴다. 사실 글을 쓰면서 아버지에 대해 죄송한 마음이 들면서도 내심 궁금했다. 아버지는 과거의 상처들은 그 시기의 청소년들이라면 누구나 겪을 수 있는 일이라고 하셨다. 글 몇 줄 쓰기도 쉽지 않은데 이런 글을 쓴 내가 대단하고 자랑스럽다고 하셨다. 나는 지난 10년간의 응어리가 한 순간에 씻겨 내려가는 것을 느꼈다. 어쩌면 평생 마음속의 짐이 될 수도 있었을 문제였다. 글을 통해 드러냄으로써 가족의 마음을 잘 이해하게 되었다.

나의 가족은 경상도 출신이다. 부모님부터 나와 동생까지 모두 경상도에서 태어나고 성장했다. 생각만 해도 무뚝뚝함이 묻어나온다. 글쓰기는 이런 무뚝뚝한 가족관계에 윤활유 역할을 해주었다. 서로가 가장 잘 안다고 생각했던 가족이 오히려 서로를 모르고 있었다는 것을 알게 되었다. 말로 표현하지 못했던 부분을 글로 표현하며 서로를 깊이 이해하게 되었다. 무뚝뚝했던 가족관계가 부드러워짐에 감사한 마음이 들었다.

최근 청년들은 취업난으로 인해 고민이 많다. 명문대를 졸업해도 쉽게 열리지 않는 취업의 문 때문에 이력서를 제출하는 만큼 자존감이 하락하는 분위기이다. 그러나 좋은 직장에 취업한다고 해서 나의 자존감이 높아질 수 있을까? 처음에는 자신을 비롯한 주변 사람들의 칭찬과 인정에 기쁠지도 모른다. 취업을 해본 사람이라면 누구나 느끼겠지만 그것은 시간이 조금만 흐르면 사라지게 된다. 직장에서 생존하는 것 자체만으로도 쉽지 않은 문제로 다가오게 된다. 직장의 이름이 나의 존재를 증명하는 것이 아니기 때문이다.

나는 8년간의 직업군인 생활을 하고 전역을 했다. 나름대로의 뜻이 있었고 내 길에 대한 확신을 가지고 있었다. 그러나 주변 사람들의 걱정에 나의 자존감은 계속해서 하락했다. 내가 전역 후에 무엇을 하는지에 대해 수군거리곤 했다. 겉으로 말을 하지 않았지만 나는 고스란히 느낄 수 있었다. 개인의 선택과 행복보다 사회적 체면을 중요시하는 한국 사회에서는 어쩔 수 없는 부분이었다.

글을 쓰기 전과 후의 우리 가족의 자존감은 달라졌다. '나는 이런 사람이다.', '우리 아들은 이런 사람이다.'라고 다른 사람에게 당당하게 드러낼 수 있게 되었다. 글을 쓰는 작가가 된 나의 자존감은 물론이고 부모님의 자존감도 높아졌다. 같은 주제로 가족끼리 아무리 대화한다고 한들 이러한 효과가 있었을까? 글이라는 매개체로 우리 가족은 가족관계의 새로운 전환점을 맞이했다. 얼마 전까지만 해도 서로를 걱정하던 관계에서 서로에게 자랑스러운 자녀, 부모로 변화된 것이다.

글쓰기를 시작한 후 나의 삶의 방향은 완전히 달라졌다. 취업해서 돈을 벌 생각만 했었던 나는 글을 쓰는 삶을 살아가고 싶어졌다. 돈, 명예, 직업 같은 요소들을 모두 떠나서 글을 쓰면 행복하다는 것을 경험했기 때문이다. 사실 글을 쓰는 것은 쉽지 않다. 글을 써서 행복하기보다는 글이 다른 사람에게 읽힐 때 행복을 느낀다는 것이 정확한 표현인 것 같다. 내가 쓴 글이 다른 사람에게 읽히고 삶에 변화와 울림이 전해진다면 그것만큼 행복한 일은 없을 것이다. 있는 그대로의 나를 드러냄으로써 내가 행복해졌다. 내가

나를 사랑하게 되는 자존감 회복 글쓰기 훈련

행복해짐으로써 내 주변 사람들도 행복해졌다. 덩달아 다른 사람에게 행복을 전할 수 있는 사람으로 변화되었다. 이것만큼 보람 있는 일이 무엇이 있을까?

글쓰기는 생각보다 엄청난 힘을 가지고 있다. 글을 쓰는 작가가 된 이후 항상 듣게 되는 말이 있다. '글을 쓰는 일이 보통 일이 아닌데….' 대부분의 사람들은 글쓰기가 쉽지 않다는 인식을 가지고 있다. 나 또한 본격적으로 글을 쓰기 전까지 그런 생각을 가지고 있었다.

글을 씀으로써 나 자신을 있는 그대로 드러낼 수 있게 되고 당당하게 표현할 수 있게 됐다. 나의 자존감이 회복되었고, 가족의 자존감도 회복됐다. 주변 사람들의 자존감도 덩달아 올라갔다. 글쓰는 방법을 제대로 배운다면 누구나 잘할 수 있다. 30년간 낮은 자존감과 열등감으로 제대로 표현하지 못하고 말도 잘 못했던 나는 글을 씀으로써 완전히 바뀌었다. 자존감이 낮을수록 글쓰기를 하라고 권하고 싶다.

40

황현우

약력 : 선린대학 플라워디자인&실내조경학과 졸업. 대학에서 길을 찾지 못하고 방황하며 20대를 보냈다. 스물아홉 현재 〈한국책쓰기1인창업코칭협회(한책협)〉를 만나 책 쓰기와 1인 창업에 도전하고 있다.

"

1시간 글쓰기로
나의 꿈이 달라졌다

"

글을 쓴다고 해서 나의 인생이 달라질까? 대부분의 사람들은 말도 안 되는 소리라고 할 것이다. 주위에 글을 써서 인생이 달라졌다는 사람을 거의 볼 수 없기 때문이다. 사는 게 바빠서 책조차 읽기 힘든 세상이다. 물론 취미생활로 글을 쓰는 사람들도 있을 것이다. 하지만 취미생활일 뿐이지 인생이 달라지지 않는다. 그 시간에 하고 싶은 것을 하거나 다음 날 일을 가기 위해 휴식을 취하는 것이 현명하다고 생각할 것이다. 나 또한 불과 한 달 전만 해도 불가능하다고 생각했었다.

초 · 중 · 고 시절 나는 글쓰기를 매우 싫어했다. 독후감, 일기 쓰기, 글짓기 등 글로 관련된 숙제가 있으면 극도의 스트레스를 받았었다. 초등학교 시절 독후감 쓰기 숙제가 있었다. 나는 책을 다 읽지도 않고 대충 형광펜으로 줄을 그었다. 그리고 그대로 원고지에다가 적어 제출했다. 그 정도로 나는 글쓰기를 싫어했다. 평생 판타지 소설 외에 책 한 권 제대로 읽지 않는 책과 제대로 담을 쌓은 사람이었다.

예전의 나를 보면 글쓰기와는 전혀 거리가 먼 사람이다. 글을 잘 쓰거나 글쓰기에 흥미가 있는 사람들을 보면 정말 신기했다. 하지만 전혀 부럽지 않았다. 나에겐 글쓰기보다 더 재밌는 것들이 많았기 때문이다. 글을 잘 쓴다고 해서 인생이 바뀔 것이라는 생각도 해본 적 없다. 사람은 각자의 재능이 다르다고 생각했기 때문이다. 글을 잘 쓰는 사람, 운동을 잘하는 사람 등모두 각자 잘하는 분야가 있기 때문이다.

현재 나는 책을 쓰고 있다. 갑자기 책을 쓰고 있다는 것에 의아해할 것이다. 실컷 글쓰기와 거리가 먼 사람이라고 말해놓고 책을 쓰고 있다니 이상할 것이다. 나는 부자가 되기 위한 영상을 자주 본다. 부자가 되는 것이 꿈이기 때문이다. 영상을 보던 중 부자들은 책을 자주 읽는다는 것을 보았다. 책을 좋아하지 않았지만 꿈을 포기하고 싶진 않았다. 나는 김태광 작가의 『150억 부자의 부의 추월차선』을 읽었다.

책에는 자신처럼 부자가 되고 싶으면 〈한책협〉이라는 네이버 카페에 가입하라는 글이 적혀 있었다. 나는 재밌기도 하고 궁금해서 〈한책협〉에 가입했다. 〈한책협〉은 책을 써서 작가가 되고, 작가를 넘어 1인 창업하는 시스템을 가르쳐주는 곳이었다. 김태광 작가는 "성공해서 책을 쓰는 것이 아니

나를 사랑하게 되는 자존감 회복 글쓰기 훈련

라 책을 써야 성공한다."라는 말과 함께 책을 쓰게 되면 어떤 장점과 수입이 생기는지 말해주었다. 나는 '책을 쓰면 정말 좋겠구나!'라고 생각했다. 그리고 나는 '책 쓰기 과정'을 등록했다.

솔직히 이때만 해도 '내가 책을 쓸 수 있을까?'라는 의심을 많이 했다. 나는 책 읽는 것도 싫어하고 글 쓰는 것도 좋아하지 않았기 때문이다. 나는 눈에 보이는 것을 좋아한다. 단기간에 성과를 내지 못하는 것은 금방 포기해 버리기 때문이다. 대부분의 사람들이 나와 같은 생각일 것이다. 그래도 일단 도전했다는 것에 의미를 두기로 했다. 도전은 언제나 새로운 것을 꿈꾸게 하니까.

'책 쓰기 과정'은 5주차로 되어 있었다. 그런데 정말 신기한 일이 벌어졌다. 각 주차마다 성과가 나왔기 때문이다. 1주차에는 책의 제목이 나왔다. 2주차에는 책의 장 제목이 나왔고 3주차에는 책의 목차가 나왔다. 4~5주차에는 책의 원고를 쓰고 있는 것이다. 정말 놀랍지 않은가? 평범한 사람이 책을 완성하고 있는 과정에 있다. 더군다나 앞서 말했듯이 나는 글쓰기는커녕 책조차 읽지 않는 사람이다. 정말 매주 기적 같은 일이 일어나고 있었다.

나는 내가 책을 쓴다는 것은 불가능하다고 생각했었다. 작가는 정말 지식이 많고 한 분야의 전문가만 될 수 있다고 생각했기 때문이다. 나뿐만 아니라 〈흰책협〉에서 '책 쓰기 과정'을 듣는 모든 사람들이 지금 이런 일을 경험하고 있다. 사람마다 책 쓰는 시간은 다르지만 빠른 사람은 2주, 보통은 한 달 만에 다 책을 쓴다. 작가가 되는 것은 너무 당연한 일이 되어버린 것이다. 나는 지금 방황하고 있는 20대를 어떻게 보내야 하는지에 대한 책을 쓰고 있다. 이 책을 읽고 내 글에 관심이 있다면 나의 이름을 기억해주길 바란다.

나는 글을 쓰면서 많은 것들이 바뀌었다. 평생 책을 읽지 않던 내가 책을 읽게 되었다. 하루에 많이 읽지는 않지만 30분 정도는 책을 읽는다. 그동안 책을 기피했던 이유도 알게 되었다. 뭐든 내가 관심 있는 것에 눈이 가기 마련이다. 하지만 그동안 관심 없는 것만 억지로 읽었기 때문에 책을 싫어하게 된 것이다.

책을 읽고 마음에 드는 문구가 있으면 줄을 긋고 나의 생각을 적는다. 생각을 적게 되면 기억에도 오래 남고 책의 내용처럼 살아가려고 애쓰기 때문이다. 어떤 것이라도 할 수 있다는 자신감도 생겼다. 현재 내가 가장 싫어하는 것을 포기하지 않고 결과를 만들어가고 있다. 무엇이든 시간이 걸릴 뿐이지 포기하지 않으면 모든 해낼 수 있다는 것을 깨달았기 때문이다.

매일 필사를 하게 되었다. 필사를 하면 내가 앞으로 어떻게 살아가야 되는지 알 수 있기 때문이다. 특히 의식에 관한 필사를 하는 것을 추천한다. 의식 수준이 높아지는 글을 보고 쓰면서 계속 성장할 수 있다는 생각이 들기 때문이다. 의식 수준이 높아지면 자연스럽게 긍정적인 생각을 자주 하게 된다. 의식 성장의 글에는 긍정적인 글과 자기 확신의 글이 많기 때문이다.

나를 사랑하게 되는 자존감 회복 글쓰기 훈련

지금에 와서 생각해보니 '책 쓰기 과정'을 들은 것은 정말 잘한 일이다. 5 주 동안 정말 많은 것들이 바뀌었기 때문이다. 책을 읽지 않던 내가 매일 책을 읽게 되고, 나라는 사람도 마음만 먹으면 변화될 수 있다는 것을 느꼈다. 매일 스트레스였던 인생이 글쓰기를 통해 하루하루 감사의 마음을 가지게 된다는 것도 깨달았다. 나의 이야기를 쓰면서 나라는 사람을 더 알아가고 사랑할 수 있기 때문이다.

　나는 글을 쓰고 꿈이 생겼다. 막연한 꿈이 아닌 진짜 꿈 말이다. 한 달 전만 해도 정확히 내가 무엇을 해야 하는지 알지 못했다. 그냥 무슨 일을 하든 돈만 많이 벌면 좋겠다고 생각했기 때문이다. 나의 꿈은 책을 쓰고 작가가 되어서 나의 지식과 정보를 파는 1인 창업 대표가 되고 싶다. 책으로 나 자신을 '퍼스널 브랜딩'하는 것이다. 말 그대로 나 자신의 가치를 계속 높여가는 것이다.

　요즘 공무원, 대기업을 가기 위해 치열하게 경쟁한다. 그중 들어가는 사람은 몇 명밖에 되지 않는다. 하지만 힘들게 들어가서 자신이 생각했던 일과 달라 나오는 경우도 많다. 그런데 '퍼스널 브랜딩'을 하게 되면 더 이상 취업이나 앞으로 미래에 대해서 고민힐 필요가 없다. 나 자신의 독자적인 브랜드를 만들어가는 것이기 때문이다. 누군가와 경쟁할 필요도 없어진다. 나만의 경험과 지식은 나만 알고 있는 것이기 때문이다.

나의 지식과 정보를 필요로 하는 사람들에게 제공할 수 있다. 세상에는 생각보다 나와 같은 처지에 놓인 사람들이 많다. 그 사람들에게 나의 지식과 정보를 전달한다면 이보다 더 좋은 일은 없다. 나와 똑같은 고민을 하는 사람들은 나를 통해 그 고민들을 빨리 해결할 수 있기 때문이다. 나는 고민을 해결해줌으로써 남을 도와주는 선한 영향력을 끼칠 수 있다. 이것이 바로 일석이조의 삶 아닌가?

나는 1인 창업의 꿈과 여러 가지의 꿈이 생겨나고 있다. 글을 쓰면 쓸수록 꿈이 커지고 또 다른 꿈들이 계속 생겨난다. 글쓰기는 정말 한 사람의 인생을 바꿔놓는다. 책과 글을 싫어하는 내가 책을 쓰게 되고, 꿈이 없던 나를 꿈 부자로 바꿔주었기 때문이다. 꿈이 없는 사람이라면 나처럼 글을 써보길 추천한다. 당신의 인생이 꿈으로 가득 찰 테니까.

40_황현우_1시간 글쓰기로 나의 꿈이 달라졌다